本研究得到国家自然科学基金面上项目“求同还是存异？创业合法化行为与机会识别行为对新创企业商业模式设计及绩效的影响研究”（71472185），以及国家自然科学基金面上项目“数字化商业环境下创业企业的‘最优区分’问题研究”（71872178）的资助。

数字化创业

前沿理论与中国实践

Digital Entrepreneurship

Theory and Practice

郭海◎著

经济管理出版社
ECONOMY & MANAGEMENT PUBLISHING HOUSE

图书在版编目（CIP）数据

数字化创业：前沿理论与中国实践/郭海著．—北京：经济管理出版社，2019.4
ISBN 978-7-5096-6609-8

Ⅰ．①数…　Ⅱ．①郭…　Ⅲ．①网络公司—经营管理—研究—中国　Ⅳ．①F279.246

中国版本图书馆 CIP 数据核字(2019)第 095090 号

组稿编辑：申桂萍
责任编辑：赵亚荣
责任印制：黄章平
责任校对：王淑卿

出版发行：经济管理出版社
（北京市海淀区北蜂窝 8 号中雅大厦 A 座 11 层　100038）
网　　址：www.E-mp.com.cn
电　　话：（010）51915602
印　　刷：三河市延风印装有限公司
经　　销：新华书店
开　　本：720mm×1000mm/16
印　　张：14
字　　数：251 千字
版　　次：2019 年 4 月第 1 版　　2019 年 4 月第 1 次印刷
书　　号：ISBN 978-7-5096-6609-8
定　　价：58.00 元

前　言

伴随大数据、云计算、物联网、人工智能等数字技术的突破与融合，数字化技术应用正快速渗透进社会、经济与生活的方方面面，一个数据驱动、智能互联的数字化时代扑面而来。中国信息通信研究院发布的《中国数字经济发展和就业白皮书（2018 年）》显示，截至 2017 年，我国数字经济规模达到 27.2 万亿元，同比增长 20.3%，显著高于当年 GDP 增速，占 GDP 比重达到 32.9%。与此同时，数字经济对我国 GDP 的贡献率达到 55%，这一比例接近甚至超越了某些发达国家水平，数字经济已成为驱动我国经济增长的核心动力。

在数字化技术与数字经济高速发展的背景下，以数字化为特征的创业浪潮在中国大地上迅速蔓延开来。中国的数字化创业历程可追溯至 20 世纪 90 年代，以 PC 互联为起点，经历了移动互联到智能互联的蜕变，既孕育了以百度、阿里巴巴、腾讯（BAT）为代表的互联网巨头，也诞生了一批以今日头条、美团、滴滴（TMD）为代表的互联网新贵，同时也为海尔、美的、苏宁等一大批传统企业提供了转型升级契机。数字化创业不仅是创业者们竞相追逐的风口，也为我国经济发展注入了新的活力。

针对繁荣发展的数字化创业实践，腾讯研究院、阿里研究院、艾瑞咨询、IT 桔子等一大批企业研究与咨询机构针对人工智能、大数据、区块链、共享经济等多种新兴数字化技术或模式发布创业实践报告。然而，关于数字化创业的理论研究尚处于起步阶段，针对这些数字化技术和商业模式的创业理论研究十分匮乏，实践的繁荣与理论的匮乏形成鲜明对比。国内外理论研究均呈现碎片化特点，缺乏对数字化创业整体的系统性思考和有指导意义的研究框架，领域研究边界尚不清晰。此外，在实践方面，尽管各种报告层出不穷，对数字化创业的某一领域进行了深入剖析，但缺乏总体性、系统性和理论性的总结梳理，对其演变进程和发展现状缺乏系统性的描述分析，对数字化创业的整体实践把握不足。

针对这一现状，本书在数字化创业理论研究和实践发展方面进行了研究，具体研究内容包括：

（1）数字化创业理论文献回顾。采用文献计量分析方法，对国内外数字化创业的文献进行回顾、梳理和分析，厘清研究领域的边界范围，总结研究特点和规律。首先，我们进行了步骤严谨的文献搜集与筛选工作。我们借助 Web of Science 平台和中国期刊全文数据库，通过限定期刊、关键词等对数字化创业的全部文献进行了检索，之后通过人工阅读题目、摘要、关键词等，筛选出了对数字化创业有实质贡献的文献 142 篇，其中，英文文献 132 篇，中文文献 10 篇。其次，我们对 142 篇文献样本进行了统计分析。分析维度包括五个方面，分别为发表时间、期刊分布、领域分布、主题分布和研究方法。再次，通过文献阅读与回顾，我们对研究现状和研究主题进行了剖析。我们按照数字化和创业两个方向，分别对现有研究进行了主题剖析和总结。最后，我们对研究现状进行了简单述评。

（2）数字化创业实践进展梳理。采用扎根法，结合不同机构发布的数字化创业实践报告，对中国数字化创业的实践进行系统性总结梳理，主要包括四部分内容。首先，针对数字经济时代背景下的互联网创业者和创业团队进行基础画像描述。其次，按照创业风口的时间演变顺序，从门户网站、社交平台、团购模式、互联网金融、O2O 线上交易平台、共享经济、在线教育、AR 和 VR 技术、网络直播、知识付费、新零售和区块链等不同的互联网创业风口分析相应的规律和特点。再次，聚焦于商业模式视角，主要针对新技术、新产品、新业态和新模式进行概念辨析、历史发展和应用场景的深入分析。最后，聚焦于当前数字化创业领域的优秀独角兽企业，从估值、融资、股权、地区分布和行业分布等视角具体分析数字化创业独角兽的发展状况，并针对实践现状提出我们的观点和问题。

（3）数字化创业实地问卷调查。我们在 2017 年开展了“数字经济时代我国创业企业的问卷调查研究”，对北京、浙江、山东、湖南和安徽五个省份的数字化创业企业进行了调查，在地方政府和相关机构的帮助下，我们随机抽取了位于 34 个孵化器或创业园中的 500 家数字化企业，对它们进行问卷调查。到 2017 年 10 月底，共有 389 家企业参与了调查并填写了我们的调查问卷，回收率为 77.8%。剔除无效样本后，最终样本包含 322 家企业，回收率为 64.4%。基于一个扩展的蒂蒙斯模型（Timmons Model），本部分深刻剖析了我国数字化创业情境特征，以及数字化创业企业在创业者、创业机会、创业资源、商业模式、创业绩效等方面表现出的规律和特点。

目　录

第一篇　数字化创业理论前沿

第二篇　数字化创业中国实践

第三篇 数字化创业调查

第一篇

数字化创业理论前沿

创业管理已成为管理学的一个重要研究领域。根据 Web cf Science 的统计数据，在标题中明确提到“创业”（entrepreneurship）一词的论文数量每年都在成倍增长，从 1997 年的 68 篇，到 2007 年增长至 280 篇，再到 2017 年发表了 1461 篇。截至 2019 年 3 月，学者们已共计发表 12326 篇标题中包含“创业”的学术论文。在美国管理学学会（Academy of Management）中，创业管理是注册会员人数增长最快的一个研究分支，在 25 个管理学分支中会员数高居第 4 位。学者们日益认识到，年轻的公司在就业和经济增长中颇为重要，因此有必要对创业的过程、前因后果进行科学分析和研究。已有创业文献在创业者个人特质、创业者经历、创业团队、创业机会识别、创业投融资、创业企业的合法性构建等方面开展了大量研究，并提出了蒂蒙斯过程模型、效果逻辑理论等一些独特的创业理论。

在全球数字化技术与数字经济快速发展的背景下，数字化创业作为大数据分析、社交媒体、云计算和智能制造等数字技术和商业机会融合交织的新模式出现。在数字技术的嵌入下，创业门槛降低，数字化创业趋势不断改变社会生活和经济发展的模式与速度。在计算机技术、大数据、移动通信等数字技术以及网络技术高速发展的时代，数字化在创业研究领域不断渗透，传统创业理论受到了冲击，越来越多的学者注意到数字化对创业不确定性、创业过程和创业行为等带来的改变（Nambisan，2017；Srinivasan & Venkatraman，2018；余江等，2018）。

事实上，随着互联网在 21 世纪的蓬勃发展，数字化创业相关的学术研究也开始兴起。最初，数字化创业研究主要的关注点为互联网创业，以及伴随着互联网技术而诞生的电子商务创业。这一新的研究话题逐渐受到创业学者们的关注，数字化创业作为一个新的创业研究分支浮现出来（Feindta et al. , 2002；Gregorio et al. , 2005；Wasserman，2003）。2010 年以来，众筹与创业、社交媒体与创业等研究主题兴起，占据了数字化创业领域的半壁江山（Belleflamme et al. , 2014；Fischer & Reuber，2011）。2017 年，随着物联网、大数据、人工智能、云计算、区块链等新兴数字技术的集中爆发，学者们开始从整体视角思考数字化创业研究，数字化创业作为一个创业分支领域的合法性逐渐建立起来（Nambisan，2017；Srinivasan & Venkatraman，2018；余江等，2018）。与此同时，*Entrepreneurship Theory and Practice*、*Long Range Planning*、*Journal of Business Research*、*Small Business Economics*、*Academy of Management Discoveries* 等国际顶尖期刊自 2017 年以来纷纷发布征文启事，面向数字化创业话题下的不同主题进行征稿，这都预示着一个新的创业领域的兴起。

然而，作为一个新兴研究领域，数字化创业研究仍处于起步阶段，理论研究呈现碎片化特点，缺乏对数字化创业整体的系统性思考和有指导意义的研究框架，领域研究边界尚不清晰。首先，研究视角差异导致学术对话受阻。创业、创新、战略、管理科学和信息管理等多学科的管理学者从各自专业视角切入数字化创业研究，但不同专业领域的研究范式和基础理论迥异，导致彼此间的学术对话壁垒很高，研究视野大大受限。其次，概念界定不清导致理论难以发展。当前研究对数字化、数字经济、数字化创业、数字化商业模式等基本概念缺乏一致的定义和清晰的边界。一方面，基本概念的不一致和不清晰客观上促进了新领域多学科大范围的研究，形成当前数字化创业研究百家争鸣的局面；另一方面，概念定义不清也导致研究较为分散，难以形成理论积累和框架整合。

因此，作为全书的开篇，我们系统梳理了当前数字化创业的研究进展。首先，我们进行了步骤严谨的文献搜集与筛选工作。我们借助 Web of Science 平台和中国期刊全文数据库，通过限定期刊、关键词等对数字化创业文献进行了检索，之后通过人工阅读题目、摘要、关键词等，筛选出了对数字化创业有实质贡献的文献 142 篇，其中英文文献 132 篇、中文文献 10 篇。其次，我们对 142 篇文献样本进行了统计分析。分析的维度包括五个方面，分别为发表时间、期刊分布、领域分布、主题分布和研究方法。再次，通过文献阅读与回顾，我们对研究现状和研究主题进行了剖析。我们从数字化和创业两个方向切入，分别对现有研究进行了主题剖析和总结。最后，我们对研究现状进行了简要述评。

第一章 文献述评

一、文献搜集与筛选

我们使用常规的关键词检索方式对数字化创业文献进行搜集。由于数字化创业涉及数字化和创业两个方面，因此我们首先需要确定与数字化和创业分别相关的关键词。在数字化关键词方面，我们通过几篇研究数字化的经典文献（Huang et al.，2017；Nambisan，2017；Sussan & Acs，2017；Yoo，2010）和关于数字化的征文启事（Call for Papers，表2）确定出关于数字化的25个关键词，根据这些关键词的不同内涵，我们将这些关键词划分为数字化技术、数字化产品和模式、数字化性质三种类型，如表1－1所示。数字化技术包含关键词："digit＊/数字化""Internet/互联网""mobile/移动互联""cloud/云""big data/大数据""artificial intelligence/人工智能""blockchain/区块链""IoT/物联网""5G/5G""machine learning/机器学习""Augmented and virtual reality/增强和虚拟现实""fintech/金融科技"；数字化产品和模式包含关键词："apps/应用程序""platform/平台""social media/社交媒体""online/在线、线上""sharing economy/共享经济""ICO/首次货币发行""e－business/电子商务""crowdfunding/众筹""crowdsourcing/众包""Ecosystem/生态系统"；数字化性质包含关键词："analytics/计算""Algorithms/算法""Connectivity/互联互通"。在创业关键词方面，我们使用了四个英文关键词"Entrepreneur＊""start－up＊""startup＊""venture"和一个中文关键词"创业"。

其次，为了保证文献收集的质量，我们限定了英文和中文期刊范围。在英文

表 1-1　数字化关键词

类型	英文关键词	中文关键词
数字化技术	digit *	数字化
	Internet	互联网
	mobile	移动互联
	cloud	云
	big data	大数据
	artificial intelligence	人工智能
	blockchain	区块链
	IoT	物联网
	5G	5G
	machine learning	机器学习
	Augmented and virtual reality	增强和虚拟现实
	fintech	金融科技
数字化产品和模式	apps	应用程序
	platform	平台
	social media	社交媒体
	online	在线、线上
	sharing economy	共享经济
	ICO	首次货币发行
	e - business	电子商务
	crowdfunding	众筹
	crowdsourcing	众包
	Ecosystem	生态系统
数字化性质	analytics	计算
	Algorithms	算法
	Connectivity	互联互通

期刊方面，我们根据 UT Dallas 24 本期刊、Financial Times 50 本期刊和 Journal Quality List - 2018 年 7 月第 63 版中 A 类评级以上的期刊确定出四个领域的 23 本英文顶级期刊，如表 1 - 2 所示。由于创业与战略管理、组织研究等领域联系密切，因此我们选择了一般管理类期刊 7 本，包括 *Academy of Management Journal*、*Academy of Management Review*、*Administrative Science Quarterly*、*Journal of International Business Studies*、*Management Science*、*Organization Science*、*Strategic Management Journal*。另外，我们选择了在创业领域影响因子最高的 6 本期刊，分别为 *Entrepreneurship and Regional Development*、*Entrepreneurship Theory and Practice*、

Journal of Business Venturing、*Journal of Small Business Management*、*Small Business Economics*、*Strategic Entrepreneurship Journal*。由于创业与创新密不可分，创业必然伴随着创新的过程，因此，我们选择了6本创新管理领域的顶级期刊，包括*IEEE Transactions on Engineering Management*、*Journal of Product Innovation Management*、*R & D Management*、*Research Policy*、*Technological Forecasting and Social Change*、*Technovation*。由于数字化研究与技术研究密切相关，在管理信息系统领域有较多学者对信息管理、技术管理和数字管理进行研究，因此我们选择了4本管理信息系统领域的期刊，分别为*Information Systems Research*、*Information Systems Journal*、*Journal of Management Information Systems*、*MIS Quarterly*。在中文期刊方面，根据《国家自然科学基金委员会管理科学部管理科学重要学术期刊表》，我们选择了13本中文期刊，如表1－3所示。

表1－2 限定英文期刊

研究领域	期刊
一般管理	*Academy of Management Journal*
	Academy of Management Review
	Administrative Science Quarterly
	Journal of International Business Studies
	Management Science
	Organization Science
	Strategic Management Journal
创业	*Entrepreneurship and Regional Development*
	Entrepreneurship Theory and Practice
	Journal of Business Venturing
	Journal of Small Business Management
	Small Business Economics
	Strategic Entrepreneurship Journal
创新管理	*IEEE Trans actions on Engineering Management*
	Journal of Product Innovation Management
	R&D Management
	Research Policy
	Technological Forecasting and Social Change
	Technovation

续表

研究领域	期刊
管理信息系统	*Information Systems Research*
	Information Systems Journal
	Journal of Management Information Systems
	MIS Quarterly

表 1-3 限定中文期刊

期刊
《管理科学学报》
《管理世界》
《中国软科学》
《中国管理科学》
《管理评论》
《管理工程学报》
《南开管理评论》
《科研管理》
《管理科学》
《科学学研究》
《中国工业经济》
《管理学报》
《科学学与科学技术管理》

最后，我们借助 Web of Science 平台和中国期刊全文数据库，同时搜索上述数字化关键词、创业关键词和限定期刊，得到了 1414 篇英文文献和 59 篇中文文献。然后，我们对这 1473 篇文献的题目、摘要和关键词信息进行阅读，筛选出了对数字化创业有实质贡献的文献 142 篇，其中英文文献 132 篇、中文文献 10 篇。

二、文献分析

我们从发表时间、期刊分布、领域分布、主题分布、研究方法五个方面对上述142篇文献样本进行统计分析。

（一）发表时间分析

文献的发表年份分布如图1－1所示。从中可以发现，国外对于数字化创业的研究大致开始于21世纪初。2001～2013年，每年不超过5篇文章发表，学术研究数量呈现稳步发展的趋势；2014～2016年，文章数量有了一定程度增长，每年发表8～9篇文章；在2014年，出现了第一篇中文文章；2017年，学术界对于数字化创业的研究呈现爆发式发展，文献数量激增至30篇以上。

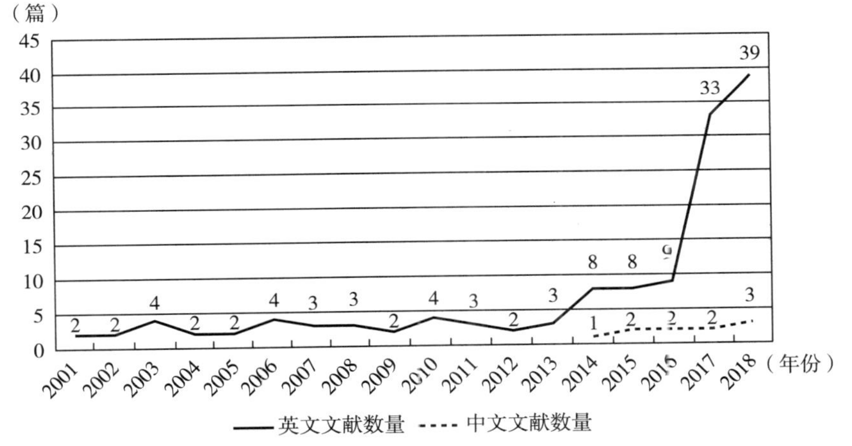

图1－1 2001～2018年中英文文献数量

从研究的发展趋势可以看出，近三年来，数字化创业领域得到了创业学者的关注，逐渐成为一个新兴独立的研究领域。从中英文文献的对比中可以看出，中文文献对此话题的关注起步较晚，并且成果数量很少，具有很大的发展空间。

（二）研究领域分析

研究领域文献数量的分布如图1－2所示。从图中可以看出，创业研究领域的文献数量最多，这与我们的研究主题“数字化创业”有关。创新管理研究领域的文献数量占据了第二位，说明创新管理研究与创业管理研究密不可分。在管理信息系统和一般管理类的顶级期刊中，也有不少文献关注了数字化创业这一话题。事实上，我们还在其他经济管理类顶级期刊上进行了关键词搜索，值得注意的是，在经济、财务、营销等经济管理类领域，几乎没有与数字化创业有关的文献。在管理细分领域的期刊上，例如组织行为与人力资源管理、战略管理、组织研究、工程管理等领域，文献数量也较少。因此，这些期刊没有被包含在我们的回顾范围之内。

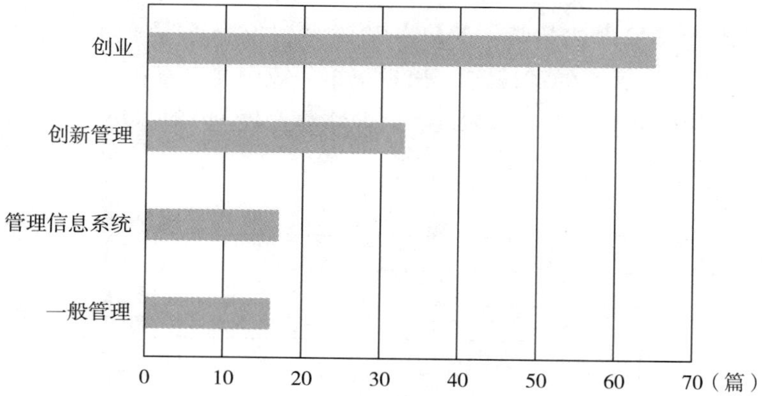

图 1－2　研究领域分布

（三）期刊分析

研究期刊的文献数量分布如表 1－4 所示。从表中可以看出，发表数量最多的三本期刊是 *Journal of Business Venturing*、*Small Business Economics*、*Entrepreneurship Theory and Practice*，全部是创业类期刊。值得注意的是，管理信息系统领域的 *Information Systems Journal* 表现亮眼，在 2017 年和 2018 年出现了较多关注数字化创业的文献。

表 1－4　主要研究期刊分布

研究领域	期刊	文献数量
一般管理	*Academy of Management Journal*	5
	Academy of Management Review	0
	Administrative Science Quarterly	2
	Journal of International Business Studies	1
	Management Science	4
	Organization Science	2
	Strategic Management Journal	2

续表

研究领域	期刊	文献数量
创业	*Entrepreneurship and Regional Development*	5
	Entrepreneurship Theory and Practice	12
	Journal of Business Venturing	22
	Journal of Small Business Management	2
	Small Business Economics	18
	Strategic Entrepreneurship Journal	1
创新管理	*IEEE Trans actions on Engineering Management*	2
	Journal of Product Innovation Management	3
	R&D Management	3
	Research Policy	6
	Technological Forecasting and Social Change	2
	Technovation	2
管理信息系统	*Information Systems Research*	3
	Information Systems Journal	9
	Journal of Management Information Systems	3
	MIS Quarterly	2

（四）研究方法分析

如图 1－3 所示，总体而言，数字化创业的研究以实证研究为主，占比为72%，理论研究占比28%。在实证研究中，定量文章占比较大，因此数字化创业的文章总体以定量实证研究为主。这一比例在一般管理领域和创业领域中得到了延续，在这两个研究领域中，定量实证研究都占据了大部分。这一方面反映了创业类期刊走在数字化创业研究的最前列，已有较多实证检验的文章出现；另一方面，理论文章数量较多也体现出管理学科注重理论性的特点。创新管理和管理信息系统与其他领域的占比有很大不同，定性研究占据大部分，创新管理领域占63%，管理信息系统领域占59%。其中，创新管理领域理论研究占比最大，而管理信息系统领域以定性的案例研究为主。这反映了在这两个领域中，数字化创业研究仍处于概念和理论探索阶段。不同领域侧重的研究方法不同反映了不同研究领域对于数字化创业的研究步伐不一致，尚未达成共识。

（五）研究标签提炼

按照数字化和创业两个方向，我们提取了数字化标签和创业标签，如图 1－4

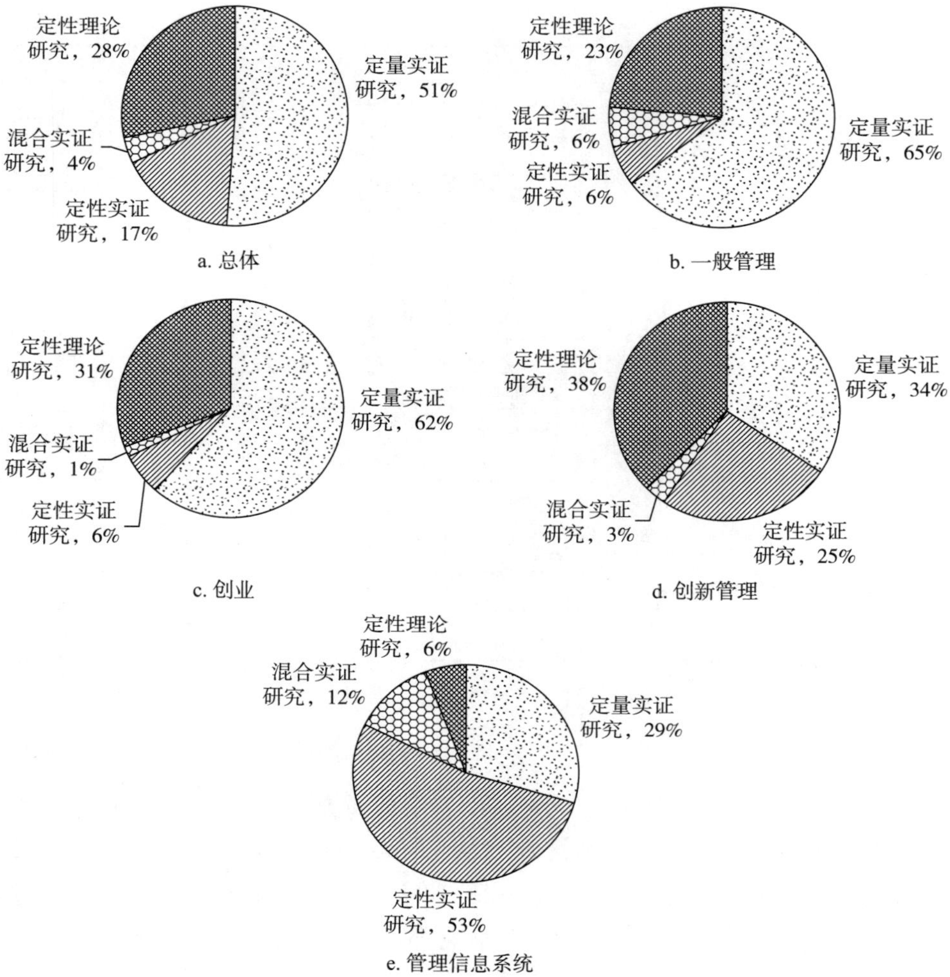

图 1－3　各领域研究方法分布

和图 1－5 所示。在数字化标签中，共提取出 16 个标签，其中，众筹和互联网的文章占据大多数，分别有 49 篇和 30 篇。这反映出，在数字化创业的研究中，众筹与创业和互联网创业是焦点话题。在两者之后，数字平台和数字产品与创业文章较多，分别有 12 篇和 8 篇。数字技术是指整体提到了数字化的技术，但并未研究具体的数字化技术（例如 3D 打印、物联网等）。对于新兴的数字化技术与创业，如 3D 打印、社交媒体、共享经济、物联网、大数据、云、区块链等，它们与创业的研究交织较少，亟待学者们进行开发。

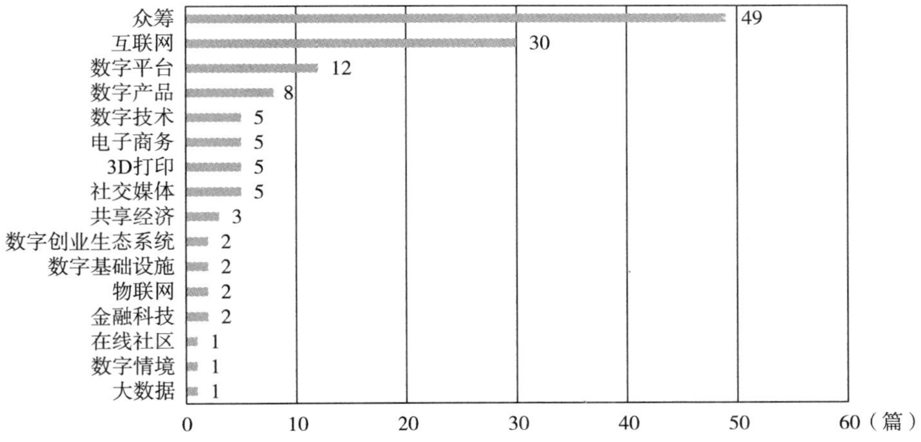

图 1－4 数字化标签文章数量

在创业的标签中，可以大致分为创业主题、创业要素、创业与其他领域三类标签。其中，关于创业要素的研究较多，最为突出的是数字化与创业资源研究，以创业融资为突出特征，有 57 篇文章。创业者、创业结果、创业机会、创业行为等创业要素也有较多研究。在特定创业主题的研究中，分布较为零散，文章数量较少，其中，公司创业、制度创业、技术创业与数字化有更多的交织。数字化创业与创新、商业模式的交织广泛，在数字化创业的研究主题中，对于数字化创业企业商业模式、创新行为的研究较多。

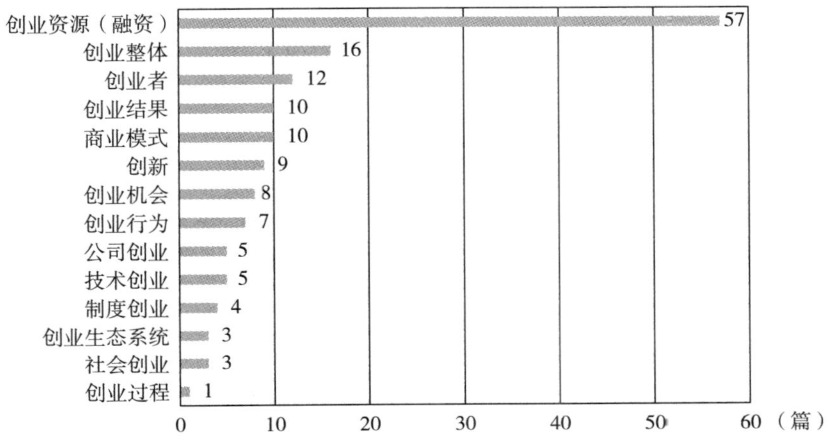

图 1－5 创业标签文章数量

三、研究主题剖析

20 世纪 90 年代以来，随着数字经济的崛起，数字化创业话题逐渐受到创业学者的关注。2017 年以来，物联网、大数据、云计算、共享经济、数字平台等数字化技术和数字化商业模式的不断涌现，使数字化创业成为创业理论研究的新宠，文章数量呈现井喷式增长。通过对现有文献的梳理，我们按照数字化和创业两个方向，分别对现有研究进行了主题剖析和总结。

（一）数字化研究主题剖析

根据 Nambisan（2017）的总结，数字技术以三种截然不同但又相互关联的要素的形式出现在创业领域：数字产品、数字平台和数字基础设施。借鉴这一理论观点，我们梳理了现有文献，将数字化创业的文献主题划分为四类：①数字基础设施与创业；②数字产品与创业；③数字模式与创业；④整体视角下的数字化与创业。

1. 数字基础设施与创业

数字基础设施（Digital Infrastructure）定义为数字技术工具和系统（例如，云计算、数据分析、在线社区、社交媒体、3D 打印、数字制造空间等），提供通信、协作和/或支持创新和创业的计算能力（Nambisan，2017）。现有研究中，以 2013 年为时间节点，在此以前，互联网创业是数字基础设施与创业研究的重中之重，文献研究数量较多。2013 年以后，社交媒体、3D 打印、大数据、物联网、区块链和云计算研究逐渐兴起，但分布较为零散。

首先，互联网创业是数字化创业研究的主体。互联网创业研究可以分为两种类型：一种是以互联网创业公司为样本，研究广泛的、一般性的管理主题。例如，Perlow 等（2002）通过研究一家互联网创业公司，探究了速度如何影响组织过程，研究发现，组织试图快速决策存在“速度陷阱”。Mudambi 和 Treichel（2004）以 1997～1999 年 200 余家互联网企业的 IPO 数据为样本，发现新企业的业绩取决于 IPO 前的特征。Liao 等（2010）以互联网公司为样本，将动态能力视角拓展到创业企业创新的研究中。另一种是研究互联网技术或互联网商业模式与创业的关系。Sine 等（2006）发现在互联网创业企业中，由于互联网商业环境动荡，所以机械的组织结构比有机组织结构更为有效。Colombo 和 Delmastro

（2001）研究了从事互联网相关活动的企业家是否与其他信息和通信技术（ICT）行业（尤其是制造业）的企业家有所不同，研究发现，互联网创业者通常比其他创业者更年轻，受教育程度更低（尤其是在技术领域）。

其次，新兴的数字基础设施与创业的研究逐渐兴起，以定性的理论和案例研究为主。在3D打印与创业方面，主要研究了3D打印与开放式创新、商业模式的关系。在开放式创新方面，West和Kuk（2016）研究了像3D打印这样的硬件行业如何进行有选择的开放创新；Greul等（2018）以一家3D打印公司为样本，研究了开放式创新中知识的流入流出与创业公司的初始能力和创始意图的关系。在商业模式方面，Rong等（2018）研究了3D打印领域商业模式的动态过程以及支持商业模式开发的能力。此外，Kwak等（2018）研究了3D打印生态系统如何产生和发展，基于案例研究和扎根理论方法，他们发现了四个相关平台——开源硬件平台、在线服务平台、免费和低成本的3D设计软件平台、众包平台——培育了创新生态系统。在社交媒体创业方面，研究分为两种类型：一种是创业企业或创业者利用Twitter等社交媒体进行交互、传播正面或负面的信息，影响创业的过程和结果（Fischer & Reuber，2011，2014）；另一种是社交媒体与制度创业相互作用，为社会变革创造条件（Mohajerani et al.，2015）。此外，Kim等（2015）的研究发现，在信息技术（IT）行业中，传统媒体和用户生成媒体的话语权增加直接影响了IT企业的创立率。在大数据创业方面，一个典型研究是数字化创业企业如何通过运用内外部的数据（大数据）来推动商业模式创新或者构建新的商业模式（Sorescu，2017）。在云创业方面，季六祥和盛革（2015）提出了云端创业生态圈的概念范式，涵盖云生态价值范式、云平台组织范式、云平台服务范式、云平台工具范式。

2. 数字产品与创业

数字产品（Digital Artifact）定义为数字组件、应用程序或媒体内容，它们是新产品（或服务）的一部分，为最终用户提供特定的功能或价值（Kallinikos，Aaltonen & Marton，2013）。这些数字产品不仅出现在智能手机、手环等设备上，而且出现在家庭、汽车、玩具等场景中。它们为不同产业的创业者释放了广泛的创业机会（Nambisan，2017）。

现有关于数字产品与创业的研究较少，呈现出碎片化和零散化的特点，涉及领域广泛、跨度很大。例如，Burtch等（2018）研究了初创公司开发互联网应用程序的不同过程，公司将应用程序开发过程的选择与客户数量、商业单元战略相匹配。Papagiannidis和Berry（2006）针对网络电视（IPTV）这一新兴的具体应用，探讨了其中一种技术，即互联网协议的第6版，可能如何影响互联网及其相关的机会。他们还发现，新兴的互联网技术可以显著影响成熟的行业和市场，并在仔细开发时创造新的机会。更具体地说，通过减少进入壁垒，它可以让中小企业进入传统上需要大量投资的市场。Ehrenhard 等（2017）构建了数字产品 App 商业创新循环模型来解释企业如何通过数字产品——App 创造价值，并解释了初创企业如何利用这种价值。

3. 数字模式与创业

数字模式是指建立在数字技术应用上的商业模式，包括数字平台、电子商务、在线社区、共享经济、众筹、众包等，这些模式为创业者提供了大量的机会，基于这些模式进行创业，或将其作为创业场所，开发互补的产品和服务，获得创业资源。在现有研究中，数字模式与创业的研究占据了大约一半，其中大部分是关于众筹与创业的研究，其次是电子商务和数字平台与创业的研究。我们分别进行梳理。

第一，众筹与创业。该领域蓬勃发展，近两年呈现井喷状态，定量实证研究较多，几近形成独立的研究领域。众筹与创业的研究主要关注以下几个方面：一是众筹成功的原因是什么，包括人力资本信号、项目类型、筹资目标、目标人群、地理位置、创业激情等（Giudici et al.，2018；Hornuf & Schwienbacher，2018；Li et al.，2017；Moss et al.，2018；Piva et al.，2018；Vismara，2018）；二是众筹对创业公司的影响，包括提供资金支持、带来积极信号优势、投资者网络等（Da & Jordana，2018）；三是创业者与资助者的关系，如 Polzin 等（2018）研究发现，与项目创建者有联系的投资者更依赖项目资助者，但无联系的投资者并未更重视项目信息；Hornuf 和 Schwienbacher（2017）研究发现，众筹项目投资者保护力度过大或会挫伤创业者的积极性。

第二，电子商务与创业研究。该领域研究的时间跨度长，定性和定量研究平分秋色。现有研究中，学者们重点关注了电子商务创业的商业模式、创业成功因素等。Feindata 等早在 2002 年就研究了快速发展的电子商务企业在创业阶段需要考虑的关键成功因素。Gregorio 等（2005）对 80 多个国家的电子商务活动的决定因素进行了实证分析，得出创业率驱动着电子商务活动。一些数字指标可以预测实际的电子商务活动，包括 Internet 基础设施、计算机基础设施和物流基础设施等。Wang 等（2010）利用淘宝 4000 多家电商的面板数据，实证验证了网络口碑（e－WOM）对社会资本和电商业绩的中介作用。

第三，数字平台与创业研究。该领域 2014 年以后才开始出现，近两年发展较快，以定性的理论或案例研究为主。数字平台对创业活动、过程等带来了改变，创业成功与数字化平台内外其他企业家的活动密切相关，企业家选择和适应何种平台的战略选择会影响其创业成功与否（Srinivasan & Venkatraman，2018）。Mcintyre 和 Srinivasan（2017）从产业经济、技术管理和战略管理的角度综述了平台的中介作用，探究平台的最佳战略。另外，Eckhardt 等（2018）开发了平台生态系统内的创业活动理论。数字经济导致了利用外部创新的平台生态系统的扩散。这些生态系统依赖互补者（创业者），他们通过创造互补的技术来提高平台的价值。

第四，共享经济与创业。这是一个新兴的研究主题，文献较少，分布零散。Munoz 和 Cohen（2017）基于现有研究的共享经济商业模式的七个维度，划分出五种共享经济理想类型，并探讨了这五种类型对初创企业、投资者和政策制定者的影响。彭华涛等（2018）研究了共享经济创业的异常模仿行为及其协同治理。他们发现，共享经济的飞速发展推动了共享经济创业的兴起，但也引发了大量的模仿创业行为，并且其中的异常行为带来了诸多经济和社会问题。通过案例研究发现了共享经济创业的异常模仿行为内在逻辑，并提出“三制—三监督”的协同治理机制，其可为推动共享经济创业的规范、理性模仿提供理论依据和决策参考。

4. 整体视角下的数字化与创业

随着各类新兴数字化技术爆发式地集中应用和增长，学者们开始从整体视角思考数字化创业研究，使用“数字化”概括当前的经济现象，数字化创业作为一个创业分支领域的合法性逐渐建立起来。因此，2017 年以来浮现出研究整体“数字化创业”的概念内涵、特点和解释逻辑的理论文章（Nambisan，2017；Srinivasan & Venkatraman，2018；Sussan & Acs，2017；余江等，2018）。典型的研究包括：Nambisan（2017）基于数字技术视角，认为数字技术改变了创业过程和结果中固有的不确定，以及处理这种不确定性的方法，他辨析了数字技术的概念内涵，考虑如何建立和丰富现有的创业理论。Sussan 和 Acs（2017）整合了数字生态系统和创业生态系统两个概念，构建了数字化创业生态系统的理论框架，提出了数字基础设施治理、数字用户公民、数字创业、数字市场四个概念和理论框架。余江等（2018）在对比传统创业与数字创业特性的基础上，从数字创业的起步、实施和产出三个阶段深入分析数字技术对创业的影响机理，并进一步探析中国数字创业未来发展趋势与战略路径。

（二）创业研究主题剖析

通过梳理文献，我们发现，数字化创业的文献涉及创业研究的方方面面，概括起来可以划分为两方面：数字化与创业元素、数字化与创业研究流派。

1. 数字化与创业元素

第一，数字化与创业机会。创业公司利用数字化技术发现、开发新的商业机会。首先，电子商务、数字平台、共享经济等数字模式带来大量创业机会，降低了创业成本，催生了创业者（Nambisan，2017）。其次，3D 打印、大数据等新兴数字技术可以显著影响成熟的行业和市场，并在利用时创造新的机会（Potstada & Zybura，2014）。再次，数字化与识别和利用电子机会的新能力的发展相关，这意味着数字化有助于识别机会（BarNir et al.，2003）。最后，基于数字平台，利用数字基础设施，创业者开发数字产品和服务，找寻创业机会（Papagiannidis et al.，2006）。

第二，数字化与创业者/创业团队。互联网等数字产业作为新兴产业，强调知识和人才的重要性，因此数字创业文献关注创业者的人力资本、社会资本和网络技能（Buttice et al.，2017；Smith et al.，2017）。例如，Batjargal（2007）研究了创业者的社会资本和人力资本（经验）对互联网企业绩效的互动效应。研究发现，社会资本与创业经验的交互作用对互联网企业的生存可能性有正向影响，而社会资本与创业经验的交互作用对企业绩效有负向影响。另外，社交媒体和数字平台促进了企业家和利益相关者之间的交流（Fischer & Reuber，2011，2014）。

第三，数字化与创业资源。数字化情境改变了创业企业的资源需求特点、资源获取途径和资源利用方式。从资源需求角度看，大数据、在线声誉、在线技术能力、在线品牌社区等成为创业企业的关键性资源（Reuber & Fischer，2011；Sorescu，2017）。从资源获取角度看，互联网的发展为创业企业拓宽了资源获取渠道，众筹成为创业企业融资的主流渠道（Da & Jordana，2018；Cumming & Johan，2017；Drover et al.，2017；Yu et al.，2017）。从资源利用角度看，互联网使企业资源利用的范围扩大（胡贝贝等，2015），并且要求企业塑造相应的能力以实现最终的价值创造（Amit & Han，2017；Reuber & Fischer，2011）。

第四，数字化与商业模式。现有研究中对于数字化与创业企业商业模式的研究主要分为以下三种：一是直接研究创业企业的数字化商业模式，如众包、电子商务、共享经济、数字平台等数字模式（Munoz & Cohen，2017）。二是新的数字技术催生了许多新的商业模式，如共享经济商业模式、3D 打印商业模式、工业 4.0 商业模式、金融技术商业模式、物联网商业模式等（Metallo et al.，2018；Munoz & Cohen，2017；Rong et al.，2018）。三是研究 3D 打印、物联网、大数据等数字化技术如何构建、改变创业企业的商业模式（Kiel et al.，2017；Rong et al.，2018；Sorescu，2017）。

第五，数字化与创新。创业与创新的研究不可分割，在传统创业研究中，创业企业的创新研究始终是热门话题。数字化创业中关于创新的研究主要分为以下三种：一是研究数字化创业中的开放式创新（Greul et al.，2018；West & Kuk，2016），例如，Greul 等（2018）以一家 3D 打印公司为样本，研究了开放式创新中知识的流入流出与创业公司的初始能力和创始意图的关系。二是研究数字化创业与技术创新（Afuah & Tucci，2003；Liao et al.，2009），例如，Afuah 和 Tucci（2003）研究了互联网变革在多大程度上是创造性的破坏者，它能带来的创造性破坏的广度和深度有多大。三是数字化创业与商业模式创新（Ehrenhard et al.，2017；Sorescu，2017；Velu，2015），例如，Velu（2015）研究了互联网初创公司推出电子交易平台，这种商业模式创新将如何影响新企业的生存。

第六，数字化与创业绩效/失败。数字化创业的技术利用、创业能力、创业行为等影响了最终的创业结果。数字技术的出现增加了许多影响创业绩效的新因素，如电子商务能力、在线沟通能力、数据资源等。例如，Srinivasan 和 Venkatraman（2018）的研究显示，创业成功与数字化平台内外其他企业家的活动密切相关，企业家选择和适应何种平台的战略选择会影响其创业成功与否。Saridakis 等（2018）发现，创业组织采用信息技术来激发更广的市场交流和提高对在线购物者的曝光率，会使企业绩效获得改善。Bi 等（2017）研究发现，在快速成长的创业企业环境中，企业投入更多的 IT 资源用于构建电子商务能力能够获得更好的绩效。

第七，数字化与新企业建立。数字化与创业企业建立率的研究存在着不同的研究结果。有学者研究发现，数字技术促进了新的创业活动，提高了区域创业率（Kim et al.，2015）。然而，学者们也提出，像 Uber 这样的“零工经济”数字平台，似乎通过为失业者和未充分就业的人提供可行的就业机会，显著地减少了低质量的创业活动（Burtch et al.，2018）。

第八，数字化与创业不确定性。新的数字技术已经改变了创业过程和结果固有的不确定性的性质，以及处理这种不确定性的方法（Nambisan，2017）。在数字环境下，新兴的数字化行业极具活力，导致了市场的高波动性和动荡性（Liao et al.，2009；Sine et al.，2006）。同时，新技术不断涌现，知识的缺乏导致了市场的高度不确定性（Chang，2004）。然而，创业公司通过在线社交媒体交流可以减少不确定性，增加差异化（Fischer & Reuber，2014）。

2. 数字化与创业研究流派

第一，数字化与公司创业。该流派解读了大企业如何利用数字化技术实现创业创新。例如，Smith 等（2017）研究了大企业如何通过创意竞赛（众包的一种形式）吸引外部合作伙伴和内部创业者，从而改变公司创业的整体方式。Amit 和 Han（2017）研究了企业如何通过数字化实现底层资源配置，将数字化融入到企业资源配置理论及其潜在的战略创业过程中，对战略创业的文献做出了贡献。

第二，数字化与制度创业。数字化技术作为新兴技术，通过创业活动挑战了原有的法律、行业规范和认知。Hadida 和 Paris（2014）分析了在线音乐企业的官方语言体系、使命、愿景等，以此研究了创业者是在构建新的认知框架，还是在不稳定转型的行业环境中调整现有的认知框架。Mohajerani 等（2015）探讨了社交媒体在跨社会语境导入逻辑中的作用，与制度创业相互作用，主导的宗教逻辑受到了市场逻辑的挑战。

第三，数字化与连续创业。研究认为，数字化技术的可重复编辑性等特征为连续创业带来优势。Buttice 等（2017）研究发现，在众筹平台上的连续创业与传统连续创业影响融资成功的因素不同，在众筹平台中会形成平台内部的社会资本，而这是传统连续创业所不具有的。

第四，数字化与国际创业。数字化技术为国际创业企业带来新的资源优势，影响创业企业国际化的速度。例如，与互联网相关的在线声誉、在线技术能力、在线品牌社区等资源使创业企业成功追求国际机会（Reuber & Fischer，2011）。

第五，数字化与用户创业。数字化技术使企业更容易接触用户，用户能够通过在线社群、社交媒体等表达意见，参与新产品开发等。Hienerth 等（2014）发现，许多公司采用各种方式引导用户参与新产品开发，例如，公司主导的用户社区、大规模定制工具包等，一些先锋企业正在尝试创建可持续的“生产者—用户生态系统”用于持续开发商业机会。

四、研究框架

（一）研究框架构建

通过系统梳理数字化在创业研究中的研究现状，我们发现现有成果为我们理解“数字化创业”问题提供了视角丰富的见解。但是，由于数字化是新兴的研究方向，不同学科的学者对于这一话题的关注焦点和具体研究内容存在较大差异，导致学术对话分散、研究结论不一致等问题出现。为此，我们试图通过现有的研究结果构建一个体系化的研究框架，展示当前文献中数字化在创业研究中的作用。

根据前面不同主题的研究回顾，我们总结出数字化在创业过程和创业情境中的不同作用。其中，创业过程包括开始创业、进行创业和创业结果三部分。开始创业中关注了数字化对于创业机会和创业者的改变，进行创业中研究数字化在创业资源、商业模式和创新中的作用，创业结果中包含了数字化对创业绩效和新企业建立的影响。在创业情境中，数字化主要改变了创业的不确定性本质。每一部分具体的研究要点在图 1－6 中进行了展示。

（二）研究述评

通过回顾以往文献，我们发现关于数字化创业的相关研究有以下特点：

（1）新兴研究领域，近两年爆发式增长。随着数字经济的深入发展，数字化创业风口不断更迭，新模式、新技术和新概念持续涌现。2016 年以来，数字化创业的文献呈现爆发式增长，数字化创业研究越来越受到创业学者的关注。但是由于基础概念界定不清、数字化创业情境难以把握、传统研究范式较为落后等原因，当前针对该领域的理论研究仍然滞后于实践发展。例如，对于新兴的数字化技术，如 3D 打印、物联网、大数据、云、区块链等，它们与创业的研究交织较少，亟待学者们进行开发。

（2）概念定义模糊，理论难以积累。当前研究对数字化、数字经济、数字化创业、数字化商业模式等基本概念缺乏一致的定义和清晰的边界。一些学者提出了数字化创业的概念（Nambisan，2017；余江等，2018），但学术界对于数字化创业的定义、内涵尚未达成共识。概念定义不清也导致研究较为分散，难以形成理论积累和框架整合。

（3）多学科、大范围研究，研究视角差异大。创业、战略、创新、管理信息系统等多学科的管理学者多是从各自专业视角切入数字化创业研究，新领域、多学科、大范围的研究，形成当前数字化创业研究百家争鸣的局面。但是不同专业领域的研究范式和基础理论迥异，导致彼此间的学术对话壁垒很高，研究视野大大受限。

（4）研究主题分散，缺乏系统研究。数字化创业研究以各类数字化技术和

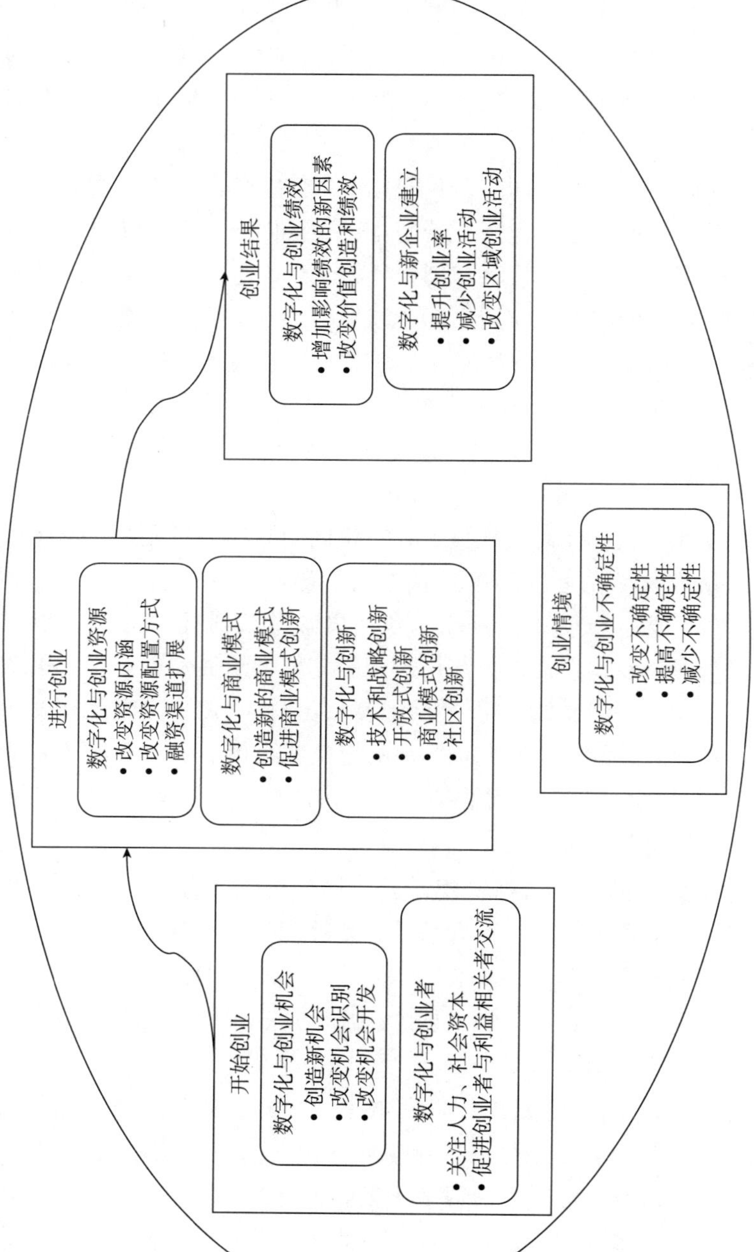

图 1－6　数字化创业研究框架——数字化在创业中的作用

数字化模式与创业的交织作为切入点，例如，互联网创业、众筹与创业、电子商务与创业、数字平台与创业等。同时，现有的研究中对于数字化在创业机会、资源、商业模式、不确定性等创业因素中的作用有一定解读。虽然有一些学者尝试构建数字创业生态系统等（Du et al.，2018；Sussan & Acs，2017），但是目前研究整体上仍旧分布零散、碎片化，针对数字化创业的整体化、系统化的研究寥寥，尚未形成完整的研究领域和清晰的研究边界。

（5）边界不清晰，研究结论不一致。对于一些研究问题，例如数字化对创业不确定性和创业结果的影响，目前研究的结论存在较大程度的差异。例如，针对新企业创立率的影响，不同学者的研究结论不同。这反映了学者对数字化创业的研究边界界定不清晰，亟待开展进一步的研究。

参考文献

[1] Afuah，A.，Tucci，C. L.（2003）. A model of the internet as creative destroyer. *IEEE Transactions on Engineering Management*，50（4）：395 – 402.

[2] Ahlers，G. K. C.，Cumming，D.，Gunther，C.，Schweizer，D.（2015）. Signaling in equity crowdfunding. *Entrepreneurship Theory and Practice*，39（4）：955 – 980.

[3] Al – Atabi，M.，DeBoer，J.（2014）. Teaching entrepreneurship using massive open online course（MOOC）. *Technovation*，34（4）：261 – 264.

[4] Alderete，M. V.（2017）. Mobile broadband：A key enabling technology for entrepreneurship? *Journal of Small Business Management*，55（2）：254 – 269.

[5] Allison，T. H.，Davis，B. C.，Short，J. C.，Webb，J. W.（2015）. Crowdfunding in a prosocial microlending environment：Examining the role of intrinsic versus extrinsic cues. *Entrepreneurship Theory and Practice*，39（1）：53 – 73.

[6] Allison，T. H.，Davis，B. C.，Webb，J. W.，Short，J. C.（2017）. Persuasion in crowdfunding：An elaboration likelihood model of crowdfunding performance. *Journal of Business Venturing*，32（6）：707 – 725.

[7] Allègre，L. H.，Paris，T.（2014）. Managerial cognition and the value chain in the digital music industry. *Technological Forecasting and Social Change*，83（1）：84 – 97.

[8] Amit，R.，Han，X.（2017）. Value creation through novel resource configurations in a digitally enabled world. *Strategic Entrepreneurship Journal*，11（3）：

228 - 242.

[9] Anglin, A. H., Short, J. C., Drover, W., Stevenson, R. M., McKenny, A. F., Allison, T. H. (2018). The power of positivity? The influence of positive psychological capital language on crowdfunding performance. *Journal of Business Venturing*, 33 (4): 470 - 492.

[10] Anglin, A. H., Wolfe, M. T., Short, J. C., McKenny, A. F., Pidduck, R. J. (2018). Narcissistic rhetoric and crowdfunding performance: A social role theory perspective. *Journal of Business Venturing*, 33 (6): 780 - 812.

[11] Audretsch, D. B.., Heger, D., Veith, T. (2015). Infrastructure and entrepreneurship. *Small Business Economics*, 44 (2): 219 - 230.

[12] Autio, E., Dahlander, L., Frederiksen, L. (2013). Information exposure, opportunity evaluation, and entrepreneurial action: An investigation of an online user community. *Academy of Management Journal*, 56 (5): 1348 - 1371.

[13] Avgerou, C., Li, B. (2013). Relational and institutional embeddedness of web - enabled entrepreneurial networks: Case studies of entrepreneurs in china. *Information Systems Journal*, 23 (4): 329 - 350.

[14] Barnir, A., Gallaugher, J. M., Auger, P. (2003). Business process digitization, strategy, and the impact of firm age and size: The case of the magazine publishing industry. *Journal of Business Venturing*, 18 (6): 789 - 814.

[15] Batjargal, B. (2007). Internet entrepreneurship: Social capital, human capital, and performance of internet ventures in China. *Research Policy*, 36 (5): 605 - 618.

[16] Batjargal, B. (2010). Network dynamics and new ventures in China: A longitudinal study. *Entrepreneurship and Regional Development*, 22 (2): 139 - 153.

[17] Belleflamme, P., Lambert, T., Schwienbacher, A. (2013). Crowdfunding: Tapping the right crowd. *Journal of Business Venturing*, 29 (5): 585 - 609.

[18] Bi, R., Davison, R. M., Smyrnios, K. X. (2017). E - business and fast growth SMEs. *Small Business Economics*, 48 (3): 559 - 576.

[19] Block, J., Hornuf, L., Moritz, A. (2018). Which updates during an equity crowdfunding campaign increase crowd participation? *Small Business Economics*, 50 (1): 3 - 27.

[20] Bogusz, C. I., Morisse, M. (2018). How infrastructures anchor open

entrepreneurship: The case of Bitcoin and stigma. *Information Systems Journal*, 28 (6): 1176 - 1212.

[21] Burtch, G., Carnahan, S., Greenwood, B. N. (2018). Can you gig it? An empirical examination of the gig economy and entrepreneurial activity. *Management Science*, 64 (12): 5497 - 5520.

[22] Burtch, G., Hong, Y., Liu, D. (2018). The role of provision points in online crowdfunding. *Journal of Management Information Systems*, 35 (1): 117 - 144.

[23] Buttice, V., Colombo, M. G., Wright, M. (2017). Serial crowdfunding, social capital, and project success. *Entrepreneurship Theory and Practice*, 41 (2): 183 - 207.

[24] Chaganti, R. S., Watts, A. D., Chaganti, R., Zimmerman - Treichel, M. (2008). Ethnic - immigrants in founding teams: Effects on prospector strategy and performance in new internet ventures. *Journal of Business Venturing*, 23 (1): 113 - 139.

[25] Chang, S. J. (2004). Venture capital financing, strategic alliances, and the initial public offerings of internet startups. *Journal of Business Venturing*, 19 (5): 721 - 741.

[26] Chen, T., Qian, L., Narayanan, V. (2017). Battle on the wrong field? entrant type, dominant designs, and technology exit. *Strategic Management Journal*, 38 (13): 2579 - 2598.

[27] Choi, D. Y., Perez, A. (2007). Online piracy, innovation, and legitimate business models. *Technovation*, 27 (4): 168 - 178.

[28] Cholakova, M., Clarysse, B. (2015). Does the possibility to make equity investments in crowdfunding projects crowd out reward - based investments? *Entrepreneurship Theory and Practice*, 39 (1): 145 - 172.

[29] Colombo, M. G., Delmastro, M. (2001). Technology - based entrepreneurs: Does internet make a difference? *Small Business Economics*, 16 (3): 177 - 190.

[30] Courtney, C., Dutta, S., Li, Y. (2017). Resolving information asymmetry: Signaling, endorsement, and crowdfunding success. *Entrepreneurship Theory and Practice*, 41 (2): 265 - 290.

[31] Coviello, N., Kano, L., Liesch, P. W. (2017). Adapting the Uppsala model to a modern world: Macro - context and microfoundations. *Journal of International Business Studies*, 48 (9): 1151 - 1164.

[32] Crockett, D. R., Mcgee, J. E., Payne, G. T. (2013). Employing new business divisions to exploit disruptive innovations: The interplay between characteristics of the corporation and those of the venture management team. *Journal of Product Innovation Management*, 30 (5): 856 – 879.

[33] Crosetto, P., Regner, T. (2018). It's never too late: Funding dynamics and self pledges in reward – based crowdfunding. *Research Policy*, 47 (8): 1463 – 1477.

[34] Cumming, D., Johan, S. (2010). The differential impact of the internet on spurring regional entrepreneurship. *Entrepreneurship Theory and Practice*, 34 (5): 857 – 883.

[35] Cumming, D., Johan, S. (2017). The problems with and promise of entrepreneurial finance. *Strategic Entrepreneurship Journal*, 11 (3): 357 – 370.

[36] da Cruz, J. V. (2018). Beyond financing: Crowdfunding as an informational mechanism. *Journal of Business Venturing*, 33 (3): 371 – 393.

[37] Davis, B. C., Hmieleski, K. M., Webb, J. W., Coombs, J. E. (2017). Funders' positive affective reactions to entrepreneurs' crowdfunding pitches: The influence of perceived product creativity and entrepreneurial passion. *Journal of Business Venturing*, 32 (1): 90 – 106.

[38] Drover, W., Wood, M. S., Zacharakis, A. (2017). Attributes of angel and crowdfunded investments as determinants of VC screening decisions. *Entrepreneurship Theory and Practice*, 41 (3): 323 – 347.

[39] Du, W., Pan, S. L., Zhou, N., Ouyang, T. (2018). From a marketplace of electronics to a digital entrepreneurial ecosystem (DEE): The emergence of a meta – organization in Zhongguancun, China. *Information Systems Journal*, 28 (6): 1158 – 1175.

[40] Eckhardt, J. T., Ciuchta, M. P., Carpenter, M. (2018). Open innovation, information, and entrepreneurship within platform ecosystems. *Strategic Entrepreneurship Journal*, 12 (3): 369 – 391.

[41] Ehrenhard, M., Wijnhoven, F., van den Broek, T., Stagno, M. Z. (2017). Unlocking how start – ups create business value with mobile applications: Development of an app – enabled business innovation eycle. Technological Forecasting and Social Change, (115), 26 – 36.

[42] Elert, N., Henrekson, M. (2016). Evasive entrepreneurship. *Small*

Business Economics, 47 (1): 95 – 113.

[43] Estrin, S., Gozman, D., Khavul, S. (2018). The evolution and adoption of equity crowdfunding: Entrepreneur and investor entry into a new market. *Small Business Economics*, 51 (2): 425 – 429.

[44] Evans, D., Volery, T. (2001). Online business development services for entrepreneurs: An exploratory study. *Entrepreneurship and Regional Development*, 13 (4): 333 – 350.

[45] Feindt, S., Jeffcoate, J., Chappell, C. (2002). Identifying success factors for rapid growth in SME e – commerce. *Small Business Economics*, 19 (1): 51 – 62.

[46] Fischer, E., Reuber, A. R. (2011). Social interaction via new social media: (How) can interactions on twitter affect effectual thinking and behavior? *Journal of Business Venturing*, 26 (1): 1 – 18.

[47] Fischer, E., Reuber, A. R. (2014). Online entrepreneurial communication: Mitigating uncertainty and increasing differentiation via twitter. *Journal of Business Venturing*, 29 (4): 565 – 583.

[48] Giudici, G., Guerini, M., Rossi – Lamastra, C. (2018). Reward – based crowdfunding of entrepreneurial projects: The effect of local altruism and localized social capital on proponents' success. *Small Business Economics*, 50 (2): 307 – 324.

[49] Gleasure, R., Morgan, L. (2018). The pastoral crowd: Exploring self – hosted crowdfunding using activity theory and social capital. *Information Systems Journal*, 28 (3): 489 – 515.

[50] Gomber, P., Kauffman, R. J., Parker, C., Weber, B. W. (2018). On the fintech revolution: Interpreting the forces of innovation, disruption, and transformation in financial services. *Journal of Management Information Systems*, 35 (1): 220 – 265.

[51] Gozman, D., Liebenau, J., Mangan, J. (2018). The innovation mechanisms of fintech start – ups: Insights from swift's innotribe competition. *Journal of Management Information Systems*, 35 (1): 145 – 179.

[52] Greenberg, J., Mollick, E. (2017). Activist choice homophily and the crowdfunding of female founders. *Administrative Science Quarterly*, 62 (2): 341 – 374.

[53] Gregg, D., Parthasarathy, M. (2017). Factors affecting the long – term survival of eBay ventures: A longitudinal study. *Small Business Economics*, 49 (2):

405 –419.

[54] Gregorio, D. D., Kassicieh, S. K., Neto, R. D. G. (2005). Drivers of e – business activity in developed and emerging markets. *IEEE Transactions on Engineering Management*, 52 (2): 155 –166.

[55] Greul, A., West, J., Bock, S. (2018). Open at birth? Why new firms do (or don't) use open innovation. *Strategic Entrepreneurship Journal*, 12 (3): 392 –420.

[56] Guenther, C., Johan, S., Schweizer, D. (2018). Is the crowd sensitive to distance? How investment decisions differ by investor type. *Small Business Economics*, 50 (2): 289 –305.

[57] Hallen, B. L. (2008). The causes and consequences of the initial network positions of new organizations: From whom do entrepreneurs receive investments? *Administrative Science Quarterly*, 53 (4): 685 –718.

[58] Hallen, B. L., Eisenhardt, K. M. (2012). Catalyzing strategies and efficient tie formation: How entrepreneurial firms obtain investment ties. *Academy of Management Journal*, 55 (1): 35 –70.

[59] Hienerth, C., Lettl, C., Keinz, P. (2014). Synergies among producer firms, lead users, and user communities: The case of the LEGO producer – user ecosystem. *Journal of Product Innovation Management*, 31 (4): 848 –866.

[60] Hornuf, L., Neuenkirch, M. (2017). Pricing shares in equity crowdfunding. *Small Business Economics*, 48 (4): 795 –811.

[61] Hornuf, L., Schwienbacher, A. (2017). Should securities regulation promote equity crowdfunding? *Small Business Economics*, 49 (3): 579 –593.

[62] Huang, J., Henfridsson, O., Liu, M. J., Newell, S. (2017). Growing on steroids: Rapidly scaling the user base of digital ventures through digital innovation. *MIS Quarterly*, 41 (1): 301 –314.

[63] Hsu, D. H. (2007). Experienced entrepreneurial founders, organizational capital, and venture capital funding. *Research Policy*, 36 (5): 722 –741.

[64] Jansson, J. (2011). Emerging (internet) industry and agglomeration: Internet entrepreneurs coping with uncertainty. *Entrepreneurship and Regional Development*, 23 (7 –8): 499 –521.

[65] Johnson, M. A., Stevenson, R. M., Letwin, C. R. (2018). A

woman's place is in the ... startup! Crowdfunder judgments, implicit bias, and the stereotype content model. *Journal of Business Venturing*, 33 (6): 813 – 831.

[66] Josefy, M., Dean, T. J., Albert, L. S., Fitza, M. A. (2017). The role of community in crowdfunding success: Evidence on cultural attributes in funding campaigns to "save the local theater". *Entrepreneurship Theory and Practice*, 41 (2): 161 – 182.

[67] Kiel, D., Arnold, C., Voigt, K. (2017). The influence of the industrial internet of things on business models of established manufacturing companies—A business level perspective. *Technovation*, 68: 4 – 19.

[68] Kim, K., Gopal, A., Hoberg, Gerard. (2015). Tigerblood: Newspapers, blogs, and the founding of information technology firms. *Information Systems Research*, 26 (4): 812 – 828.

[69] Kodama, M. (2003). Transforming an old – economy company into a new economy—The case study of a mobile multimedia business in Japan. *Technovation*, 23 (3): 239 – 250.

[70] Kor, Y. Y., Mahoney, J. T., Siemsen, E., Tan, D. (2016). Wisdom or madness? Comparing crowds with expert evaluation in funding the arts. *Management Science*, 62 (6): 1533 – 1553.

[71] Kromidha, E., Robson, P. (2016). Social identity and signalling success factors in online crowdfunding. *Entrepreneurship and Regional Development*, 28 (9 – 10): 605 – 629.

[72] Kuppuswamy, V., Bayus, B. L. (2017). Does my contribution to your crowdfunding project matter? *Journal of Business Venturing*, 32 (1): 72 – 89.

[73] Kwak, K., Kim, W., Park, K. (2018). Complementary multiplatforms in the growing innovation ecosystem: Evidence from 3D printing technology. *Technological Forecasting and Social Change*, 136: 192 – 207.

[74] Lehner, O. M. (2014). The formation and interplay of social capital in crowdfunded social ventures. *Entrepreneurship and Regional Development*, 26 (5 – 6): 478 – 499.

[75] Li, L., Su, F., Zhang, W., Mao, Ji – Ye. (2018). Digital transformation by SME entrepreneurs: A capability perspective. *Information Systems Journal*, 28 (6): 1129 – 1157.

[76] Liao, J., Kickul, J., Ma, H. (2010). Organizational dynamic capability and innovation: An empirical examination of internet firms. *Journal of Small Business Management*, 47 (3): 263 – 286.

[77] Mcintyre, D. P., Srinivasan, A. (2017). Networks, platforms, and strategy: Emerging views and next steps. *Strategic Management Journal*, 38 (1): 141 – 160.

[78] McKenny, A. F., Allison, T. H., Ketchen, D. J., Short, J. C., Ireland, R. D. (2017). How should crowdfunding research evolve? A survey of the entrepreneurship theory and practice editorial board. *Entrepreneurship Theory and Practice*, 41 (2): 291 – 304.

[79] Metallo, C., Agrifoglio, R., Schiavone, F., Mueller, J. (2018). Understanding business model in the Internet of Things industry. *technological Forecasting and Social Change*, 136: 298 – 306.

[80] Mohajerani, A., Baptista, J., Nandhakumar, J. (2015). Exploring the role of social media in importing logics across social contexts: The case of SMEs in Iran. *Technological Forecasting and Social Change*, 95: 16 – 31.

[81] Mohammadi, A., Shafi, K. (2018). Gender differences in the contribution patterns of equity – crowdfunding investors. *Small Business Economics*, 50 (2): 275 – 287.

[82] Mollick, E. (2014). The dynamics of crowdfunding: An exploratory study. *Journal of Business Venturing*, 29 (1): 1 – 16.

[83] Mollick, E. (2016). Filthy lucre? Innovative communities, identity, and commercialization. *Organization Science*, 27 (6): 1472 – 1487.

[84] Mollick, E., Nanda, R. (2015). The hidden cost of accommodating crowdfunder privacy preferences: A randomized field experiment. *Management Science*, 61 (5): 949 – 962.

[85] Moss, T. W., Renko, M., Block, E., Meyskens, M. (2018). Funding the story of hybrid ventures: Crowdfunder lending preferences and linguistic hybridity. *Journal of Business Venturing*, 33 (5): 643 – 659.

[86] Mudambi, R., Treichel, M. Z. (2004). Cash crisis in newly public internet – based firms: An empirical analysis. *Journal of Business Venturing*, 20 (4): 543 – 571.

[87] Mueller, J. M., Buliga, O., Voigt, K. (2018). Fortune favors the prepared: How SMEs approach business model innovations in Industry 4.0. *Technological Forecasting and Social Change*, 132: 2-17.

[88] Munoz, P., Cohen, B. (2017). Mapping out the sharing economy: A configurational approach to sharing business modelling. *Technological Forecasting and Social Change*, 125: 21-37.

[89] Nambisan, S. (2017). Digital entrepreneurship: Toward a digital technology perspective of entrepreneurship. *Entrepreneurship Theory and Practice*, 41 (6): 1029-1055.

[90] Nambisan, S., Siegel, D., Kenney, M. (2018). On open innovation, platforms, and entrepreneurship. *Strategic Entrepreneurship Journal*, 12 (3): 354-368.

[91] Ojala, A. (2016). Business models and opportunity creation: How entrepreneurs create and develop business models under uncertainty. *Information Systems Journal*, 26 (5): 451-476.

[92] Papagiannidis, S., Berry, J., Li, F. (2006). Well beyond streaming video: IPV6 and the next generation television. *Technological Forecasting and Social Change*, 73 (5): 510-523.

[93] Papagiannidis, S., Bourlakis, M., Li, F. (2008). Making real money in virtual worlds: MMORPGs and emerging business opportunities, challenges and ethical implications in metaverses. *Technological Forecasting and Social Change*, 75 (5): 610-622.

[94] Parhankangas, A., Renko, M. (2017). Linguistic style and crowdfunding success among social and commercial entrepreneurs. *Journal of Business Venturing*, 32 (2): 215-236.

[95] Perlow, L. A., Okhuysen, G. A., Repenning, N. P. (2002). The speed trap: Exploring the relationship between decision making and temporal context. *Academy of Management Journal*, 45 (5): 931-955.

[96] Pitt, L., Merwe, R. V. D., Berthon, P., Salehi-Sangari, E., Barnes, B. R. (2006). Swedish biotech SMEs: The veiled values in online networks. *Technovation*, 26 (5): 553-560.

[97] Piva, E., Rossi-Lamastra, C. (2018). Human capital signals and entrepreneurs' success in equity crowdfunding. *Small Business Economics*, 51 (3): 667-686.

[98] Pollock, T. G., Fund, B. R., Baker, T. (2010). Dance with the one that brought you? Venture capital firms and the retention of founder CEOs. *Strategic Entrepreneurship Journal*, 3 (3): 199 – 217.

[99] Polzin, F., Toxopeus, H., Stam, E. (2018). The wisdom of the crowd in funding: Information heterogeneity and social networks of crowdfunders. *Small Business Economics*, 50 (2): 251 – 273.

[100] Potstada, M., Zybura, J. (2014). The role of context in science fiction prototyping: The digital industrial revolution. *Technological Forecasting and Social Change*, 84 (4): 101 – 114.

[101] Qiu, Y., Gopal, A., Hann, I. (2017). Logic pluralism in mobile platform ecosystems: A study of indie app developers on the ios app store. *Information Systems Research*, 28 (2): 225 – 249.

[102] Reuber, A. R., Fischer, E. (2011). International entrepreneurship in internet – enabled markets. *Journal of Business Venturing*, 26 (6): 660 – 679.

[103] Roma, P., Gal – Or, E., Chen, R. R. (2018). Reward – based crowdfunding campaigns: Informational value and access to venture capital. *Information Systems Research*, 29 (3): 679 – 697.

[104] Roma, P., Petruzzelli, A. M., Perrone, G. (2017). From the crowd to the market: The role of reward – based crowdfunding performance in attracting professional investors. *Research Policy*, 46 (9): 1606 – 1628.

[105] Rong, K., Patton, D., Chen, W. (2018). Business model's dynamics and business ecosystems in the emerging 3D printing industry. *Technological Forecasting and Social Change*, 134: 234 – 245.

[106] Sanders, W. G., Boivie, S. (2010). Sorting things out: Valuation of new firms in uncertain markets. *Strategic Management Journal*, 25 (2): 167 – 186.

[107] Saridakis, G., Lai, Y., Mohammed, A., Hansen, J. M. (2018). Industry characteristics, stages of E – commerce communications, and entrepreneurs and SMEs revenue growth. *Technological Forecasting and Social Change*, 128: 56 – 66.

[108] Scheaf, D. J., Davis, B. C., Webb, J. W., Coombs, J. E., Borns, J., Holloway, G. (2018). Signals' flexibility and interaction with visual cues: Insights from crowdfunding. *Journal of Business Venturing*, 33 (6): 720 – 741.

[109] Schwienbacher, A. (2018). Entrepreneurial risk – taking in crowdfund-

ing campaigns. *Small Business Economics*, 51 (4): 843 –859.

[110] Sine, W. D. , Mitsuhashi, H. , Kirsch, D. A. (2006) . Revisiting burns and stalker: Formal structure and new venture performance in emerging economic sectors. *Academy of Management Journal*, 49 (1): 121 –132.

[111] Slaughter, S. A. , Levine, L. , Ramesh, B. , Pries – Heje, J. , Baskerville, R. (2006) . Aligning software processes with strategy. *MIS Quarterly*, 30 (4): 891 –918.

[112] Smith, C. , Smith, J. B. , Shaw, E. (2017) . Embracing digital networks: Entrepreneurs' social capital online. *Journal of Business Venturing*, 32 (1): 18 –34.

[113] Sorescu, A. (2017) . Data – driven business model innovation. *Journal of Product Innovation Management*, 34 (5): 691 –696.

[114] Spiegel, O. , Abbassi, P. , Schlagwein, D. , Kai, F. , Schoder, D. (2016) . Business model development, founders' social capital and the success of early stage internet start – ups: A mixed – method study. *Information Systems Journal*, 26 (5): 421 –449.

[115] Srinivasan, A. , Venkatraman, N. (2018) . Entrepreneurship in digital platforms: A network – centric view. *Strategic Entrepreneurship Journal*, 12 (1): 54 –71.

[116] Stanko, M. A. , Henard, D. H. (2017) . Toward a better understanding of crowdfunding, openness and the consequences for innovation. *Research Policy*, 46 (4): 784 –798.

[117] Sussan, Fiona, Acs, Zoltan J. (2017) . The digital entrepreneurial ecosystem. *Small Business Economics*, 49 (1): 55 –73.

[118] Thies, F. , Wessel, M. , Benlian, A. (2018) . Network effects on crowdfunding platforms: Exploring the implications of relaxing input control. *Information Systems Journal*, 28 (6): 1239 –1262.

[119] Velu, C. (2015) . Business model innovation and third – party alliance on the survival of new firms. *Technovation*, 35: 1 –11.

[120] Velu, C. , Jacob, A. (2014) . Business model innovation and owner – managers: The moderating role of competition. *R&D Management*, 46 (3): 328 –335.

[121] Venkatesh, V. , Shaw, J. D. , Sykes, T. A. , Wamba, S. F. , Macharia, M. (2017) . Networks, technology, and entrepreneurship: A field quasi – experiment

among women in rural India. *Academy of Management Journal*, 60 (5): 1709 – 1740.

[122] Vismara, S. (2016) . Equity retention and social network theory in equity crowdfunding. *Small Business Economics*, 46 (4): 579 – 590.

[123] Vismara, S. (2018) . Information cascades among investors in equity Crowdfunding. *Entrepreneurship Theory and Practice*, 42 (3): 467 – 497.

[124] von Briel, F. , Davidsson, P. , Recker, J. (2018) . Digital technologies as external enablers of new venture creation in the it hardware sector. *Entrepreneurship Theory and Practice*, 42 (1): 47 – 69.

[125] Walthoff – Borm, X. , Schwienbacher, A. , Vanacker, T. (2018) . Equity crowdfunding: First resort or last resort? *Journal of Business Venturing*, 33 (4): 513 – 533.

[126] Wasserman, N. (2003) . Founder – CEO succession and the paradox of entrepreneurial success. *Organization Science*, 14 (2): 149 – 172.

[127] West, J. , Kuk, G. (2016) . The complementarity of openness: How MakerBot leveraged thingiverse in 3D printing. *Technological Forecasting and Social Change*, 102: 169 – 181.

[128] Younkin, P. , Kuppuswamy, V. (2018) . The colorblind crowd? Founder race and performance in crowdfunding. *Management Science*, 64 (7): 3269 – 3287.

[129] Yu, S. , Johnson, S. , Lai, C. , Cricelli, A. , Fleming, L. (2017) . Crowdfunding and regional entrepreneurial investment: An application of the CrowdBerkeley database. *Research Policy*, 46 (10): 1723 – 1737.

[130] Zheng, H. , Xu, B. , Zhang, M. , Wang, T. (2018) . Sponsor's cocreation and psychological ownership in reward – based crowdfunding. *Information Systems Journal*, 28 (6): 1213 – 1238.

[131] 辜胜阻，李睿．以互联网创业引领新型城镇化［J］．中国软科学，2016 (1): 6 – 16.

[132] 季六祥，盛革．云端创业生态圈的理论基础与规划框架［J］．管理学报，2015，12 (11): 1646 – 1653.

[133] 彭华涛，罗一郎，夏德．共享经济创业的异常模仿行为及其协同治理［J］．科学学研究，2018 (7): 1235 – 1243.

[134] 王正沛，李国鑫．众筹生态系统的构建：一个多案例的研究［J］．管理评论，2017，29 (5): 256 – 272.

［135］王正沛，李国鑫．线上线下资源融合的新型创业生态系统研究［J］．管理学报，2018（6）：803－813.

［136］王泽宇．“朋友圈”优势、内群体条件与互联网创业——基于整合社会认同与嵌入理论的新视角［J］．中国工业经济，2016（8）：110－126.

［137］余江，孟庆时，张越，靳景．数字创业：数字化时代创业理论和实践的新趋势［J］．科学学研究，2018（10）：1801－1808.

［138］俞园园，梅强．基于组织合法性视角的产业集群嵌入创业研究［J］．科学学与科学技术管理，2014（5）：91－99.

［139］郑海超，黄宇梦，王涛，陈冬宇．创新项目股权众筹融资绩效的影响因素研究［J］．中国软科学，2015（1）：130－138.

［140］周文辉，杨苗，王鹏程，王昶．赋能、价值共创与战略创业：基于韩都与芬尼的纵向案例研究［J］．管理评论，2017（7）：258－272.

第二篇

数字化创业中国实践

2014年9月，李克强总理发出“大众创业、万众创新”的号召，“双创”成为了新的时代主题，后续一系列以此为基点的扶持政策更是使创业狂潮席卷中国大地。而伴随着移动互联、人工智能等新技术的快速崛起，“数字化”概念渐入人心，一个数据驱动、智能互联的数字化时代扑面而来。在政策助推与技术变革的双重驱动下，以数字化为特征的创业浪潮在中国大地上迅速蔓延。伴随着经济社会的迅速发展，人们的创新意识大幅增强，创新观念也不断革新，由最初的模式复制到如今的模式革新，中国已经成为全球数字革命的领导者之一。作为数字化创业支柱的数字技术不断推陈出新，新产品层出不穷，催生了众多新颖的商业模式和产业形态，逐渐形成了一个以无边界、复杂连接、高度不确定为特征的数字化商业环境。

遗憾的是，尽管数字化创业活动正进行得如火如荼，对其演变进程和发展现状却缺乏概念的、系统的描述，在一定程度上导致人们对“数字化创业”的概念理解模糊，整体认识不足，更遑论把握背后规律，为内外战略发展提供经验基础。因此，本篇采用扎根法，结合各种机构发布的数字化创业实践报告，对中国数字化创业的实践发展情况进行了整体性、系统性的总结梳理。

本篇主要包括四部分内容。首先，针对数字经济时代背景下的互联网创业者和创业团队进行基础画像和性格特质的描述，前者主要是从创业者年龄、性别、学历、团队人数、创业者健康状况五个角度进行客观描述和数据分析，后者主要是围绕不屈不挠（tenacity）、鼓舞人心的领导力（inspirational leadership）、工匠精神（craftsmanship）、格局（mindedness）、学习和创造力（learning and creativity)、热情（passion）六个性格特质角度进行已有研究的客观描述和简明扼要的案例说明。其次，我们将按照创业风口的时间演变顺序，从门户网站、社交平台、团购模式、互联网金融、O2O 线上交易平台、共享经济、在线教育、AR 和 VR 技术、网络直播、知识付费、新零售和区块链等不同的互联网创业风口分析相应的规律和特点。再次，我们将聚焦于商业模式的视角，主要针对新技术、新产品、新业态和新模式进行概念辨析、历史发展和应用场景的深入分析。最后，我们将聚焦于当前数字化创业领域的优秀独角兽企业，从估值、融资、股权、地区分布和行业分布等视角具体分析数字化创业独角兽的发展情况，并针对实践现状提出我们的观点和建议。

第二章　创业者与创业团队

我国民众的创业意愿位居全球前列，新创企业创始人或者说创始团队本身的结构和特质，在一定程度上决定着创业企业是否存在获得长期生存能力的可能。了解数字化企业的创业者和创业团队现状有利于我们更深刻地理解中国数字化创业实践，接下来我们将围绕创业者的基础画像、创业者类型和创业者特质等维度进行分析。

一、创业者画像

（一）年龄

1. 创业者以年青一代为主，“80后”“90后”占据主流

年青一代创业者在政策的支持带动下迅速涌入创业大军，他们凭借对市场动向的敏锐嗅觉、对创业事业的满腹热情，以及对于未来不确定性更高的容忍度，在创业领域内的表现可圈可点。腾讯科技的《企鹅智酷》栏目于2015年发布的《中国细分人群创业潜力调查》[①] 显示，在创业实践群体和潜在群体中，年龄在21～30岁的年轻人占比几近一半，31～40岁的创业者则占到大约35%（见图2-1、图2-2）。人力资源和社会保障部劳动科学研究所与宜信公司联合发布的《2016中国青年创业现状报告》[②] 的数据显示，我国青年首次创业的平均年龄为

---

① 中国细分人群创业潜力调查［R］. 深圳：腾讯科技，2015.

② 2016中国青年创业现状报告［R］. 北京：人社部劳动科学研究所，宜信公司，2016.

24.67 岁，其中 20 ~ 26 岁年龄段的创业活跃度最高。换言之，我国的青年群体已成为创业创新的主力军，“80 后”和“90 后”占据了主流。

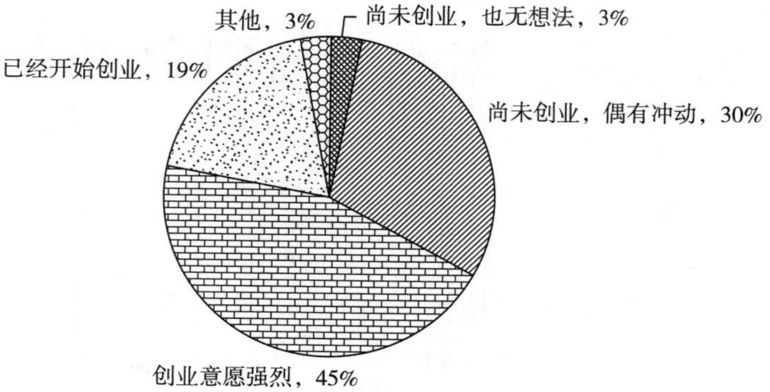

图 2 - 1　已创业人群创业动机分类

资料来源：中国细分人群创业潜力调查［R］. 深圳：腾讯科技，2015.

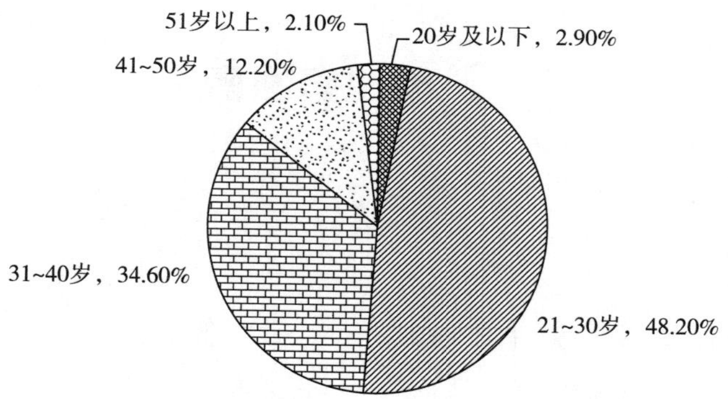

图 2 - 2　已开始创业人群年龄分布

资料来源：中国细分人群创业潜力调查［R］. 深圳：腾讯科技，2015.

2. 创业者年轻化在互联网行业尤为突出

一方面，作为互联网原住民，年青一代有着天然的优势，同时数字互联技术的发展也大大降低了创业成本，因此对于资金和经验不足的年轻人而言，互联网行业是创业的更优选择。《2016 中国青年创业现状报告》显示，年轻的创业者热衷于在“互联网 + ”行业挖掘自己的第一桶金。另一方面，近几年我国数字经济快速发展，电子商务、大数据和人工智能等互联网行业正逐渐成为创业风口和热门领域，比其他行业更加吸引嗅觉灵敏的年青一代，互联网创业年轻化的趋势越发明显。网易云联合 IT 桔子在 2017 年专门针对互联网创业群体做了一次调查，并发布了《2017 年互联网创业群体调查报告》①，报告显示我国互联网创业者以 30 岁以下的青年人为主（见图 2－3），占比超过 70%；而湖北在同年针对全行业创业者的年龄调查显示 40 岁以下的创业者仅占 55%②，上海市中小企业发展服务中心在 2017 年的调查和腾讯科技在 2015 年的调查也显示了类似的结果③（见图 2－4）。虽然不同的研究机构的调查数据有所差别和出入，但是结论是一致的，即我国的年青一代更加热衷于创业，在互联网行业尤为突出。

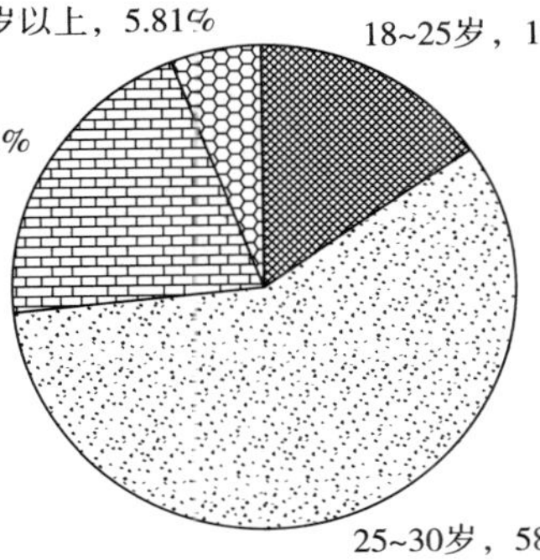

图 2－3　互联网创业者年龄分布

资料来源：2017 年互联网创业群体调查报告［R］. 北京：IT 桔子，网易云，2017.

（二）性别

1. 我国的数字化创业者以男性居多

“男主外、女主内”的传统思维、社会在经济属性上给予男性更大压力、性别偏见和家庭压力对女性的束缚等原因都加剧了两性创业动机和创业实践的不平衡发展。IT 桔子发布的《2017 年互联网创业群体调查报告》显示，在我国的互联网创业群体中，男性占 84%，呈现压倒式的优势（见图 2－5）。《2016 中国青年创业现状报告》也显示男性创业者在数量和比例上相比于女性群体都要占绝对优势。

① 2017 年互联网创业群体调查报告［R］. 北京：IT 桔子，网易云，2017.
② 全省私营企业发展分析报告［R］. 武汉：湖北省工商局，2017.
③ 2017 年上海城市区域创业生态指数报告［R］. 上海：上海市中小企业发展服务中心，2017.

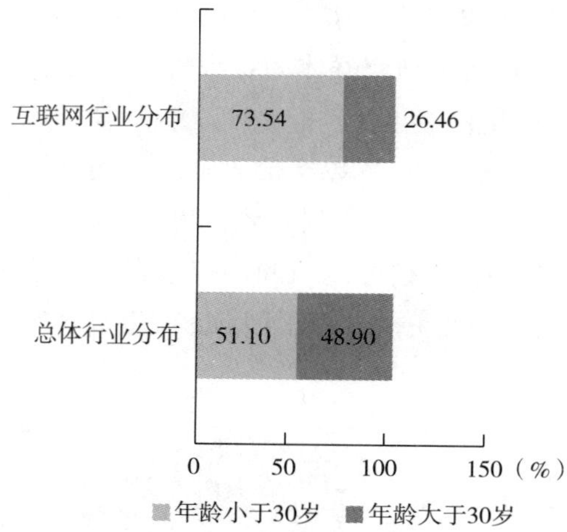

图 2－4　创业者年龄分布对比图

资料来源：中国细分人群创业潜力调查［R］. 深圳：腾讯科技，2015.

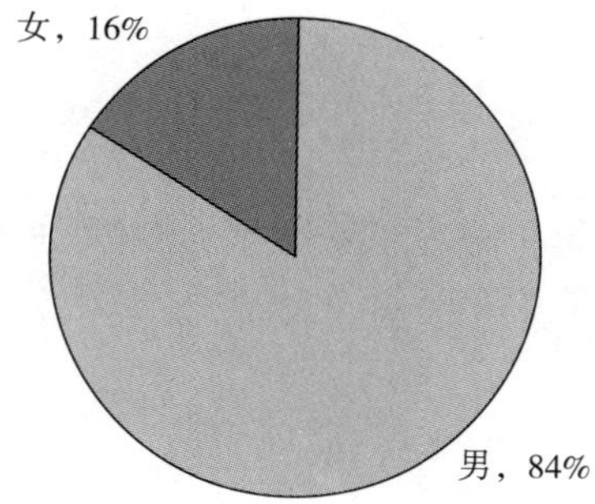

图 2－5　互联网创业者性别分布

资料来源：2017 年互联网创业群体调查报告［R］. 北京：IT 桔子，网易云，2017.

2. 数字化时代的女性创业者有其特定优势领域

随着数字化经济的发展，广阔的市场和扁平化的互联网平台为创业提供了便捷的土壤，性别差异对创业能力的影响正在减弱；逐渐发展起来的体验式经济和分享型经济更加注重用户的情感体验，对心思细腻、擅长沟通的女性创业群体更为有利；消费升级带来的大量个性化、定制化、多元化的女性消费需求推动“她经济”的逐渐崛起。在数字经济的背景下，女性群体正在成为互联网创业的重要力量，尤其是在电子商务、美妆服饰和母婴教育等行业。根据阿里巴巴在2015年发布的《互联网+她时代：女性创业者报告》[①] 中的数据，2015年淘宝交易总额的46%由女性创业者完成，这在传统领域几乎是不可想象的（见图2-6）。因此我们可以预测，尽管男性依旧在数字化创业领域占据绝对优势，但是随着数字经济的深入发展，男女生理或心理差异对创业实践的影响正在逐渐减弱，女性创业者将发出更有力的声音。

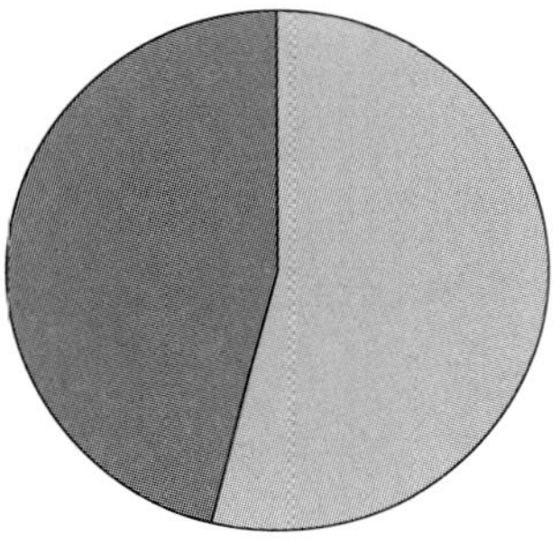

图2-6　淘宝交易额性别分布

资料来源：互联网+她时代：女性创业者报告［R］．杭州：阿里研究院，2015.

（三）学历

1. 创业者以受过高等教育的群体为主

随着我国人口素质的提高和高等教育的发展，创业者的学历也在不断提高。首先，政府近年来出台的一系列鼓励大学生创业的扶持政策减轻了大学生创业的后顾之忧；其次，受过高等教育的群体相比于受教育程度较低的群体往往更加自信，具有更强的创业意愿和信心；再次，蓬勃发展的外部创业环境和强烈的自我实现的内部动机鼓舞着大批青年投身创业浪潮；最后，高层次、高质量的教育也提高了高学历者的文化水平，拓宽了职业发展的眼界，训练了创业所必备的能力。正是“优惠的政策+充分的自信+强烈的动机+积累的能力”使高学历群体拥有更强烈的创业意愿和更高的创业成功可能性。根据人社部劳动科研所在2016年的调查，我国的青年创业者学历在大专以上的比例达到75%以上，大学

① 互联网+她时代：女性创业者报告［R］．杭州：阿里研究院，2015.

毕业生、企业管理人员以及留学海归等高学历群体是创业主力军。而根据 IT 桔子 2017 年的调查，我国互联网创业群体中本科学历占比 59%，研究生学历占比 24%（见图 2－7）。

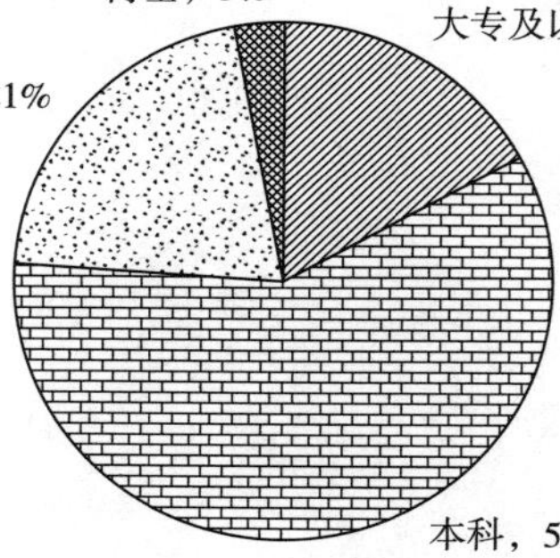

图 2－7　互联网创业者学历分布

资料来源：2017 年互联网创业群体调查报告［R］. 北京：IT 桔子，网易云，2017.

2. 数字化为低学历人群提供了更广阔的创业空间

随着我国数字经济的发展，平台化的商业环境拉近了创业者和消费者之间的距离，为中小创业项目接入商业平台和生态系统提供渠道，大大降低了创业的成本和门槛，许多中低学历群体得益于互联网的风口进入电子商务等创业领域。《湖南省青年电商创业服务调研报告 2017》显示，大专及以下学历背景的创业者占比将近 60%（见图 2－8）。① 同时，中国青年创业就业基金会的一份调查也显示②，低学历群体的创业动机较强，丝毫不落后于高学历群体（见图 2－9）。一是因为数字技术的发展降低了创业成本；二是由于互联网技术的发展冲击着线下实体企业，经济形势和就业压力增强了更多人的创业动机。

（四）人数

1. 我国创业者大多采取小团队模式，单打独斗和群体创业方式不受欢迎

根据科学管理理论，3～10 人的管理幅度是有效且合宜的。一方面，创业团

① 湖南省青年电商创业服务调研报告 2017［R］. 长沙：共青团湖南团省委，2017.
② 中国青年创业发展评估报告 2018［R］. 北京：中国青年创业就业基金会，2018.

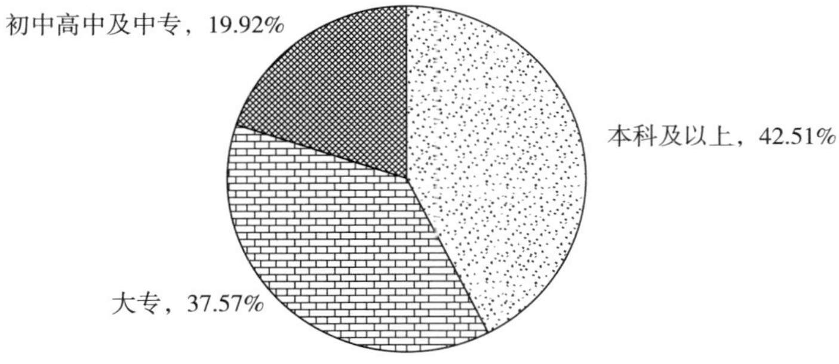

图 2 – 8　电商创业者学历分布

资料来源：湖南省青年电商创业服务调研报告 2017［R］. 长沙：共青团湖南团省委，2017.

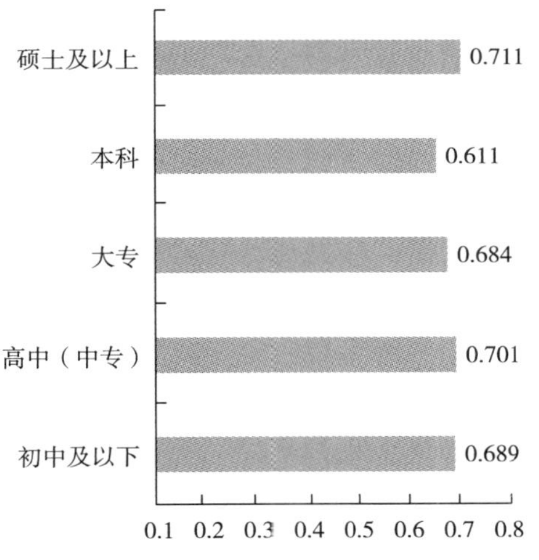

图 2 – 9　不同学历背景创业者创业动机对比

资料来源：中国青年创业发展评估报告 2018［R］. 北京：中国青年创业就业基金会，2018.

队如果人数太少，就难以获得创业持续发展所需的差异化的能力和资源，也不利于拓宽企业的社会关系，导致创业项目抗风险能力较低。另一方面，在数字化时代，企业的灵活性和战略柔性对持续发展尤为重要，创业团队人数过多容易导致人员冗杂、效率低下等问题，不利于新创企业在不确定性较强的环境中快速捕捉转瞬即逝的创业机会，也不利于在市场发生变化时快速做出反应和调整。IT 桔子发布的《2017 年互联网创业群体调查报告》显示，我国互联网创业公司团队和员工总人数在 10 人以内的占 63%（见图 2 – 10）。

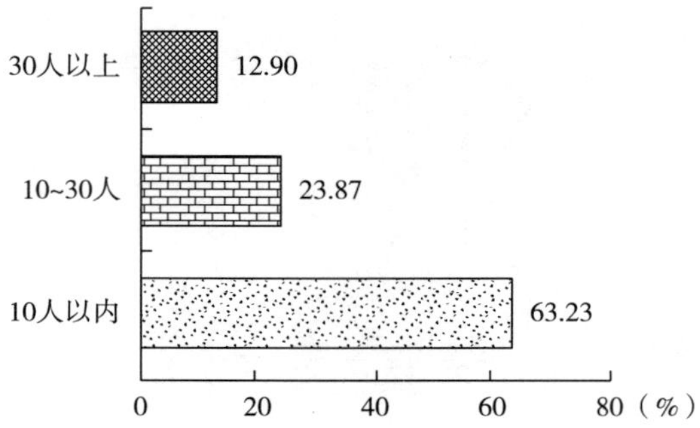

图2-10　互联网创业团队人数分布

资料来源：2017年互联网创业群体调查报告［R］．北京：IT桔子，网易云，2017.

2. 创业者倾向于熟人合伙创业

根据艾瑞咨询2015年的调查，我国的创业者基本采取搭伙创业的方式，并且创业团队成员的选择大多在老同学或者老同事等熟人群体中进行。选择亲人或者朋友搭伙创业的优势在于创业团队之间联系紧密，组队便捷；同时互相了解，有较强的情感联结和信任基础。不过从创业项目的长久发展来看，熟人创业对企业后续的制度化容易产生掣肘，应当引起创业者的注意。

（五）健康状况

1. 我国互联网创业者的健康状况普遍不佳，创业压力与繁忙工作是主因

创业作为破坏性创新的活动，是一个从无到有、从0到1的过程，从融资生产到运营销售需要创业团队全程投入。首先，创业团队往往仅有数人，创业者不得不同时承担多种岗位多个项目的工作任务，即便三头六臂也难免分身乏术。其次，不到5%的创业成功率已经说明了创业成功的艰难，在夹缝中求生存的创业者往往牺牲生活和休息的时间来投入高强度的工作，这对身体健康的不良影响几乎是不可避免的。根据IT桔子对互联网创业者的相关调查，受访者每天工作12小时以上的群体占比将近70%，其中1/4的人一周工作七天无休。艾媒咨询在2016年发布的《2016年中国互联网创业者健康调查报告》① 显示，3/4以上的互联网创业者每天睡眠不足6小时，其中有将近一半的人每天睡眠不足5小时。尽管不同的调查研究在数字上有所差异，但是创业者睡眠的极度缺乏已经是一个不

① 2016年中国互联网创业者健康调查报告［R］．广州：艾媒咨询，2016.

争的事实（见图 2－11、图 2－12）。

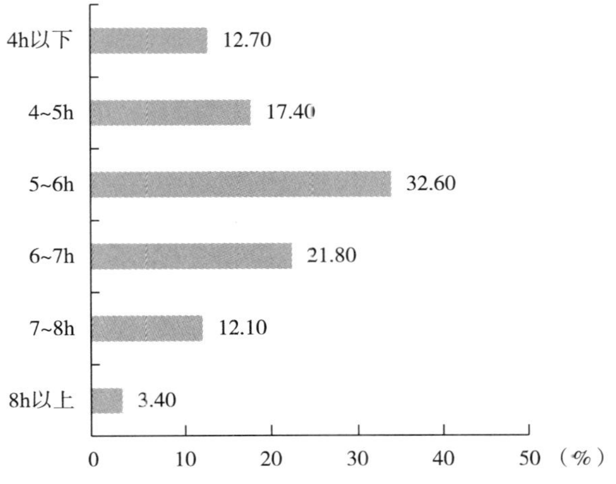

图 2－11　互联网创业者睡眠时间分布

资料来源：2016 年中国互联网创业者健康调查报告［R］．广州：艾媒咨询．2016.

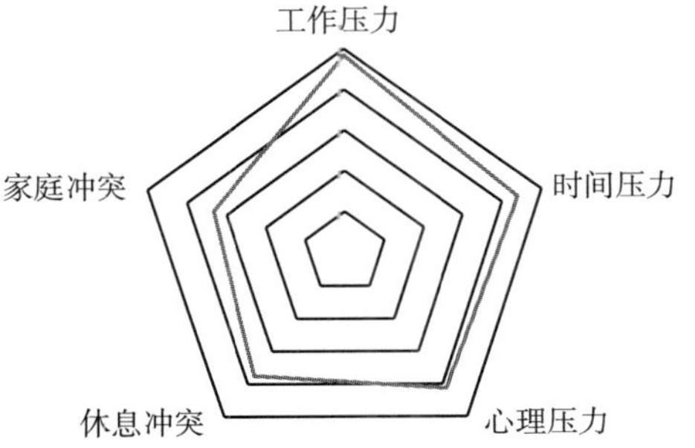

图 2－12　创业者压力来源

资料来源：中国青年创业发展评估报告 2018［R］．北京：中国青年创业就业基金会，2018.

2. 数字化背景下环境的不确定性和消费需求的多元化客观上增大了创业者的工作压力

首先，在数字经济的情境下，环境呈现高度的复杂性和不确定性，用户需求呈现个性化与多元化，创业企业的产品和服务也必须适应复杂多变的市场需要和用户口味，创业者必须时刻保持警惕，及时调整企业运营以灵活应对市场变化。其次，随着数字经济的深入发展，原先处于创业风口的电子商务等领域渐趋红海，但仍然是创新者趋之若鹜的热门行业，市场的滞后性导致同质化竞争严重。最后，数字化创业风口导致的近年来大量不理性投资也已显出弊端，特别是在遭遇资本寒冬的2016年，许多创业项目因为融资困难陷入困境。虽然互联网行业整体的发展是利好的、向上的，但是极大的工作压力已经压得创业者们喘不过气，创业者不得不采取提高工作强度来降低运营成本，提高企业效率。《2016年中国互联网创业者健康调查报告》的数据显示，将近90%的受访者表示已不止一次出现失眠、头痛等症状，并且感到身体疲惫、心情抑郁和紧张焦虑，互联网创业者的身体亚健康已经成为普遍状态（见图2-13、图2-14）。近年来诸如春雨医生创始人张锐过劳死、趣塘沽创始人大志猝死的新闻频频登上头条，创业者的健康状况逐渐引起社会的关注。身体是革命的本钱，创业者们在追求梦想的同时也应注重缓解压力、劳逸结合；在工作中加强团队协作，避免事事躬亲和事无巨细大小包办；提高心理素质，避免工作带来过大的精神压力。

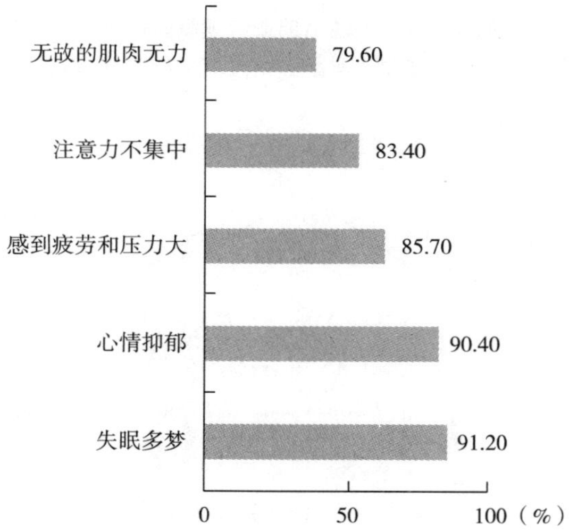

图2-13　互联网创业者劳累程度

资料来源：2016年中国互联网创业者健康调查报告［R］. 广州：艾媒咨询，2016.

（六）职业背景

1. 英雄不问出处，创业意愿的职业差异较小

数字化的经济环境为所有创业者提供了广阔的创业土壤和丰富的创业机会；

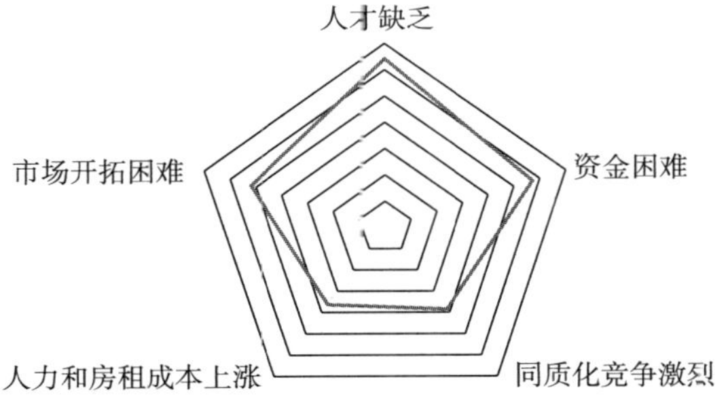

图 2－14 创业面临的主要问题

资料来源：2016 年中国互联网创业者健康调查报告［R］．广州：艾媒咨询，2016.

点面结合的政策环境为各行各业提供了制度引导并降低了创业成本。近年来，各行各业纷纷投入创业浪潮，“大众创业，万众创新”的“双创”态势凸显。企鹅智酷发布的《中国细分人群创业潜力调查 2015》显示，不同职业属性的创业意愿和创业可能性较为相近。在各类职业中，工作稳定的文职人员创业意愿稍低于其他职业，而广泛接触外界信息的市场和管理人员的创业意愿稍高，不过差距并不大（见图 2－15）。

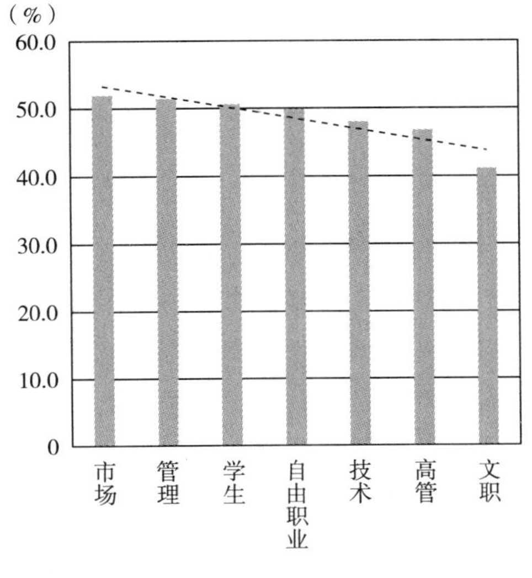

图 2－15 不同职业潜在创业可能性

资料来源：中国细分人群创业潜力调查［R］．深圳：腾讯科技，2015.

2. 初生牛犊不畏虎，创业实践以大学生为主

尽管创业意愿的职业差异不大，但是真正将创业想法付诸实践的人群仍以学生为主。究其原因，一是因为初出茅庐的大学生群体家庭压力较小，试错成本较低；二是因为年青一代的学生更加强调自我价值的实现，具有更高的成就动机；三是因为我国目前的大学生创业扶持政策比较完善，通过降费免税的税收优惠、在高校设计创业教育基地等举措大力推进大学生创业，成效显著。根据中国青年创业就业基金会的调查，在我们的青年创业者中大学生占据一半（见图2－16）。

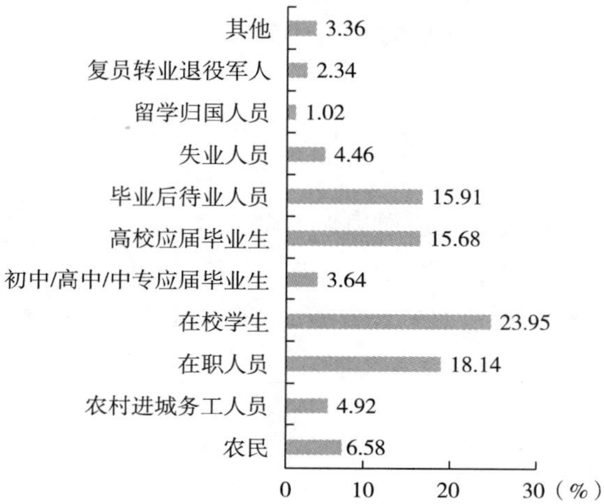

图2－16　不同职业创业实践比例

资料来源：中国青年创业发展评估报告2017［R］. 北京：中国青年创业就业基金会，2017.

（七）行业偏好

1. 电商和文娱等个人需求导向的低成本行业仍受创业者青睐

从创业者热衷的创业领域来看，电子商务和文化娱乐是重要的集中地。一来互联网创业者以年轻人居多，对于数字化背景下的新兴行业较为感兴趣；二来个性化、多元化的消费需要带来更多的利基市场，小众电商、社交、直播等领域的需求十分旺盛；三来电商、文娱等领域的创业成本较低，更适合没有行业巨头支持的“草根”创业。根据2015年36氪的调查报告，年青一代的互联网创业者热衷于在电子商务、娱乐视频、社交软件和在线教育等领域进行开荒（见图2－17）。

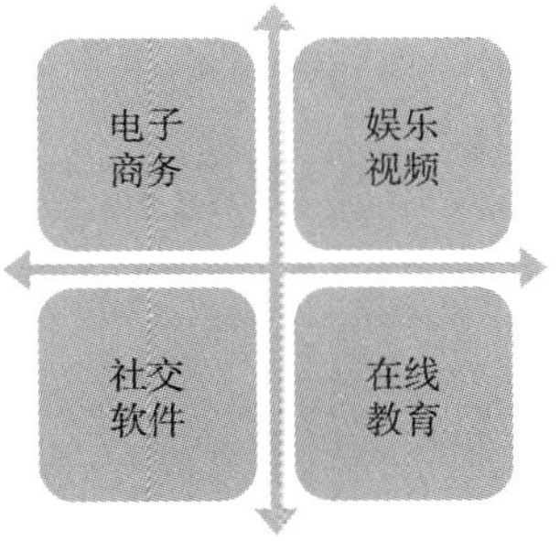

图 2－17 文化娱乐行业分类

2. 人工智能和高端制造等行业需求导向的高科技行业突起

我国的创业实践在数字化发展初期倾向于需求旺盛、门槛较低的基于市场和商业逻辑的互联网创业，电子商务是典型代表。随着数字化技术的深入发展，云计算、人工智能、高端制造和信息技术等数字科技不断发展，我国的创业实践正从市场逻辑转向技术逻辑，新的创业风口正在涌现。中国青年创业就业基金会在 2018 年的报告显示，尽管创业企业数量不及其他行业，但是在创业绩效表现上信息技术服务业和制造业明显更为亮眼（见图 2－18）。

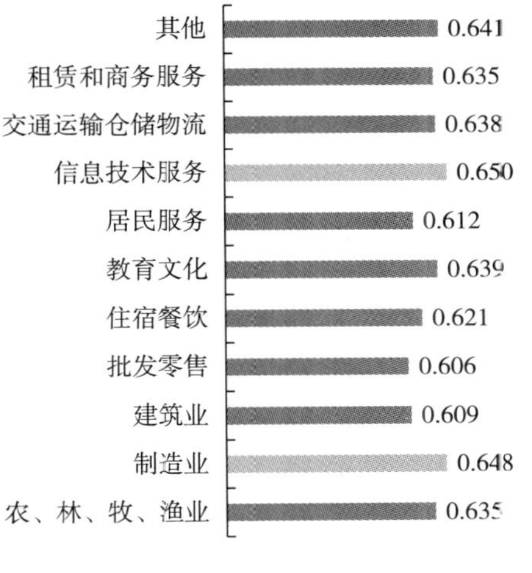

图 2－18 不同行业创业绩效表现

资料来源：中国青年创业发展评估报告 2017［R］. 北京：中国青年创业就业基金会，2017.

二、创业者特质

企业创始人的心智与特质是企业能否快速成长的重要因素。在创业门槛较低、创业团队小微化的互联网创业时代，创始人的特质尤为重要。我们从利益相关者视角对互联网创业者特质进行刻画，并结合以下反映中国数字化创业实践的生动描述，按照 Timmons 创业者特质理论归纳出互联网创业者六个核心特质：不屈不挠（tenacity）、鼓舞人心的领导力（inspirational leadership）、工匠精神（craftsmanship）、格局（mindedness）、学习和创造力（learning and creativity）、热情（passion）。我们将围绕这六大特质进行分析说明，阐述数字经济时代互联网创业者必备的特质和性格。

1. 不屈不挠

首先，创业是一个试错的过程，很难一击就中。在创业实践中，我国互联网创业成功率目前不足5%，仅有不到1%的创业者创业企业能实现 IPO，大多数成功的创业者都经历过两次以上的实践尝试。艾瑞咨询在 2015 年针对创业独角兽的调查研究①发现，创业企业成长为独角兽的平均成长周期为 5.5 年，但是大多数创业企业在获得首轮融资后就难以为继。其次，创业是一个从 0 到 1 的破坏性创新的过程，创业者面临着巨大的困难和压力。融资不顺、人才缺乏、市场不景气、管理能力不足、房租成本太高、同行竞争激烈等是创业者面临的较为常见的困难和压力，任何一个环节出现纰漏都将给创业企业带来难以预料的消极后果。再次，在数字经济背景下，尽管创业土壤更加宽广，但是高度复杂和不确定的环境，以及个性化与多元化的用户需求，客观上都对创业者的能力和灵活性提出了更高的要求，导致了更大的工作压力。最后，数字化创业风口转瞬即逝，早期低门槛的创业风口逐渐过气，但是市场的滞后性导致许多创业者未能及时应对陷入红海竞争。根据鲸准研究院②的调查，原先风靡一时的 TMT 行业在 2017 年的成立数量下降 60% 以上，数据的背后是许多创业者的失败和心酸。在数字化创业时代，创业者必须具备不屈不挠的特质和锲而不舍的精神（见图 2－19、图 2－20）。

① 2015 中国独角兽企业调研报告［R］. 北京：艾瑞咨询，2015.

② 2017 中国创投年度白皮书［R］. 北京：鲸准研究院，2017.

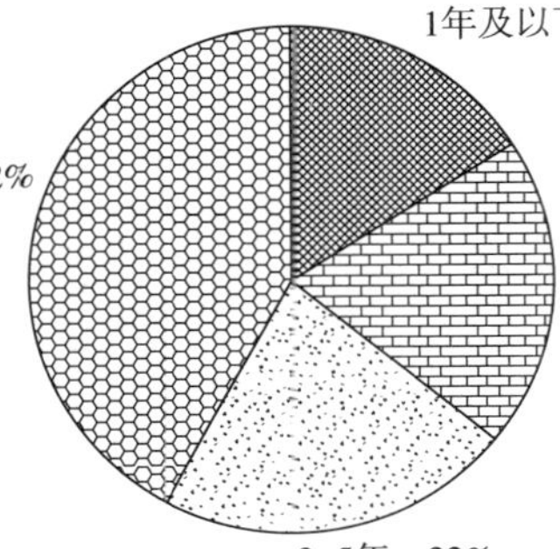

图 2-19 创业独角兽成长年限

资料来源：2015 中国独角兽企业调研报告［R］. 北京：艾瑞咨询，2015.

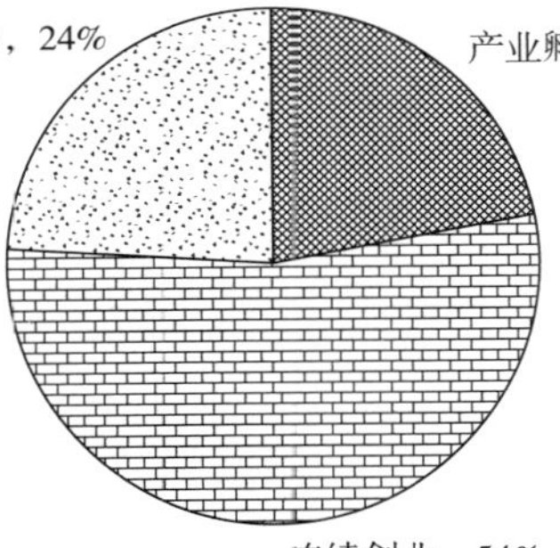

图 2-20 独角兽创业形式

资料来源：2015 中国独角兽企业调研报告［R］. 北京：艾瑞咨询，2015.

从实践调查结果看，中国青年创业就业基金会在 2018 年的调查显示，创业者的承压能力与创业企业组织绩效呈正相关关系。创业是一项复杂且富有挑战性的活动，创业者在创业过程中常常面对高风险、高不确定性、高负荷的工作，调查显示，具备更高抗压能力和执着精神的创业者具备更强的学习能力和运营管理能力，因此更有可能获得创业成功。IT 桔子 2017 年的调查也显示，当调查人员向受访者询问哪种创业能力更加重要时，93% 的创业者对"良好的心理素质和适应能力"这一选项给出了肯定的答案，其比例高于社交能力、专业技能和商业机遇等公认的客观因素，由此可见创业者的抗压能力和精神素质对于创业的重要影响（见图 2-21、图 2-22）。

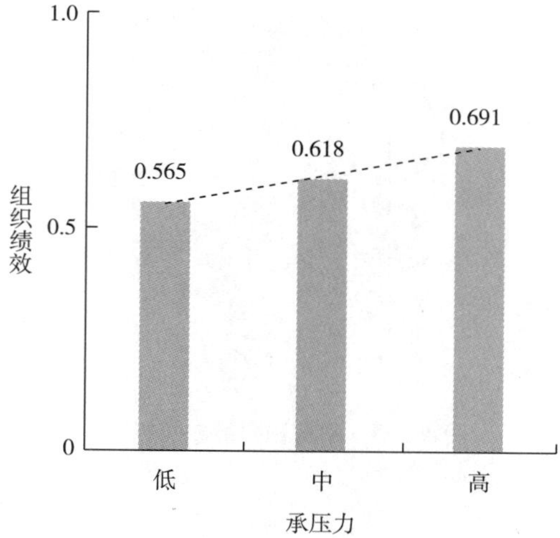

图 2 – 21　承压力与组织绩效

资料来源：中国青年创业发展评估报告 2017［R］. 北京：中国青年创业就业基金会，2017.

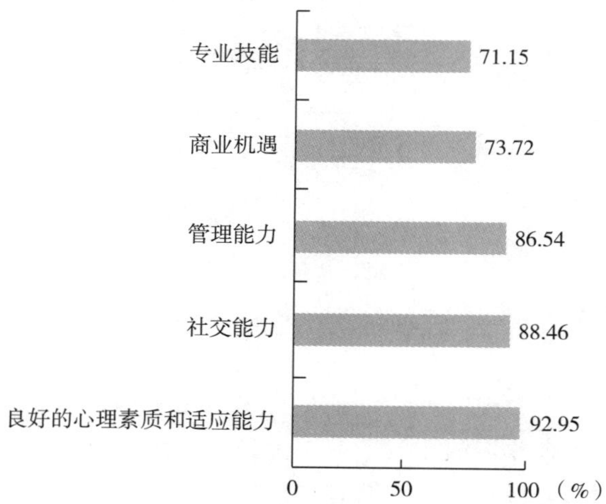

图 2 – 22　创业者能力要求

资料来源：2017 年互联网创业群体调查报告［R］. 北京：IT 桔子，网易云，2017.

从成功案例看，不屈不挠的精神对于创业成功具有至关重要的影响。B2C 电商巨头京东的创始人兼 CEO 刘强东常常登上新闻的头条，却少有人注意到他刘海中的一绺白发。在央视的《遇见大咖》栏目中刘强东曾做过解释，在创业初期，公司面临着资金链的断裂，如果在几十个小时内还融不到资，京东就极有可能夭折在襁褓中。在极度的焦虑和心急如焚的状态下，刘强东竟“一夜白头”。但是即便到了最难熬的时候，他也从未放弃过求生的努力，京东也幸运地在最关键的时候拿到了资金。“经历过这次事情以后，我觉得之后的风浪没有过不去的。”这是刘强东对栏目组说的。马云在参加2017年的环球转型论坛时也提到，在初创阿里巴巴之时曾被30个以上的投资人拒绝，如果当年名不见经传的杰克马因为旁人的冷眼和创业的艰难而退缩了，就没有现在的互联网巨无霸阿里巴巴了。上文在艾媒咨询的《2016年中国互联网创业者健康调查报告》中提到，大多数的互联网创业者都处于极大的工作压力和明显的亚健康状态之中，但是超过80%的受访者表示自己不曾后悔当初创业的决定。或者出于完成自己创业理想的信念感，或者是出于对投资人和创业合伙人的责任感，许多互联网创业者们仍在百折不挠地坚持着。以高科技和现代化闻名的中东小国以色列有一句谚语：流着眼泪撒种的，能唱着欢歌收割。不屈不挠、永不言弃的精神是一个创业者必备的特质，在环境不确定性和复杂性都尤为明显的数字经济时代尤为如此。

2. 鼓舞人心的领导力

领导力是指在一定条件下，把组织目标和愿景灌输给其他人，并带领大家一起实现该目标的能力。管理学界有一句人人皆知的名言：一批狼领导的羊群能打败一只羊领导的狼群。创业者的领导力在一定程度上决定了创业企业的精气神，对企业能否应对发展困境取得长期成功有着至关重要的影响。在数字化时代，复杂多变的外部环境、个性化与多元化的客户需求、无处不在却又转瞬即逝的创业机遇对新创企业的生存能力、适应能力和应变能力提出了更高的要求，创业者很难通过单人作战来应对企业的发展问题，而是需要团队成员之间通过资源和能力的互补来共同“应敌”。企业创始人需要清楚地明白所创立的企业的使命、愿景、价值观是什么，并将企业的精神内化到自己的组织人格上，同时通过富有魅力、鼓舞人心的表达传递给团队成员，使创业团队能够朝着共同的组织目标而努力。所以说，一位卓有成效的创业者往往也是一位鼓舞人心的领导者。

从实践调查结果看，数字化时代的创业者很少采取单打独斗的形式，大多是3~10人的小团队形式。创业者不只需要影响自己一个人，更需要影响整个创业团队。中国青年创业就业基金会发布的《中国青年创业发展评估报告2018》中，对于运营管理能力的测量维度里，领导力是最重要的维度，报告显示运营管理能力和创业企业的组织绩效呈现正相关的关系（见图2-23）。一位具备良好领导魅力的创业者往往能够对创业团队的其他人员产生积极影响，带领大家朝着创业愿景而共同努力，从而不断提高与改善企业绩效。

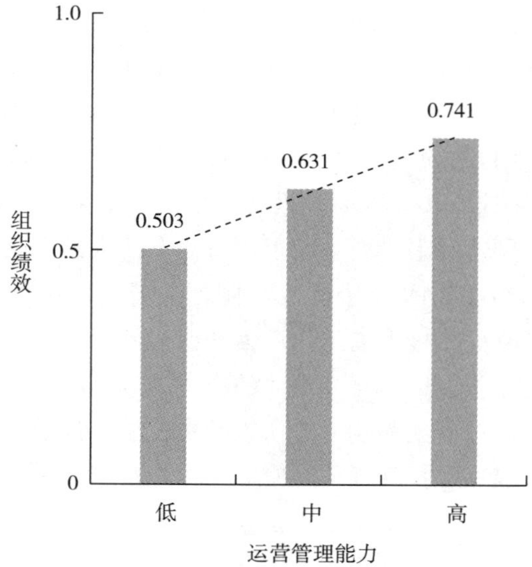

图 2－23　运营管理能力与组织绩效

注：本次调查中运营管理能力包括领导能力、财务运营能力和市场开拓能力三个维度，其中领导能力是最关键维度。

资料来源：中国青年创业发展评估报告 2018［R］. 北京：中国青年创业就业基金会，2018.

从成功案例看，在新旧世纪交替之际，马云在湖畔花园的一间公寓内，手舞足蹈地向 18 位创业团队成功描绘着宏伟的蓝图，号称要创立全世界最伟大的互联网公司。一位身材瘦小、年近三十、连续两次创业失败的大学英语老师却号称要建立横跨三个世纪的伟大企业，即便是当年的“十八罗汉”也未必能完全相信。但是凭借着乐天主义的精神和富有魅力的领导力，马云将创始团队的理想和雄心鼓动起来，共同朝着同一方向努力，实现“让天下没有难做的生意”的阿里人使命。以技术驱动发展的华为也同样如此，华为公司 2017 年的年报显示，其 2016 年的营收总额为 6036 亿元，同比增长 15.7%。华为能取得今天的成就使我们不得不想起他的创始人任正非。虽然将一家企业的成功完全归功于一位领导者有失公允，但是我们仍然不得不承认任正非对于华为取得今天的地位所起到的不可替代的作用。在华为创业之初，任正非就大声喊出：20 年后，世界通信市场三分天下华为有其一。雷厉风行的军人任正非从来没有把这句话当成是宣传口号，而是身体力行地践行华为的价值观，并且通过极富魅力的演讲鼓舞人心，让员工也能保持极高的工作热情，所谓“狼性文化”正是由此而来。越来越多的实践证明，在互联网时代创业者不仅自己要有不屈不挠的精神，还需要有鼓舞人心的领导力，影响创业团队和员工也同样拥有不屈不挠的精神和对未来的积极向往。只有如此，在面临极大的创业困境和工作压力时，创业团队才能以饱满的精神和积极的态度来应对。

3. 工匠精神

所谓工匠精神是一种职业精神，包含了敬业专注、精益求精、力求创新等多种内涵。通俗地讲，创业者的工匠精神就是要能沉下心来认真专注地做核心的产品与服务。著名的迈尔斯—布里格斯类型指标（MBTI）把人的性格分成16种类型，每种人格类型都有各自的不同特点和不同表现。百度公司下属的内容创作平台百家号曾发文分析，在16种性格类型中，ISTP操作者型、INTJ智多星型、ENTP发明家型和ENTJ指挥官型属于高创业潜力性格。这些性格特质群体往往都是强调完美主义、技术至上、创新驱动的创业人才，他们具备独特的产品创造能力、超强的技术研发能力、理性的决策能力和无限的创意能力，而这些数字经济时代极为可贵的创业者性格总结起来其实就是工匠精神（见图2－24）。

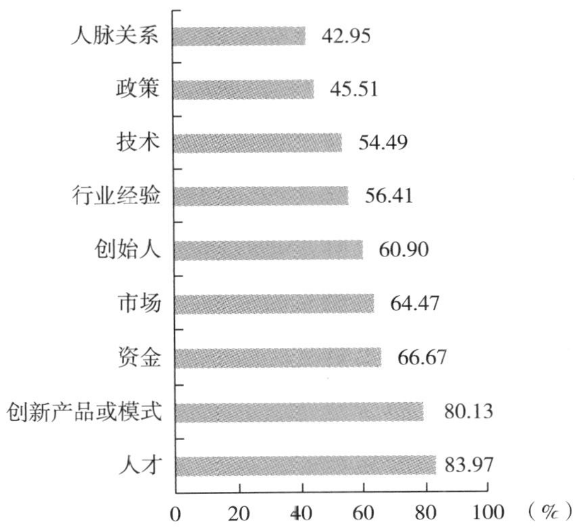

图2－24 创业成功的关键因素

资料来源：2017年互联网创业群体调查报告［R］．北京：IT桔子，网易云，2017.

从实践调查结果来看，概念炒作式的创业逐渐显出弊端，我国的创业企业正逐渐从市场扩张和模式创新逻辑转向技术创新逻辑，务实的技术创业正逐渐壮大，这进一步要求创业者具备工匠精神。在数字经济时代，创业机会大大增多却又转瞬即逝；新概念、新理论、新模式格外吸睛又让人应接不暇，从前几年的C2C、O2O到现在的区块链、人工智能、共享经济，伴随着数字化创业风口的变化，一系列创业概念也不断涌现，有不少创业企业借助概念炒作吸引大量的热钱。对于互联网时代的创业者来说，似乎只要站在创业风口就能吸引资本的青睐，即便是猪也能飞上天。但是盲目推崇新概念新名词而不踏实发展业务的企业最终还是无法取得竞争优势，大浪淘沙之后留下来的还是那些以严格的匠人精神认真做业务的创业企业。在IT桔子的调查中，超过80%的创业者认为创新性的产品和商业模式才是创业成功的关键因素。万变不离其宗，不论环境如何变化，成功还是属于具备工匠精神的创业者。此外，鲸准研究院发布的《2017中国创投年度白皮书》显示，在行业融资退出数量排名中，企业服务、医疗健康和文化娱乐行业占比较多，而机器人、人工智能、无人机、VR/AR等行业退出数量较少，这说明随着数字经济的深入发展，技术创业正在逐渐崛起（见图2－25）。

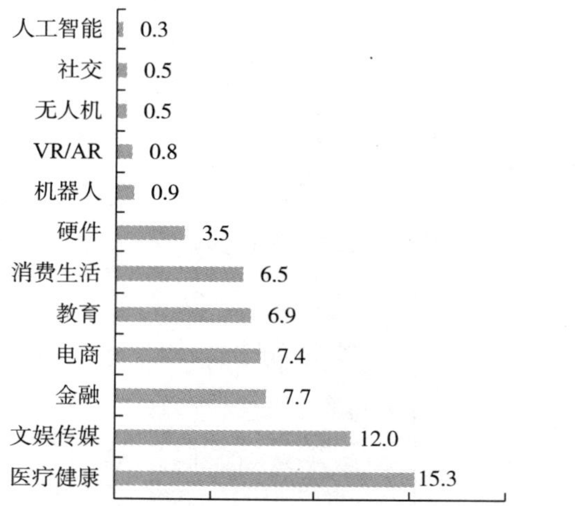

图2－25　各行业融资退出占比

资料来源：2017中国创投年度白皮书［R］．北京：鲸准研究院，2017.

从成功案例看，乔布斯就是工匠精神最好的代表。乔布斯在员工的眼中是一个极端的完美主义者和偏执狂，甚至有些歇斯底里和不近人情。他砍掉了苹果公司90%的业务，简单专注地沉下来做产品。乔布斯对产品的要求近乎于苛刻，对品质的追求近乎于信仰，甚至可以为苹果手机的螺丝钉是用不锈钢还是用镍而纠结到凌晨。因为在他看来，产品即人品。正是由于这样的工匠精神，才有了后来划时代的 iPhone，一经问世便横扫全球市场。近年来备受关注的高端制造业独角兽大疆科技也同样是工匠精神的践行者。自企业成立以来，创业团队就专注于无人飞行器控制系统的研发和制造，在资本热钱对房产、娱乐、电商行业趋之若鹜的时候，大疆科技仍旧守着自己的“一亩三分地”，用八年的闷头发展成功跻身独角兽榜单。而与之相反的则是乐视公司创始人贾跃亭，作为一位数字化时代的创业者，贾跃亭拥有不屈不挠、力排众议的魄力，也具有充满魅力、鼓舞人心的领导力，但是如果没有沉下心来认真做产品的觉悟，失败仍然是不可避免的。贾跃亭热衷于推销“生态逆反”理论，用所谓互联网的新概念新名词吸引了大量的关注和资本，但是无论是做视频还是做手机，乐视都没有静心发展核心产品的工匠精神。所谓大道至简，万变不离其宗，创业企业的核心产品和服务永远是生存发展的重中之重。

4. 格局

所谓创业者的格局，就是创业者对自己正在进行的创业这件事的认知范围和认知结果，例如眼界、胆识、心态和理想。正所谓不想当将军的士兵不是好士兵，创业者必须拥有开阔的心胸、积极的心态和远大的理想。在某种程度上，创业者的格局有多大决定了企业能走多远。根据美国哈佛大学的心理学家麦克利兰的成就需要理论，创业者追求卓越、争取成功以实现自我价值和满足自我需求的动机是一种强大的内驱力，将激励创业者勇于挑战、敢于冒险。在风起云涌的数字化时代，互联网创业者必须具备战略格局，既不拘泥于蝇头小利而随心所欲、改换门庭，也不沉浸于失败挫折而消极悲观、自甘平庸，更不满足于已有成就而洋洋得意、故步自封。

从实践调查结果看，创业的原因是复杂多元的，追求财富、解决就业问题等是许多创业者兼而有之的想法，不过首要关键的创业动机在目前的互联网创业者群体中以成就动机为主。在网易云联合 IT 桔子于 2017 年对我国互联网创业群体进行的调查中，当受访者被问及“选择创业的原因”时，“实现自我价值”这一答案排在第一位，占比 50% 左右；而排名第二的是“想要成就事业”，占比约为 46%；只有极少数人是因为没有找到合适的工作或者纯粹为了赚更多的钱而创业。中国青年创业就业基金会的调查也得出了同样的结论，新时代的创业则希望通过创业达成一番成就，而不是仅仅为了生存而创业。换句话说，他们更注重通过创业实现自身梦想，改变世界和人们的生活，证明自己存在的价值以及追求良好的市场机会和社会认同。可见，更强的成就动机和越战越勇的精神是当代青年创业者的特质与优势，也是创业成功的必备品质（见图 2－26、图 2－27）。

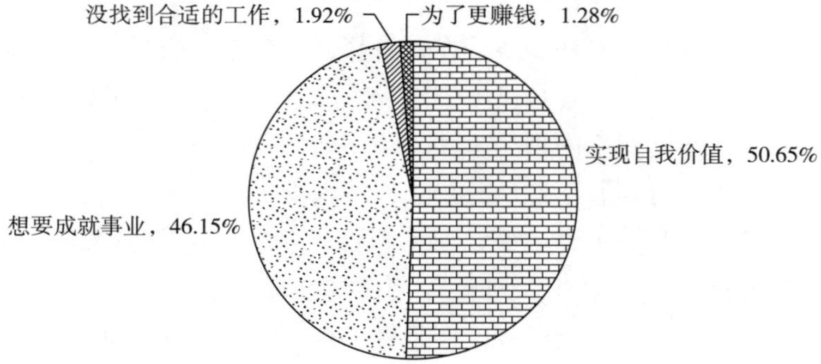

图 2－26　选择创业的原因分类

资料来源：2017 年互联网创业群体调查报告［R］. 北京：IT 桔子，网易云，2017.

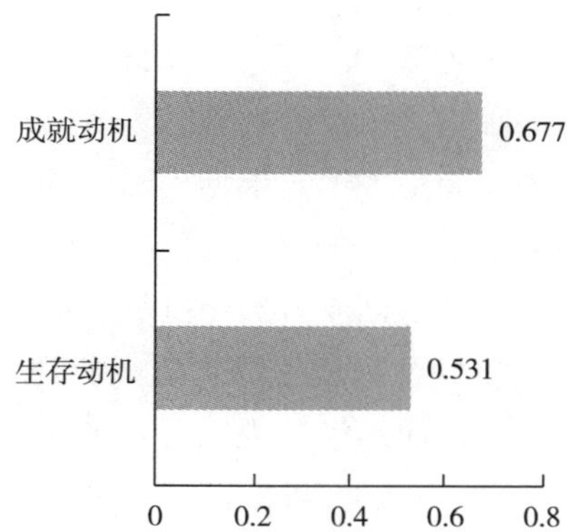

图 2－27　创业动机对比

资料来源：中国青年创业发展评估报告 2018［R］. 北京：中国青年创业就业基金会，2018.

从现实案例看，现在提起搜狐，或许已经没有很多人再留意了，但是在十年前搜狐却是中国互联网行业数一数二的龙头老大。搜狐的创始人张朝阳几乎是在数字经济时代之初在中国第一批吃螃蟹的人。1995 年，麻省理工学院毕业的张朝阳回国后创办了爱特信信息技术有限公司，三年后正式更名为搜狐网，在 2000 年就在美国纳斯达克市场挂牌上市。在那个时候，搜狐是中国最具影响力的门户网站，是在线资讯媒体和网络沟通互动的最主要平台之一。在搜狐鼎盛的时候，马化腾和马云都不过是张朝阳看不上的“小学生”。但是这位创业者却在企业发展最关键的时候迷失了自我。在张朝阳声名鹊起之际，他不再专注于自己的创业事业，而是不断曝光在娱乐圈的聚光灯下，上综艺节目，登时尚杂志，把企业完全交给高管打理。在之后中国数字化快速发展的十几年黄金期内，搜狐几乎错过了所有风口：搜索让位给百度，游戏被腾讯和网易取代，社交落败于新浪，视频敌不过爱奇艺、优酷土豆和腾讯，移动支付被阿里巴巴占领。时至今日，搜狐仍然守着自己的门户网站、视频网站和已被腾讯纳入旗下的搜狗输入法。搜狐的失败有许多原因，但是创始人张朝阳的决策失误和保守封闭是最主要的原因之一。搜狐可谓成也创始人，败也创始人。可见创业者的格局对于企业的长远发展多么重要。当然，企业在面临抉择时选择不同的发展方向是很正常的，正如联想集团和华为公司在成立之初面临着未来发展道路的选择。最终华为的创业者选择了技术驱动，而联想的创业者选择了市场优先，两家互联网公司都取得了成功。创业者在面对失败的泪水和成功的喝彩时，都不应忘记自己的初心，有远大的战略格局才会有长久的持续发展。

5. 学习和创造力

数字经济时代是一个信息爆炸的时代，知识呈现几何增长的趋势，产业不断更新迭代，创业环境纷繁复杂，新概念、新模式、新平台不断涌现，创业者必须具备强大的学习能力才能持续适应不断变化的环境，必须建立起学习型的企业才能在激烈的竞争中实现自我扬弃和不断进步。

所谓学习型组织，最早是由美国麻省理工学院的佛瑞斯特教授提出，他认为未来企业的工作关系应该是互相学习、互相提高的模式。佛瑞斯特教授的学生彼得在其经典代表作《第五项修练》里完整表述了学习型企业的构想：未来的企业应该通过不断学习提升群体智力和创新能力，从而成为持续创造未来的企业。而一个企业的学习基因几乎在其创业者的身上就奠定了。创业者具备终身学习的性格特质，他所创立的企业更有可能延续这一自然人格为组织人格，从而内化为企业文化。相关的调查显示，许多互联网创业者所涉足的创业领域并非十分了解的领域，想要在未知之地取得成功必须进行大量的学习和研究。即便是在自己所擅长的领域，创业者在创业之初要处理生产、销售、运营、财务等各方面的事项，也必须具备持续学习的能力。持续学习的能力本身也是一种创造力。根据熊彼特的观点，创业可以被认为是一种创造性的破坏，需要打破旧秩序和旧结构，重新组织企业资源和能力来建立新秩序和新结构。只有在不断的学习中，才能明白、理解并吸收知识，才能发现旧模式的问题并给新模式的建立奠定基础和提供灵感。

从实践调查结果看，根据中国青年创业就业基金会的调查，我国的青年创业者具备较高的学习能力，较高的学习能力意味着创业者对学习行为的重视，会通过不同形式的学习活动来获取价值信息，反思已有行为，提升个人能力，从而避免故步自封，实现创业企业的创新更迭。根据人社部劳科所和宜信公司 2016 年的联合调查，在创业能力维度中，开拓能力和创新能力是重要的关键维度。创业活动本质上是一种创新，要求创业者具备敏锐的洞察力和学习能力，捕捉商业机会以实现创新活动（见图 2－28、图 2－29）。

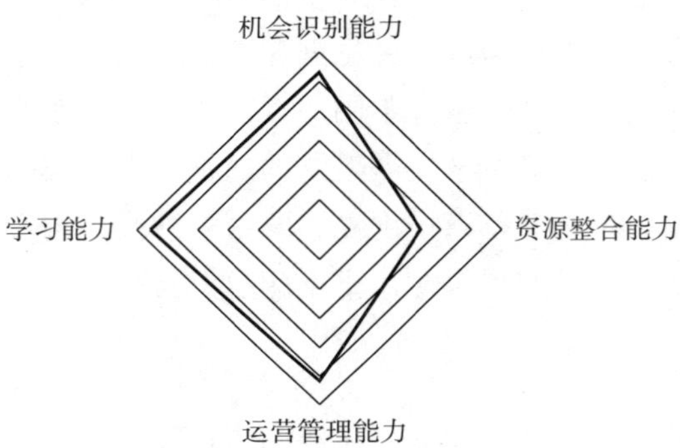

图 2－28　青年创业者能力维度对比

资料来源：中国青年创业发展评估报告 2018［R］. 北京：中国青年创业就业基金会，2018.

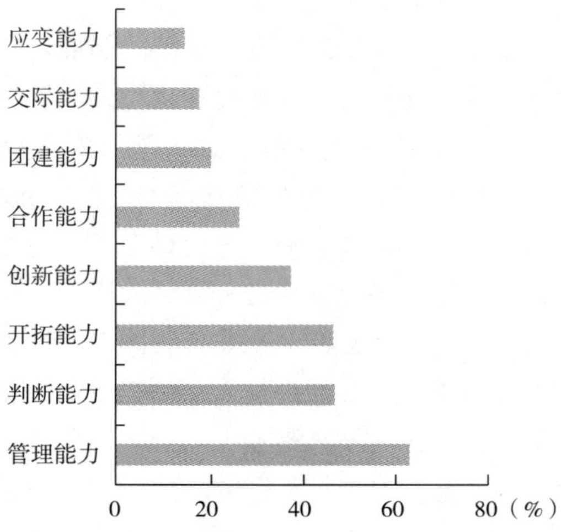

图 2－29　创业关键能力对比

资料来源：2016 中国青年创业现状报告［R］. 北京：人社部劳动科学研究所，宜信公司，2016.

从现实案例看，联想集团就是典型的注重学习和创造力的数字化企业。联想创始人柳传志自创业之初就十分重视持续学习的重要性，他多次提到并发扬张瑞敏的“鸵鸟理论”，认为企业切忌盲目自大，企业家应当认识自己的不足，看到其他人的长处，并保持谦虚谨慎，通过持续学习使自己不断得到提高。柳传志还在联想建立领导班子议事制度和组织培训机制，不断推动学习文化的建立。在2017年的“聚变与涅槃：经济驱动新引擎”天府（成都）论坛中，柳传志应邀出席并再次提到“高目标、抗打击、爱学习是成功企业家的三大法宝”。创业者和企业家应当结合自己的实际情况，向周围人学习主观经验，在书本中学习客观理论，通过不断复盘和持续学习提高自己的能力并实现自己的创业梦想。同时，联想也十分注重在学习中创造，“创造世界最优秀、最具创新性的产品”是联想的核心使命之一。联想正是凭借着极强的学习能力和创造能力逐渐成为中国PC领域的行业巨头，而这一企业文化基因早就存在于创业者柳传志的个人特质中了。

6. 热情

在心理学的动机研究中，当人的行为由内因驱动时，往往可以达到更高的效率。创业者要保持高昂的斗志和饱满的创业热情，需要由内而发地认可自己正在进行的创业活动的价值和意义，由内在动机驱动创业行为。数字经济时代在孕育更多机会的同时也产生了更多的挑战，而创业者所在进行的活动是从无到有的创造性活动，面临着前所未有的挑战和困难，许多创业者所涉及的市场或领域可能是一个全新的环境。如果创业者只是因为找不到工作被迫创业，或者只是跟随社会潮流盲目创业，在面临困难时很难保持持久的动力，也就会失去继续创业的热情。

从实践报告来看，艾媒咨询发布的《2016年中国互联网创业者健康调查报告》显示，尽管创业者压力巨大，身体普遍处于亚健康的状态，但是绝大多数创业者仍然以饱满的热情投入到工作中，很少有人为此而后悔。IT桔子在2017年的调查也表明，尽管互联网创业者每天工作12小时以上的人占比将近2/3，但是即便承受着如此繁重的工作压力，仍有1/4以上的创业者表示自己总是充满干劲和希望，有将近一半的人表示偶尔会紧张和焦虑，但是仍然能充满热情地工作。激情能够释放潜能，是创业者必不可少的特质之一（见图2－30、图2－31）。

从现实案例看，阿里巴巴创始人马云曾说过：创业需要激情，而且是持续的激情，这是支持创业者的灵魂。马云把创业热情比作汽车的油门，是推动创业团队不断往前走的动力。从2000年到2001年初，美国纳斯达克市场狂跌不止，包

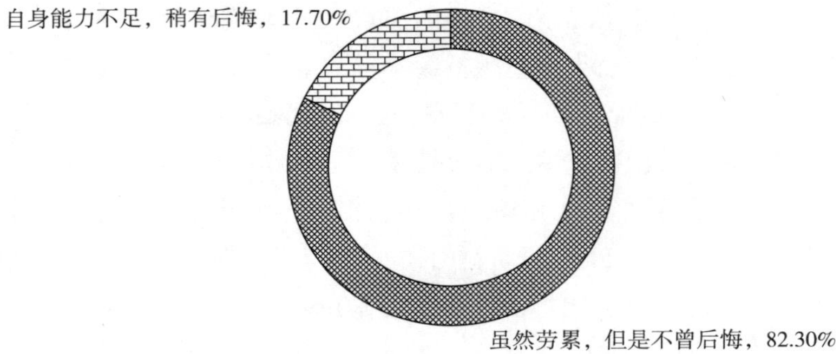

图 2-30　互联网创业者创业心态

资料来源：2016 年中国互联网创业者健康调查报告［R］. 广州：艾媒咨询，2016.

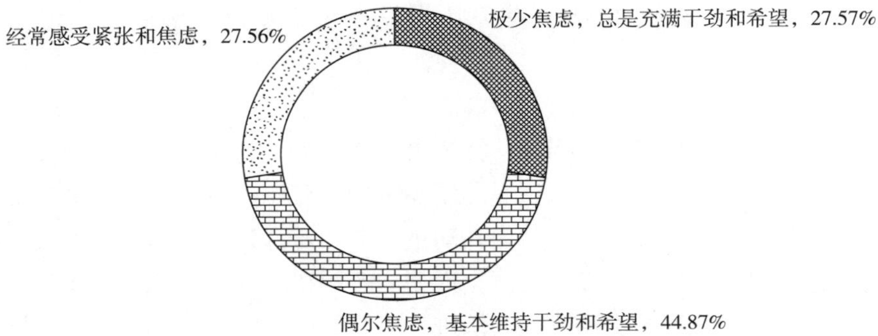

图 2-31　互联网创业者工作状态

资料来源：2017 年互联网创业群体调查报告［R］. 北京：IT 桔子，网易云，2017.

括阿里巴巴在内的许多互联网企业都遭遇了资金链断裂的危险，许多互联网企业都纷纷倒下。阿里的账面资金也最多维持半年的运营，而且在那个时候阿里还没有找到合适的盈利模式。在公司面临困境的时候，阿里的创业团队正是凭借着对未来成功的向往和对正在从事工作的意义的认可熬过了困境。每当公司遇到挫折时，阿里的创始团队总是以饱满的热情来应对，这样的激情不是三分钟的热度，而是持久的内在驱动的价值认可。华为的创始人任正非也同样是一位富有热情的创业者，他常常给创业团队和员工勾画未来的蓝图，甚至会冲进公司的食堂大声告诉员工今后华为会成为行业的巨头。正是这样持久的热情鼓舞着创业者披荆斩棘、力争上游。正如创富汇商学院院长谢明辉所说的，创业最需要的就是创业者永恒的创业激情。

三、创业者素描

结合创业者画像和创业者特质的相关分析，本书系统梳理了相关的创业者和创业团队的现状研究，认为以下群体是目前数字经济背景下的主要创业群体，包括：具备高学历背景的大学生群体、来自二线及以下城市的青年群体、具备国际化视野的留学归国人员、深谙社会时尚文化的职业女性、兼具职业经验和人脉资源的中年群体，以及随着年龄增长但仍自强不息的大龄创业群体。不同的创业群体具备各自的独特性，同时也具备一些共通性，下面我们将具体展开叙述。

1. 大学生

大学生是我国创业群体中的主要力量。

第一，在创业人数方面，大学生群体数量在我国创业群体中占据绝对优势。中国青年创业就业基金会在 2018 年发布的调查报告显示，在我国青年创业者中，超过 80% 的受访者拥有大学专科及以上学历。而根据 IT 桔子在同年针对互联网行业的创业者背景调查，大学本科及以上学历的创业者占比将近 80%。这说明大学生群体在我国创业群体中占比很高，在互联网行业创业者高学历的特点尤为明显（见图 2－32、图 2－33）。

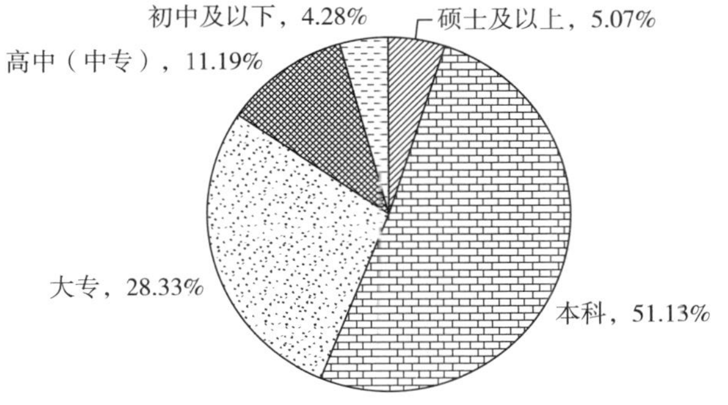

图 2－32　青年创业者学历分布

资料来源：中国青年创业发展评估报告 2018［R］. 北京：中国青年创业就业基金会，2018.

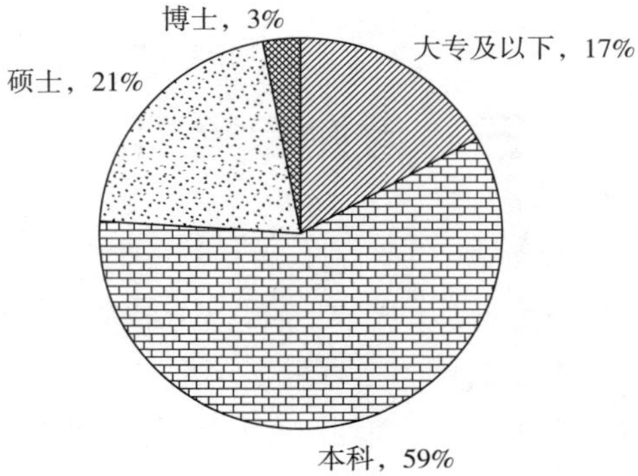

图 2－33　互联网创业者学历分布

资料来源：2017 年互联网创业群体调查报告［R］．北京：IT 桔子，网易云，2017.

第二，在政策支持方面，我国针对大学生创业出台了较为完善的扶持政策，缓解了大学生创业的后顾之忧。根据中国人民大学发布的《2017 中国大学生创业报告》① 的调查报告，政府从创业资金支持、孵化服务支持、教育培训支持等多种途径指导、鼓励和支持大学生创业，特别是自 2015 年以来，对大学生创业的支持政策成为"双创"工作的重要着力点。中国青年创业就业基金会的调查也显示，目前我国的政策环境优于市场环境和文化环境，政府致力于营造良好的政策环境，目前已初见成效（见图 2－34）。

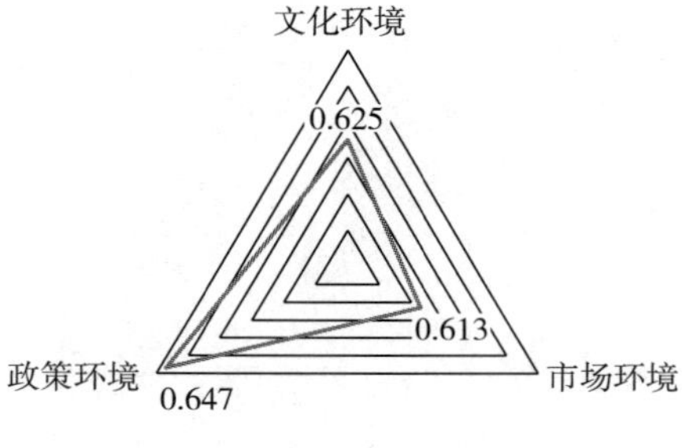

图 2－34　创业环境各维度得分对比

资料来源：中国青年创业发展评估报告 2018［R］．北京：中国青年创业就业基金会，2018.

第三，在需求把握方面，作为互联网原住民和深度用户，大学生群体更加了

① 2017 中国大学生创业报告［R］．北京：中国人民大学，2018.

解年青一代的用户需求和消费痛点，在创业实践中具备先天优势。近年来，越来越多的创业领域由大学生群体引领，从共享单车到深度社交，大学生群体在创业一线扮演着积极活跃的角色。

第四，在创业动机方面，大学生群体普遍富有热情和动力，具备更强的改变现状和实现自身价值的创业动机。根据中国人民大学联合其他高校和企业调查组织发布的《2017 中国大学生创业报告》，近九成大学生考虑过创业，26% 的在校大学生有较强的创业意愿，其中有 3.8% 的学生表示一定要创业（见图 2 – 35）。大学生往往更加喜欢更具创造力和自主性的工作，因此选择创业作为职业发展路径的可能性更大。与此同时，创业也是一项压力巨大的高强度的破坏性、创造性的活动，需要创业者具备更强的自信心、远大的理想信念和更强的承压能力，而根据人社部劳动科学研究所的相关数据，具备高学历背景的大学生群体具有更强的自我效能感和格局，该群体相比于受教育程度较低的群体往往更加自信，更加相信自己能够闯荡出一番天地。

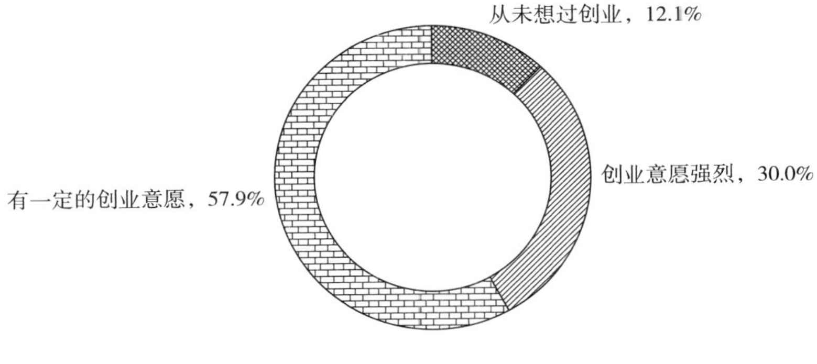

图 2 – 35　大学生创业意愿情况

资料来源：2017 中国大学生创业报告［R］. 北京：中国人民大学，2018.

第五，在创业能力方面，高层次高质量的教育也提高了高学历者的文化水平，拓宽了职业发展的眼界，提高了他们的学习能力和创造能力。不过，尽管大学生是我国创业群体的主力军，大学生创业的绩效表现却参差不齐。根据中国青年创业就业基金会联合人社部劳动科学研究所的相关研究，硕士及以上学历背景和专科学历背景的创业者的绩效表现要优于本科教育背景的创业者，这与本科教育背景的大学生难以兼具实践经验和理论知识有关。因此，我国政府可以继续通过创业理论教育和创业实践训练，提高在校大学生的实践能力。

2. 小镇青年

小镇青年是我国创业群体中的有生力量。

第一，在创业机会方面，尽管北上广深等一线城市仍然是互联网创业企业的集中爆发地，但是二线及以下的城市或城镇也同样乘数字化和互联网之东风，在创业表现上可圈可点。根据标准排名城市研究院与优客工场联合发布的《2016中国创新创业报告》① 的数据，除了北上广深等创业中心外，以武汉为核心的中部创业中心和以成都、西安等城市为核心的西部创业中心在创业时机中同样表现不俗。在标准排名城市研究院与优客工场联合发布的《2017 中国最适宜创业城市排行榜》② 50 强中，除了北京、上海等创业大城市，苏州、青岛、无锡、东莞、威海、济宁、江门等非一线城市也纷纷上榜，表现亮眼。根据腾讯科技2015年的调查，直辖市和省会城市、二三线城市以及四线及以下的小城市的潜在创业可能性并无明显差别。数字化情景下创业地域的限制性减弱，各地的创业者都可以凭借互联网平台追求自己的创业梦（见图 2－36）。

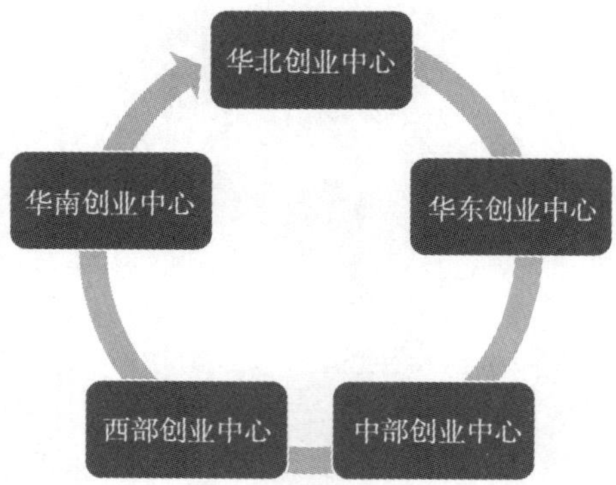

图 2－36　我国创业中心分布

第二，在创业动机方面，腾讯科技的《企鹅智酷》栏目于 2015 年发布的《中国细分人群创业潜力调查》显示，中小城市的创业者的潜力和动机并不逊于一线城市。他们的求职机会相对较为狭窄，因此他们渴望通过创业改变生活现状，在小城市实现自己的梦想，小镇青年的创业动机中包含更多的生存需求；互

① 2016 中国创新创业报告［R］．北京：标准排名城市研究院，优客工场，2016.

② 2017 中国最适宜创业城市排行榜［R］．北京：标准排名城市研究院，优客工场，2017.

联网的普及又使中小城市与大城市人群在信息获取上的不对称性逐渐缩小。因此，小镇青年同样具备很强的创业动机和创业热情（见图2－37、图2－38）。

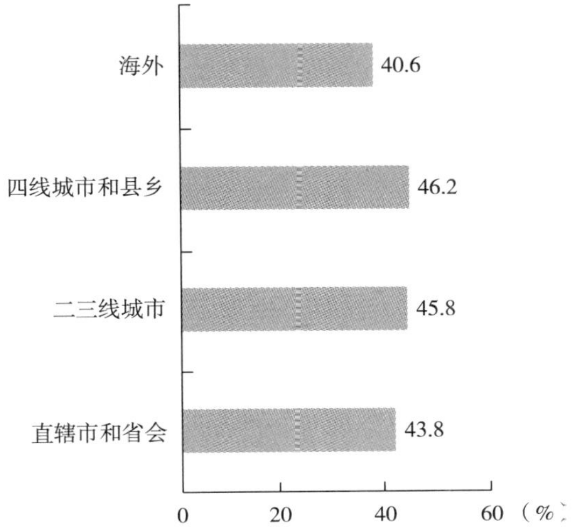

图2－37 不同区域的潜在创业可能性

资料来源：中国细分人群创业潜力调查［R］. 深圳：腾讯科技，2015.

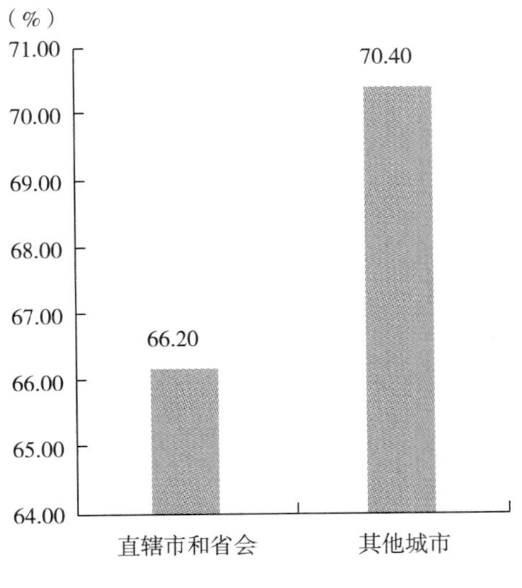

图2－38 包含财富激励动机的创业者比例

资料来源：中国细分人群创业潜力调查［R］. 深圳：腾讯科技，2015.

第三，在创业环境方面，在数字经济时代，互联网大大降低了创业的门槛，弱化了资源的空间限制，为小城市的创业者们带来了福音，给予小镇青年更加广阔的职业发展的空间和创业实践的舞台。随着数字化的深入发展和我国经济新常态的转型，小城市的青年群体将成为我国创业群体的潜在有生力量。不过，相关研究也表明，我国目前的互联网独角兽企业主要仍然位于北京、上海、杭州等大城市，可见大城市具备的资金支持、基础设施、政策优惠和人才集聚等优势仍然是小城镇难以匹敌的，政府可出台更积极、更全面的政策，协调不同区域和不同城市之间的均衡发展。

第四，在创业能力方面，在社会基层经历过磨炼的小镇青年，往往具备更强的实践能力和社会经验，这对创业活动大有裨益。不过部分来自经济不发达地区的青年创业者往往在创业理论学习和政策信息获取方面存在弱势，政府应进一步出台更具有针对性的政策，搭建信息服务平台，完善创业培训教育机制，力争让所有创业者分享到政策红利。

3. *有志海归*

留学归国群体是我国创业群体中的先锋力量。

第一，在创业动机方面，留学生群体具备很高的热情。中国与全球化智库（CCG）发布的国际人才蓝皮书《2016 中国留学发展报告》的调查中对留学归国人员的创业情况进行了追踪研究。数据显示，留学归国毕业生的主要发展流向包括直接就业、继续深造和自主创业三大方向，其中约有 12% 的留学海归毕业生选择自主创业，比例要高于本土大学应届毕业生。中国作为数字经济时代的引领者之一，巨大的互联网产业和创业生态吸引着更多的留学青年选择回国发展。同时，留学归国人员也具备远大的创业格局和充足的创业热情，因此不失为我国创业群体中的新兴力量和先锋力量（见图 2－39）。

第二，在创业行业选择方面，留学回国人员创业选择的行业主要集中在信息技术、生物医药等我国目前重点发展的战略性新兴行业。留学归国的年轻海归们拥有丰富的科学知识和创业视野，大多把目光投向高技术含量和高价值溢出战略新兴行业，这符合我国在数字经济时代创业逻辑转向的趋势，对我国产业结构的转型升级帮助巨大（见图 2－40）。

第三，在创业能力方面，具备海外教育背景的有志海归具备更广阔的国际化视野，对于市场发展和创业管理有着独特的认识；留学归国人员有更多机会接触或者学习世界一流技术和管理模式，因此在创业能力和创业资源上也具备一定的独特性。调查显示，有将近 1/3 的创业企业可以在三年内实现盈利，在创业方面的先锋作用明显。

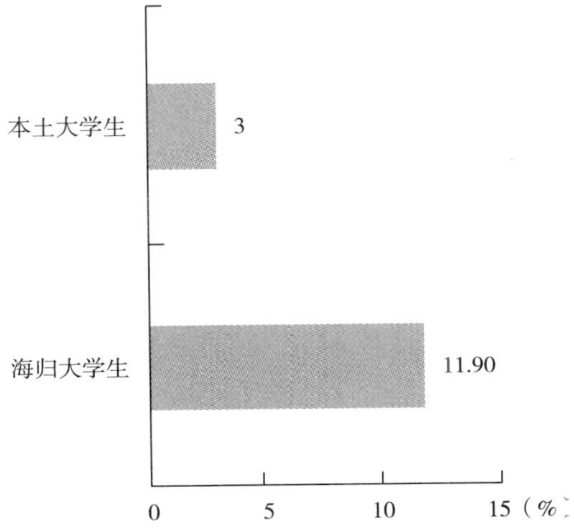

图 2－39 大学应届毕业生创业比例

资料来源：2016 中国留学发展报告［R］．北京：中国与全球化智库，2016.

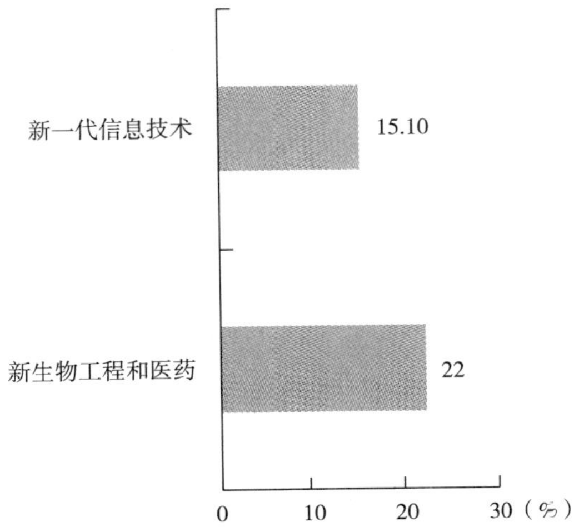

图 2－40 最受海归欢迎的创业领域

资料来源：2016 中国留学发展报告［R］．北京：中国与全球化智库，2015.

第四，根据中国青年创业就业基金会的相关研究，留学归国创业活动尽管近年来发展迅猛，但是该群体在我国青年创业者中的总体比例并不高，一方面是因为该群体本身占比不大，另一方面也因为目前我国政府在针对留学生创业的政策扶持上缺乏针对性和重视。因此根据 CCG 苗绿博士的建议，我国政府可以通过加强留学归国人员的创业技能培训、整合完善留学数据库、出台更多人才引流优惠政策等方式促进有志海归的创业实践活动。

4. 时尚女性

女性群体是我国创业群体中的新兴力量。

第一，在创业人数方面，女性创业者正在逐渐崛起。尽管在整体创业群体中，男性创业者还是保持优势，但是数字经济时代正在逐渐改变这一情况。根据中国青年创业就业基金会联合人社部劳动科学研究所的调查结果，在我国青年创业群体中，女性约占 40%，改变了以往人们认为女性更倾向于稳定就业的刻板印象。《北京青年报》社的相关研究显示，在电子商务领域女性创业者占据了一半。在数字经济时代背景下，广阔的市场和扁平化的互联网平台为所有人的创业都提供了便捷的土壤。根据 CBNData 的《2016 中国女性消费市场研究报告》，青年女性越来越成为网购的主力军（见图 2-41）。

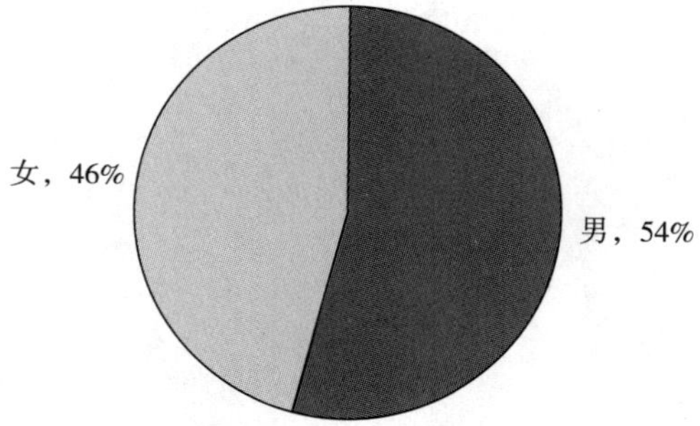

图 2-41　淘宝交易额性别分布

资料来源：互联网 + 她时代：女性创业者报告［R］. 杭州：阿里研究院，2015.

第二，在创业能力方面，随着互联网经济的发展，在体验式经济、分享型经济和大量个性化、多元化的女性消费需求的推动下，注重情感体验、擅长用户沟通的女性群体正在成为互联网创业的重要力量。正所谓女人更懂女人，作为女性创业者自然更加清楚女性消费群体需要的是什么。女性独特的细腻情感和市场嗅觉，有利于挖掘更有针对性的利基市场，许多“小而美”的品牌深受消费者的喜爱。此外，根据阿里研究院在 2015 年的调查，女性创业者在团队沟通、奉献主义、思维细腻和坚韧不拔的精神等维度表现更佳；同时也更加谨慎诚信，女性的财务违约率和不良率要显著低于男性，在财务信用方面表现良好（见图 2－42、图 2－43）。

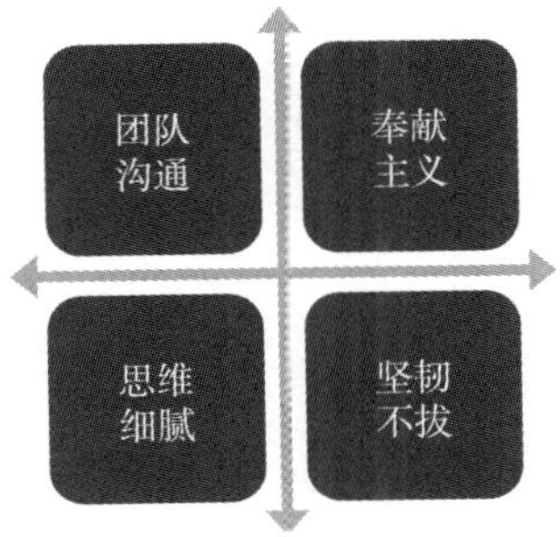

图 2－42　女性特质优势

资料来源：互联网＋她时代：女性创业者报告［R］. 杭州：阿里研究院，2015.

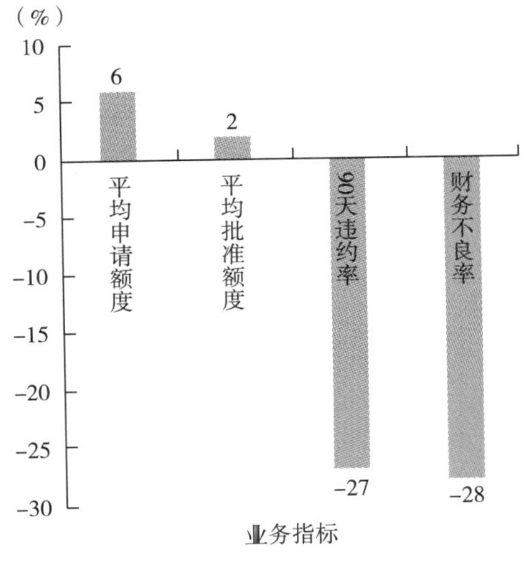

图 2－43　财务信用表现（女性—男性）

资料来源：互联网＋她时代：女性创业者报告［R］. 杭州：阿里研究院，2015.

第三，在行业选择方面，数字化环境下多数女性创业者偏好互联网和服务业等性别较为友好的行业。根据中国企业家智库发布的《2017 中国女性创业报告》

中的数据，女性创业者行业分布广泛，但更为偏好新兴的互联网行业。同时，36氪在2017年的调查[①]也显示类似的结果，即女性创业者对电子商务、文化娱乐、消费生活、医疗健康和媒体门户五大行业更具备创业动机。在数字经济背景下，注重情感体验和互动交互的女性群体正在新兴创业热土中发挥着重要作用，尤其是针对女性消费群体的电商购物、娱乐消费和美妆护肤等细分市场受到女性创业者的欢迎（见图2-44、图2-45）。

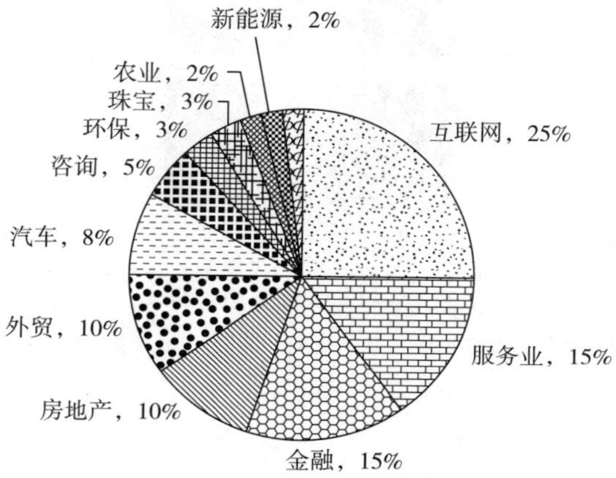

图2-44 女性创业者行业偏好

资料来源：2017中国女性创业报告［R］. 北京：中国企业家智库，2017.

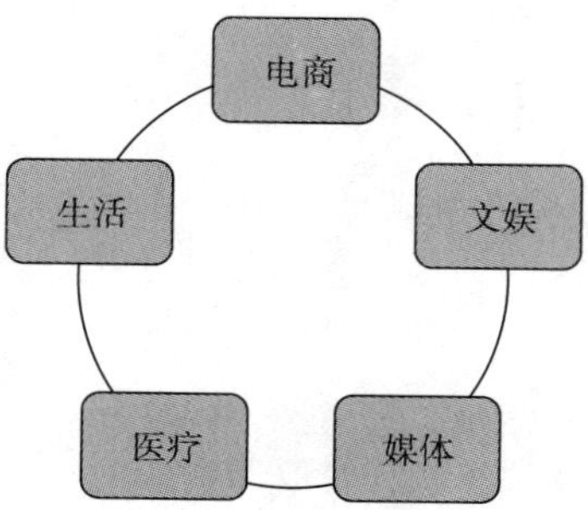

图2-45 女性创业者行业偏好

资料来源："她经济"——中国女性创业者现状以及趋势报告［R］. 北京：36氪，2017.

① "她经济"——中国女性创业者现状以及趋势报告［R］. 北京：36氪，2017.

第四，在社会文化方面，随着女权意识的抬头和发展，独具魅力的女性领导力也逐渐受到人们的关注，社会对女性创业的束缚正在逐渐减弱。我国的性别平等程度在全球范围内表现不俗，女性创业意愿也较高，但是我国目前针对女性创业的扶持力度和女性创业的整体规模仍有较大提升空间，这也意味着未来的红利巨大，相信未来的中国女性将会在各行各业发挥更大的创新能力。正如 Facebook 首席运营官桑德伯格所说的：女性参与决策将使参与决策队伍更加多样，决策结果更加明智。

第五，和男性相比，女性青年创业者因为生育和照顾家庭的压力、传统“男主外、女主内”思维的影响等因素，在创业活动中的困难依旧很大，甚至受到的潜在歧视也未完全消除。根据中国企业家智库的调查，我国女性创业者目前面临的障碍主要包括来自工作和家庭的压力、传统观念的掣肘和阻碍以及市场的潜在偏见和歧视，我国政府可以出台专门针对于女性创业者的优惠政策，帮助、引导职业女性在创业活动中实现自己的理想（见图 2－46）。

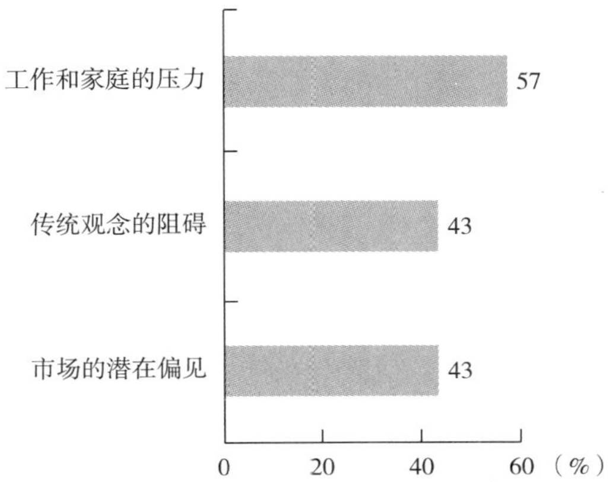

图 2－46　女性创业面临的主要障碍

资料来源：2017 中国女性创业报告［R］. 北京：中国企业家智库，2017.

5. 中年大叔

中年群体是我国创业群体中的潜在力量。

第一，从创业人数来看，尽管青年创业群体是我国互联网创业的主要力量，但是中年群体同样扮演着重要角色。腾讯科技的《企鹅智酷》栏目于 2015 年发布的《中国细分人群创业潜力调查》[①] 显示，在受访的创业者群体中，31～40岁的中青年群体占比达到34.6%，41～50岁的中年群体占比为12.2%。由此可知，广义上的中年群体（31～50岁）的创业意愿和创业实践活动并不逊于年青一代（见图2－47）。

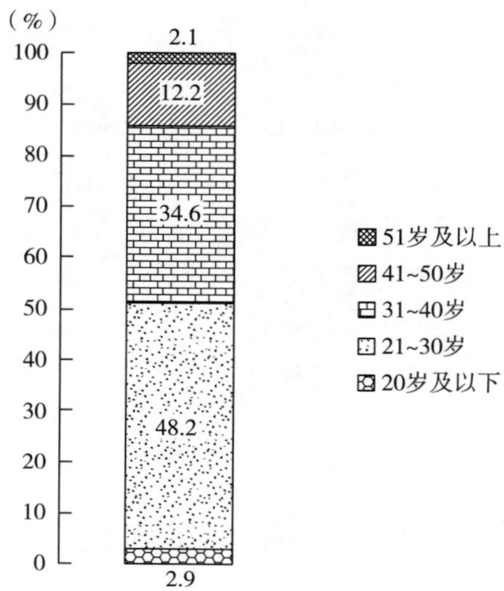

图2－47 创业者年龄分布

资料来源：中国细分人群创业潜力调查［R］．深圳：腾讯科技，2015.

第二，从创业能力来看，中年群体具备更丰富的社会经验和人脉资源，在职场中的打磨也使中年人有着年轻人缺乏的成熟和稳重。根据中国青年创业就业基金会的相关数据，创业者能力与创业年龄呈现一定强度的正相关关系，同时在创业绩效方面不逊于青年创业者。尽管本次调查未涉及中老年群体，但是其逻辑是类似的，中年群体由于阅历和经历的积累和丰富，在创业能力和绩效表现上更加具备优势。根据美国国家经济研究院（NBER）在2018年的数据，美国1000家高成长的创业公司的创始人平均年龄是45岁，中年群体拥有更佳的创业表现（见图2－48）。

① 中国细分人群创业潜力调查［R］．深圳：腾讯科技，2015.

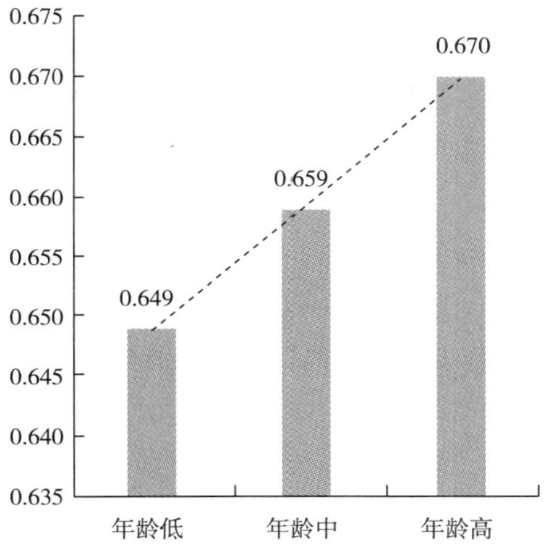

图 2－48　不同年龄创业者的创业运营能力

资料来源：中国青年创业发展评估报告 2018［R］. 北京：中国青年创业就业基金会，2018.

第三，从创业动机来看，在中年阶段的职场发展中，“天花板”逐渐显露，因此仍旧怀揣梦想的中年群体倾向于通过创业活动重新开始属于自己的事业第二春。在数字经济时代，一个又一个的创业风口不断显露，在“大众创业、万众创新”的浪潮中，即便是生活渐趋稳定的“中年大叔”也依旧会回想起自己的“中国梦”，从而投身于互联网创业大军中。因此，我国政府可以通过政策指导，引导更多中年群体进行创业活动，这对提高我国就业率，挖掘我国创业活动的潜在力量有着积极正面的作用。

6. “老骥伏枥”

年龄较大的创业者是我国创业群体中的榜样力量。

首先，尽管在人数上，50 岁以上的年龄较大的人群中选择创业活动的比例比较少，但是仍然有一部分人选择秉持“老骥伏枥，志在千里”的精神，在职业生涯的最后阶段选择投入数字经济时代的创业浪潮中。根据网易云联合 IT 桔子发布的《2017 年互联网创业群体调查报告》，很少有创业者能够在第一次创业活动中就取得成功，甚至有的创业群体在多次创业之后仍然不能取得财务上显著的效益，但是他们仍然不屈不挠，坚持不懈，其锲而不舍的精神值得所有的创业者学习。

其次，从创业动机方面来看，对于一部分创业者来说，进行创造性而非重复性的活动是其价值所在和乐趣来源，不认输的精神支撑着“伏枥老骥”不断地进行创新活动。红塔集团的原董事长褚时健在遭遇了众所周知的人生重大挫折后，仍然不松懈不放弃，在74岁的高龄承包了一片2400亩的荒山种植橙子，开始了晚年的再一次创业。2012年，85岁的褚时健开始在线上平台销售“褚橙”，并荣膺“中国橙王”的称号。在87岁高龄之际，褚时健荣获由人民网主办的第九届人民企业社会责任奖特别致敬人物奖。

老年创业群体也许规模较小，但是在我国的创业群体中确是一个不可或缺的榜样力量。随着我国老龄化的日益加深，挖掘老年人力资源也已被提上日程，辽宁省人民政府印发的《辽宁省人口发展规划（2016～2030年）的通知》就明确表示要开发老年人力资源，支持老年人才自主创业。我国的老年创业群体以坚定不移的信念、锲而不舍的精神鼓舞着更多的人投入到创新创业活动中，真正实现“大众创业、万众创新”。

第三章 创业风口

由于创业活动是在环境中不断博弈的行为，纵观近年来创业风口的此起彼伏，不难发现其与客观环境之间存在着千丝万缕的联系，尤其是项目载体的变迁，为创业风口的演进提供了源源不断的动力。联想集团高级副总裁、联想创投集团总裁贺志强提出，2000～2017 年，互联网大致经历了 PC 互联网浪潮和移动互联网浪潮两次浪潮，其后伴随 IoT、云计算、大数据、人工智能等众多技术的兴起，智能互联时代为互联网行业以及传统行业带来了深刻变革的机会。[①] 结合不同阶段的创新特点及典型风口表现，我们总结其演变历程如表 3－1 所示。

表 3－1 创业风口的演变历程

PC 互联	移动互联	智能互联
门户网站（1998 年） 社交平台（2005 年） 团购（2010 年）	互联网金融（2013 年） O2O（2014 年） 共享经济（2014 年） 在线教育（2015 年） 知识付费（2016 年） 网络直播（2016 年）	AR/VR（2017 年） 新零售（2017 年） 区块链（2018 年） 云计算（2018 年） 人工智能（2018 年） 生物科技（2018 年） 高端制造（2018 年）

一、PC 互联时代的创业风口演变

在网络时代初期，PC 是人们认识新事物、满足新需求的主要窗口。在这一

① 贺志强．智能互联网时代，N 倍数的产业机遇［R］．北京：联想创投，2018.

时代背景下，门户网站成为创业项目的重要载体，创业者纷纷利用门户网站进军线上领域，实现原有业务的完善或崭新领域的发掘。伴随着门户网站从大而广的综合性发展到小而精的细分化发展的转变，满足用户特定社交需求的平台开始涌现，以平台实现实时互动、生活娱乐、内容生产等多种功能，加速了人们对互联生活的依赖。随后，团购网站以其价格优势迅速抢占市场，对传统消费方式造成巨大冲击。

（一）门户网站（1998 年）

门户网站是集成各类数据资源，提供各类应用服务的信息管理平台，利用统一界面实现信息传递，主要形式包括搜索引擎式门户网站、地方生活门户、个人门户。

1. “三驾马车”并驾齐驱，开启门户网站时代

在国外门户网站雅虎的“风险投资 + 网络广告”模式指引下，国内的少数创业先驱开始试水门户网站领域。1997 年 5 月，丁磊在数次跳槽后自立门户，成立网易 BBS；1993 年，王志东在四通集团的资金支持下，创办四通利方信息技术有限公司，1998 年底，四通利方并购华渊资讯，新浪网正式成立；1996 年 8 月，张朝阳建立爱特信网站，运行两年后更名为搜狐。网易、新浪和搜狐一并被称为中国三大门户网站，开启了门户网站时代。2000 年初期，新浪、网易、搜狐相继上市，“三驾马车”的地位日益稳固。但在 2000 年下半年，门户网站迎来互联网泡沫，三大巨头进入前所未有的低谷，开始反思自身现有的运营模式和盈利模式，基于平台推出新业务，逐渐进入多元化发展阶段。网易开始进军游戏领域，于 2001 年推出首款自主研发的大型网络游戏《大话西游 Online》；新浪则发力于网络媒体及娱乐领域；搜狐也开始相继试水增值资讯、电子商务、企业应用等领域。在多元化战略指导下，三家企业均熬过了互联网的严冬，迎来全面盈利时期。伴随着 2003 年的金融市场复苏，门户网站正式走出低迷。

2. 垂直门户颠覆传统格局，用户参与内容生产

在三大门户努力走出低谷之际，一些新兴门户网站抓住机会，以特定定位异军突起。如 TOM 定位产品门户，利用跨媒体战略在新闻、汽车、房产等领域发力；21 世纪则以娱乐为出击点，依靠技术支持影音娱乐等平台服务。此外，一些其他领域的大型企业，如以通信工具闻名的腾讯公司，也尝试以互联网媒体定位冲入门户网站市场。面对此情此景，三大巨头也相继推出垂直化平台服务。如搜狐基于其现有平台，推出饮食、女性、娱乐等专业板块，并积极追求与专业内

容制造商的合作，收购了 ChinaRen 等专业门户。不同类型的垂直化门户网站迅速发展，以时政新闻、文化娱乐、电子商务、社交媒体、社会服务五类为典型代表，推动着中国门户网站的格局颠覆。

2002 年，博客中国标志着中国 Web2.0 时代的到来，用户分享、兴趣聚合、开放平台的概念日渐火热。门户网站也顺势推出博客栏目，以关键意见领袖带动粉丝参与，SNS、微博开始成为门户网站的标配，用户成为门户网站内容的生产商，开始由单一的信息传递转向双向互动。

3. *移动互联时代来袭，传统门户转型势在必行*

中国互联网络信息中心发布的第 40 次《中国互联网络发展状况统计报告》[①]显示，截至 2017 年 6 月，中国网民规模达到 7.51 亿，手机网民占比高达 96.3%，门户网站的移动化发展是必然之势，各大企业也纷纷开始布局。技术的不断崛起，为门户网站提供了更多创业可能，区块链、大数据、人工智能等都可用于门户网站的服务升级，以此吸引更多用户，带来流量；而微信等众多移动互联时代的产物，依靠其轻巧便捷的用户体验，使门户网站信息集成、互动分享等优势荡然无存，这一行业面临巨大冲击。如何在已成红海的门户网站领域异军突起，还需要创业者不断探索。

（二）社交平台（2005 年）

社交平台是指通过提供社交服务，帮助用户巩固或建立社会关系网络的互联网服务平台。用户可在社交平台中基于地理位置、趣缘关系以及已有人际关系进行互动交流，相互联系。

1. *BBS 时代悄然落幕，个体中心推动社交普及*

1994 年，曙光 BBS 站正式开通，中国最早的社交平台由此诞生。随后，天涯、猫扑、西祠胡同等 BBS 也相继诞生，网络社交意识得到初步培养。但 2010 年起，天涯、猫扑等相继宣布平台经营陷入瓶颈，以文字为主的 BBS 难掩颓势，风光不再。与此同时，博客概念横空出世，它为所有用户提供了一个发声渠道，标志着以个体为中心的社交时代就此开启。个体意识的不断觉醒，推动了实时互动的社交模式。从六度空间网站引入朋友名单，增加即时信息功能开始，国内外同类网站纷纷涌现。2004 年，扎克伯格创办 Facebook；2005 年，腾讯的 QQ 空间、人人网的前身校内网也相继诞生。注重用户互动的 Web2.0 时代悄然来袭。

① 第 40 次中国互联网络发展状况统计报告［R］. 北京：中国互联网络信息中心，2017.

同时，创业者们开始将娱乐元素融入社交平台。2008 年，开心网诞生，在传统的互动功能之外，加入日志、游戏等功能，“偷菜”“抢车位”一时风靡全国，社交平台开始进入发展的新时期。

2. 微社交风头正劲，SNS 为各行各业发展赋能

移动大数据研究院的报告显示，2017 年移动社交行业的用户渗透率高达 92.9%。在移动互联时代，社交平台的移动化成为大势所趋，曾风靡一时的人人网等传统社交模式颓势渐显，以新浪微博为代表的新社交形式开始兴起，截至 2012 年 12 月底，新浪微博的注册用户数超过 5 亿，领跑中国社交平台。除虚拟社交外，用户线下社交关系也受到重视。2011 年，微信诞生，它能依托手机通讯录同步技术，将用户的线下关系导入线上社交，用户量得到迅速扩张，发展仅两年，注册用户量就已突破 6 亿。随着微社交日渐常态化，泛社交成为趋势，社交元素开始融入各行各业。如微商的出现意味着社交与电商的紧密结合，中国互联网协会在会上发布的《2017 年中国社交电商和微商行业发展报告》① 数据显示，2017 年微商从业人员规模约为 2018.8 万人；而爱奇艺推出的泡泡功能，则是社交与娱乐的结合，通过打造社交互动圈子，用以提高用户黏性。

3. 技术促使模式创新，社交或将回归线下场景

技术的更新换代赋予了社交平台各种创新形式。2017 年，社交领域的巨头企业们纷纷开始 VR 与社交的探索，Facebook 推出 Facebook Spaces，首次将虚拟现实技术融入社交环节；微软收购 AltspaceVR，通过 AltspaceVR，可以实现将不同地点的用户聚集到同一虚拟场所。根据 IDC 的数据分析，2017 年，VR 及 AR 头戴显示器的销量已达 800 万台，预计 2018 年将升至 1240 万台，硬件设施的迅速普及将为虚拟社交提供发展机会。尽管未来技术加持将使社交平台走上虚拟道路，但仍有一部分企业将回归线下场景，借用线下爆点吸引用户，比如一款名为“嗯啦”的社交软件，通过 LBS 等技术支持，将线上社交最终导入线下互动，用户可以在线上沟通，线下聚会。

（三）团购（2010 年）

团购是一种诞生于互联网时代的商业模式，指依托互联网平台，通过专业团购服务机构，将具有相同购买意向的分散客户聚集到一起，以集体采购的形式与销售商议价，在保证质量的前提下，享受团购优惠。

---

① 2017 年中国社交电商和微商行业发展报告［R］. 北京：中国互联网协会，2017.

1. 团购风潮袭入中国，市场上演千团大战

2008 年 11 月，Groupon 在美国上线，一天促销一款商品，将大量有共同需求的顾客集中到一起，实现价格让利。仅通过半年的运营探索，Groupon 就进入盈利阶段。Groupon 的迅速蹿红使团购模式开始风靡全球，截至 2014 年 3 月，美国上线同类网站 66 家，英国、德国等国家也相继出现 Snippa、CityDeal 等类似网站。[①] 在各国纷纷效仿 Groupon 之时，中国市场上也涌现了大量企业，积极探索适合国内市场的团购模式。2010 年 1 月，首家团购网站“满座”上线，提出“一日多团”的新模式，开启了国内团购时代；同年 3 月，拉手网一上线，就率先获得高额风投，以营销广告带动网站用户规模的迅速增长。各类团购网站层出不穷，一场千团大战顺势爆发。在团购网站发展如火如荼时，还有一种新的团购创业形式悄然出现，以人人折为代表的团购导航网站开始崭露头角，通过汇集整合各类团购网站的销售信息，为用户提供搜索引擎式的团购服务。

2. 综合网站格局渐定，垂直团购顺势而起

同质化竞争激烈、运营过程的高额储备金，以及不明朗的盈利模式，为初创企业提出了资金难题。经过千团大战激烈的角逐，低质企业被挤出市场，团购网站的格局基本稳定。美团、糯米和大众点评三足鼎立的局面日益形成。后随着美团与大众点评合并、糯米转投百度怀抱、阿里巴巴复活口碑，美团、糯米、阿里巴巴形成新的三强格局。同时，由于综合类团购网站面临庞大的资金需求、高难度的管理运营，弱者愈难、新者难入，垂直团购网站反而凭借其在某一领域的纵深布局脱颖而出，成为二线团购网站迅速占领市场的方式。典型代表包括专注化妆品团购的聚美优品，专注旅游出行的携程、去哪儿等。不少综合类团购网站也积极采取行动，紧跟垂直化潮流，如：美团推出猫眼电影；满座网推出旅游频道，成立独立事业部，布局旅游垂直领域。

3. 消费者主权时代到来，社交将成团购标配

随着生产技术的逐渐提升，C2B 模式日渐普及，团购能为消费者提供的将不再只是价格优势，定制服务将成为团购的重要内容。海尔旗下的日日顺定制家具团购网站，就可通过团购形式满足消费者的家居定制需求。而且，移动互联网时代的到来，让社交元素日渐融入团购模式。“拼多多”鼓励用户通过微信等多种形式邀请家人、朋友拼团，利用熟人社交进行免费营销；“好妈妈团购”针对宝妈群体，推出线上社交，不断提高用户黏性；“边喝边聊”则通过线上线下互动

① 中国团购网站未来生存之道解读［R］. 北京：电子商务研究中心，2010.

社交推动团购行为的发生，依托咖啡厅、奶茶店等线下社交场景，通过团购行为，将线上社交与线下运营相结合，实现以社交带动线上流量的变现。

二、移动互联时代的创业风口演变

移动互联时代，主战场渐渐由 PC 端过渡至移动端。团购风口带来的网络消费观催生了线上金融需求的发展，互联网金融成为新的创业风口；基于移动终端的定位技术，O2O 开始在数字化创业领域崭露头角；而随着用户接受度的提升以及金融服务的支持，进一步催生了共享经济；同时，移动终端的便携性和普及性也为众多与生活密切相关的领域带来了新的商机，如在线教育、知识付费、网络直播等。

（一）互联网金融（2013 年）

一般来说，互联网金融是互联网技术与金融技术的有机结合，是借助大数据、云计算等互联网技术和移动通信技术形成的新型金融业态及其服务体系，可实现资金融通、支付和信息中介等功能，主要涉及包括众筹、P2P 网贷、第三方支付、数字货币、大数据金融、信息化金融机构、金融门户在内的多种发展模式。

1. 多方并进，初步形成结构化布局

2013 年被称为互联网金融元年，随着网络技术的发展和移动通信技术的普及，不少互联网公司开始走上“占金”道路，金融公司也纷纷尝试“触网”，新型机构不断涌现，逐步形成“传统金融机构”加“非金融机构”的结构化布局。传统金融机构面对互联网金融去中介化的冲击，利用移动终端进行互联网创新和电商化创新。如兴业银行推出以钱大掌柜为代表的互联网金融平台，销售金融机构产品。更有不少传统金融机构为求其变，与 BAT 等互联网企业合作，进行互联网金融战略布局，如中信银行与腾讯合作发行虚拟卡，与百度贴吧合作试水粉丝经济。非金融机构则主要包括进行 P2P 网络借贷平台、众筹融资平台、手机理财平台以及第三方平台等，以易贷网、京东众筹、阿里众筹、支付宝、财付通等为典型代表。Analysys 易观智库《中国非金融支付机构市场季度监测报告 2015

年第3季度》① 数据显示，2015年第3季度中国非金融支付机构综合支付业务的总体交易规模达143679亿元，环比增长率为17.8%，非金融机构的发展势头可见一斑（见图3-1）。

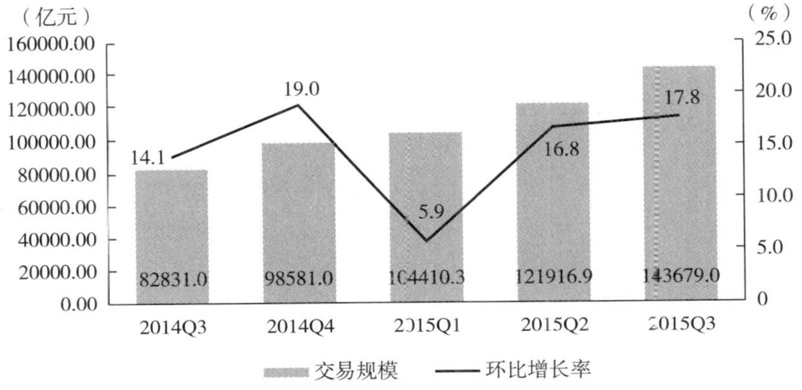

图3-1 2014Q3~2015Q3中国非金融支付机构综合支付市场交易规模

注：以上数据根据厂商访谈，易观智库自有监测数据和易观智库研究模型估算获得，易观智库将根据掌握的最新市场情况对历史数据进行微调。

资料来源：中国非金融支付机构市场季度监测报告2015年第3季度［R］．北京：Analysys易观智库，2015.

2. 乱象迭出，逐步实现优化调整

2015年，互联网金融平台进入倒塌元年。随着三农资本、e租宝、鑫利源等众多跑路现象的相继发生，互联网金融行业的发展一度陷入低迷。面对此种境况，证监会、银监会等机构纷纷出台一系列监管政策，市场积极充当“看不见的手”这一角色，利用市场规则刺激互联网金融的合规化发展。互联网金融行业开始进入平稳发展时期。《金融科技蓝皮书：中国金融科技发展报告（2017）》② 显示，受监管趋严的影响，2016年的互联网金融发展较为平缓，网贷逐步萎缩转型，众筹增速逐渐回落，移动支付洗牌加剧，传统金融机构的技术类基础设施愈加完善，互联网金融业务整体规模不断扩张，互联网已经成为各家金融机构的标配，而不再是创新的手段。行业规则的日益完善，使互联网金融行业实现了稳步

① 中国非金融支付机构市场季度监测报告2015年第3季度［R］．北京：Analysys易观智库，2015.

② 李扬，孙国峰．金融科技蓝皮书：中国金融科技发展报告［M］．北京：社会科学文献出版社，2017.

发展，并涌现出一些代表性企业，跻身独角兽行列。《2016 中国独角兽企业发展报告》[①] 显示，在 2016 年中国独角兽榜单中，互联网金融占独角兽总估值的 28%，以遥遥领先的姿态位居第一，就企业数而言，有 12.3% 的企业来自互联网金融行业，仅次于电子商务。

3. 科技加持，智能金融或将成为大势所趋

借助技术手段加强行业风控，优化用户体验，扩展产品品类，将成为互联网金融企业的必然出路。百度金融联合埃森哲共同编制的《与 AI 共进智胜未来——智能金融联合报告》[②] 显示，2016 年，全球金融科技公司拿到了 504 笔投资，共计 1177 亿元，其中中国金融科技公司以约 918 亿美元的融资额，占全球融资总额的 78%。智能金融强调数字化技术应用与金融服务的深度融合，依靠人工智能、大数据等前沿科技，实现金融属性的拓展和金融生态的重塑，进而洞察并满足用户的金融需求。如蚂蚁金服借助大数据技术强化现有项目风控体系和用户信用体系，并基于此衍生出“花呗”等一系列新颖的金融产品形态，以技术与金融业的深入融合，满足金融行业供需两端的融资需要。

（二）O2O（2014 年）

2010 年，美国 Trial Pay 创始人 Alex Rampel 首次提出“O2O”概念，并将其定义为“支付模式和为店主创造客流量的一种结合”，强调线上引流和线下服务的有机互融。随着以 Groupon 为代表的生活服务类公司在美国本土发展得如火如荼，这一概念被逐渐引入中国，使互联网在信息搜集、社交娱乐等功能之外，与普通人民的日常生活结合起来。

1. 初期流量红利惊人，创业者海量扎堆

2014 年，伴随移动互联网技术的发展，O2O 开始在数字化创业领域崭露头角。在诸如餐饮、零售、家政、丽人等传统消费领域中，热情高涨的创业者层出不穷，他们借助互联网的技术优势，在 O2O 模式的牵引下，不断改写传统商业的营销和经营之道。

发展初期，互联网主要发挥顾客引流作用，紧抓流量红利。企业利用线上营销的便捷性，把目标顾客集中导流至线下。以美团、大众点评为典型代表，创业行为主要集中在团购与促销领域。根据第三方机构易观国际出具的数据结果[③]：

---

① 2016 中国独角兽企业发展报告［R］．北京：科技部火炬中心，2016.

② 与 AI 共进智胜未来——智能金融联合报告［R］．北京：百度金融，埃森哲，2018.

③ 中国生活服务 O2O 市场专题研究报告［R］．北京：易观国际，2015.

2015 年上半年中国团购市场成交额达到 770.1 亿元，与 2014 年同期相比增长 167.7%。而作为本地生活服务 O2O 领域最为成熟的业务，美团仍是行业老大，占 51.9%，而第二名大众点评为 29.5%。

2. 市场、政策为行业扩张增速，O2O 模式弊端日益显露

在 O2O 模式迅速发展背景下，百度、阿里、腾讯三大电商巨头开始通过资本运作的方式来布局 O2O 市场：百度重金投入糯米，以百度地图和轻应用双入口部署增加糯米流量；阿里参与美团 B 轮、C 轮融资，并自建口碑网介入 O2O 市场；腾讯获得大众点评网 20% 的股权，并将其服务整合到微信，以提供流量支持。京东到家、58 同城等众多电商平台也纷纷效仿，开始对 O2O 的第一轮试水，引爆市场高潮。同时，在 2015 年 3 月的政府工作报告中，国务院总理李克强首次提及"把以互联网为载体、线上线下互动的新兴消费搞得红红火火"，从政策层面鼓励 O2O 模式的发展。在市场与政策的双重刺激下，O2O 开始进入井喷式发展阶段，逐步由简单的顾客引流转移至更加高频的生活场景，升级成为服务型电商模式，在餐饮、服装、医疗、生鲜、交通出行等各个领域均有布局，各种 O2O 服务方式层出不穷。与此同时，互联终端、移动支付以及数据算法等支持技术日臻成熟，为消费者带来日益完善的消费体验，消费者数量实现井喷式增长，使用频率和忠诚度也不断上升，O2O 开始成为消费者生活中密不可分的一部分。

伴随着行业的快速扩张，这一创业风口的弊端也在逐渐显露。O2O 平台要想在激烈的同质化竞争中快速获取用户，抢占并巩固市场，需要不断释放用户红利，一方面通过补贴实现对分散性 C 端用户的快速聚集，另一方面通过高频次的参与体验逐步培养用户的购物习惯，产生消费依赖。虽然互联网边际成本趋近于零，可以让创业者从效率提升、规模化扩张加速等一系列好处中获益，但由于 O2O 模式的盈利模式尚不明朗，仅仅依靠微薄收益维持平台运营是远远不够的，创业者们不得不动用大量人力成本进行持续融资和高额补贴。正如亿欧创始人黄渊普所说，O2O 市场的市场规模是被资本给堆起来的。为了吸引用户流量，滴滴在 77 天的推广期内烧掉了高达 14 亿元来提供补贴①，同行业快的也因此支出数亿元人民币。在这场没有硝烟的战争中，对资本的高度依赖导致大量 O2O 创业项目没有熬过 2015 年底的资本寒冬。

3. 资本寒冬引发行业反思，消费终将回归线下

2015 年底开始，O2O 市场增速放缓。一些不成熟的 O2O 企业事故频发，嘟

① 滴滴打车官方微信透露。

嘟美甲、功夫熊、一亩田等先后曝出劳务纠纷、拖欠工资等问题，烧饭饭、泡宠网、爱拼车、时尚猫等纷纷被列入死亡名单。平台型企业也逐步关闭相关业务，2016 年 2 月，大众点评将上门服务精简，只留下家政业务，2017 年 2 月，京东到家也关闭上门服务。

但这场寒冬并不意味着 O2O 时代的终结，综观所有倒闭的 O2O 企业，可以发现，绝大多数企业都在尝试以规模换生存，在盈利模式尚未明晰的情况下，罔顾同质化竞争的激烈环境，一味地采取烧钱策略，进行盲目扩张。这种对资金的依赖是致命的，一旦资金链断裂，后果不堪设想。而在这场战争中存活下来的企业主要有两类：一类是以美团为典型代表的平台化企业，通过合并联合，不断实现业务拓展，打造线上线下多行业的生态闭环，为消费者提供全方位、多角度的服务体验，以绝对的流量优势抢占市场份额；另一类是以饿了么、滴滴为典型代表的垂直细分领域企业，强调精细化运营，讲究深耕细作，以提供高价值服务的方式解决实际痛点，把已有的流量价值最大化。

展望未来 O2O 的发展，消费终会逐步回归线下，用户体验将成为核心重点。为消费者提供真正有价值的服务，而不是单纯依靠红利补贴挖掘伪需求、伪痛点，将会成为 O2O 企业转型与成功的关键。而随着互联网及相关技术的进一步发展，科技创业风口来临，未来会有更多创业者借助云计算、物联网、人工智能、区块链、虚拟现实等技术，打通线上与线下的渠道，实现高科技与用户痛点的完美匹配，不断探索 O2O 的新模式。

（三）共享经济（2014 年）

共享经济是随着网络技术发展而衍生出的一种新型经济模式，通过互联网平台对物品、服务等闲置资源进行整合，经由精准匹配，在买卖双方之间实现使用权的暂时转移。

1. 共享浪潮涌入，专营市场迅速兴起

伴随着 1995 年 eBay 的诞生，共享时代悄然来临。美国 Green Desk、Airbnb、Uber 等共享形态吸引了大量资本青睐，共同促成了美国共享经济的繁荣，这一亮眼表现让共享浪潮慢慢涌入中国。消费者的消费观念逐步转变，由追求所有权到关注使用权，并在互联网上产生了消费与社交需求。在这期间，消费者更加青睐非实物交易、高频次接触、个性化生产的专营市场，诸如 K68、威客中国、猪八戒等知识共享网站迅速兴起；同时，也涌现了大量以 P2P 网贷和众筹为主要形式的金融共享平台。

2. 出行住宿领军发展，引爆共享经济

在中国，交通出行领域涉及共享租车、共享自行车、共享租船等多种形式。网约车从2014年进入市场，短短三年实现1.68亿用户规模，增速迅猛，2017年相较2016年，增长率高达37.9%；而房屋住宿领域由于共享物品本身的高价值属性，经济效益更为显著，国家信息中心公开的数据显示，2016年，中国住房分享市场交易额为243亿元，参与人数达3500万人，其中住房提供者约200万人。这两类共享平台的火爆发展，实现了对行业的整体带动。根据艾媒咨询的数据分析，自2014年移动打车等交通共享应用大规模进入市场后，国内共享经济行业迎来飞速发展，2015年中国互联网共享经济的行业规模就已突破2万亿元（见图3－2）。共享经济在与人们生活密切相关的领域迅速发展，使这一经济模式备受关注，人们的共享观念日益养成，共享经济开始向常态化迈进。

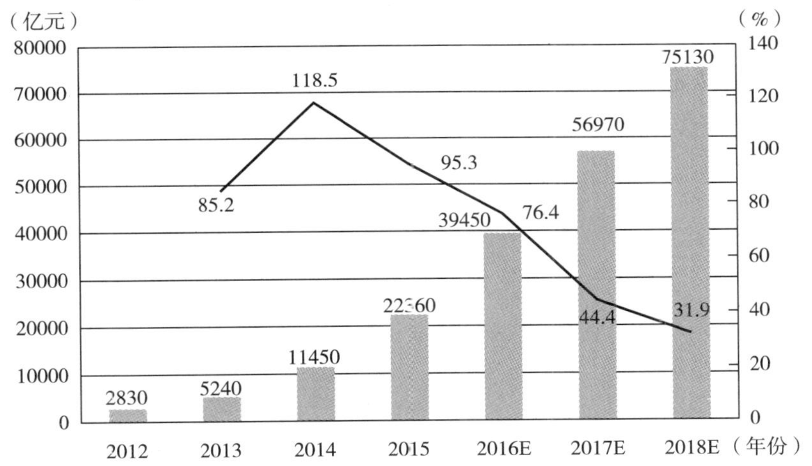

图3－2　2012～2018年中国互联网共享经济市场规模及预测

资料来源：中国互联网共享经济市场规模及预测［R］．北京：艾瑞咨询，2015.

3. 风口地位依旧，多元化延伸势不可当

《中国共享经济发展报告2018》① 数据显示，2017年，共享经济的市场交易额为49205亿元，较上年增长了47.2%；总融资额约为2160亿元，同比增长

① 中国共享经济发展报告2018［R］．北京：中国国家信息中心共享经济研究中心，2018.

25.7%。整体行业依旧保持高速增长，风口地位不可撼动。在共享经济各领域中，共享金融的市场规模最大，达28264亿元，知识技能、生活服务、房屋住宿三个领域发展最快，增速分别为126.6%、82.7%和70.6%。在未来，共享金融、交通出行以及房屋住宿等物质资源共享模式，将依旧是发展主流。但伴随着国家政策的积极推进，以及人们消费习惯的逐步养成，将会有更多新兴的资源共享方式出现，兴趣爱好等精神型资源共享平台的发展空间逐步增大，农业、教育、医疗、养老也将成为共享经济的发展重点，这一模式的多元化延伸进程势不可当。

（四）在线教育（2015年）

在线教育又称为电子化教育、远程教育，其初始目的是借助网络进行企业内部员工培训，随后概念逐步扩展为以网络为基础，以内容为介质进行的教育活动。

1. 行业曲折发展，各方助力多产业布局

1994年，以“远程教育”概念的提出为代表，在线教育开始在中国萌芽。其后民营机构的涌入，使在线教育逐步由文本形式发展为多媒体形式，高等学历在线教育异军突起。2000年，互联网泡沫破灭，人们对在线教育的热情一度消退，企业发展举步维艰。但随着“非典”期间的停课潮，这一窘境有所缓和。后期，在网络普及、技术发展以及消费需求升级的带动下，在线教育的创业热潮渐渐来袭，席卷全国。艾瑞咨询《2015中国在线教育平台报告》[①] 显示，2014年中国在线教育市场规模达998亿元，同比增长18.9%，预计在五年间将实现稳步递增（见图3-3）。在行业利好驱使下，新东方、学大教育等传统教育机构，百度、阿里巴巴等知名互联网企业，科大讯飞等非互联网企业，以及众多初创企业纷纷涌入在线教育蓝海。伴随着用户需求、企业数量和市场规模稳步增长，形成了多产业相互配合的稳定布局。

2. 资本热后现经营颓势，成熟项目更受青睐

2014~2015年，国家颁布多项重量级教育政策，成为在线教育的发展关键时期。借力“互联网+”与教育深化改革双政策，在线教育在资本领域引发了一波投资热潮。FellowPlus旗下数据库FellowData的分析显示，2014年全年互联网教育领域的融资额近35亿元，2015年上半年融资额则逼近24亿元，增长幅度接近20%。2015年全年总融资额为1666亿元。艾瑞咨询数据显示，主要投资集

① 2015中国在线教育平台报告［R］．北京：艾瑞咨询，2015.

中在 K12 领域，占比达 25.8%，早教、语言学习、出国留学等紧随其后，兴趣教育、高等学历、教育媒体也均有涉及（见图 3－4）。然而 2015 年及随后几年，在线教育领域的融资主要集中在早期轮次，鲜有项目经过平稳发展顺利进入中后期融资，但有数据显示，在 2017 年第三季度的 69 起早期融资中，投资总金额为 18.42 亿元，而中后期融资数量仅 20 起，投资总额逼近 45 亿元。企业数量与投资总额的巨大差异表明，在资本市场，成熟的在线教育项目更受青睐。

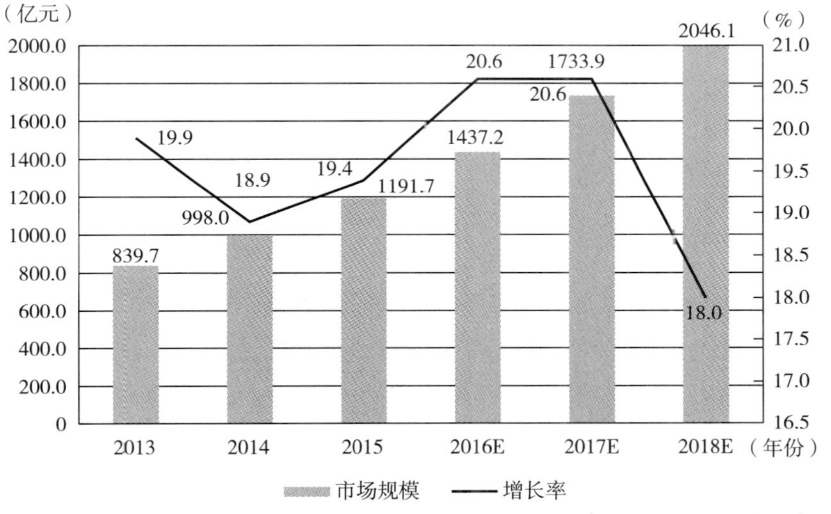

图 3－3　2013～2018 年中国在线教育市场规模及预期

资料来源：2015 中国在线教育平台报告［R］. 北京：艾瑞咨询，2015.

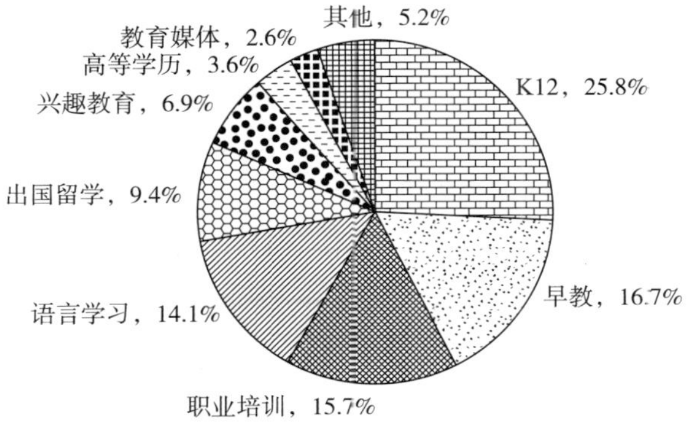

图 3－4　2015 年 H1 中国在线教育投资情况

资料来源：2015 中国在线教育平台报告［R］. 北京：艾瑞咨询，2015.

3. 人工智能+教育，线上线下互动共融

资本的过度介入使很多企业在利益驱动下，丧失了对教育本质的传承。线上的普适性与规模化对传统教育的“因材施教”理念产生剧烈冲击，多数企业无法通过双向互动及时获知用户需求。随着大数据、语音识别、直播互动以及智能穿戴设备等技术的发展和应用，在线教育将进入以人工智能为代表的科技时代。如沪江网校在“Hitalk”应用中引入人工智能，通过海量数据采集及分析，结合用户特点进行学习匹配，大大提高了教育的针对性。与此同时，为更好地实现因材施教，在线教育将逐渐开辟线下布局，打造线上线下的多教学渠道，将线下教育即时互动、沉浸式教学的优点，与线上低成本、跨时空的优势加以融合。如面对目前火热的K12培训领域，新东方就率先融合PC、移动端以及线下实体课堂多个场景，打造线上线下互动课程。

（五）知识付费（2016年）

知识付费过去主要表现为认知盈余者通过对理论知识、专业素养以及认知积累进行系统化梳理，生成标准化或非标准化产品，并因此引发的交易活动。

1. 优质内容引流，付费意识逐渐养成

在互联网发展初期，人们尚未对优质内容产生付费意识，依旧偏好免费模式。早期的内容创业企业于是纷纷采取免费模式，利用优质内容进行流量集中，吸引资本投资带动企业发展。但这也直接导致盈利模式不明朗、用户流量难以变现的问题。内容创业者们纷纷开始寻求知识付费的新模式，逐步培养用户的付费意识。得到App早在2013年就首次推出付费会员制，5500个限定名额在半天内迅速售罄，并在2016年6月再接再厉，推出付费订阅专栏，目前销售额已超亿元；2016年5月，知乎推出实时问答互动产品知乎LIVE，实现稳定营收。在各大知识付费平台强大的影响力下，消费者逐渐接受并养成知识付费习惯。企鹅智酷报告显示，已有34.9%的智能手机用户曾为线上内容付费。于知识付费创业者而言，知识不再只是力量，更是财富。

2. 用户规模稳定，知识付费进入存量市场

2016年被称为知识付费元年，在平台的火爆营销，以及咪蒙、罗振宇、马东等网络大V的积极带动下，知识付费的用户规模迅速增长，并逐渐趋于稳定。易观《中国知识付费行业发展白皮书2017》数据显示，2017年1~10月，典型知识付费平台的用户规模波动较小。其中，喜马拉雅FM用户基数最大，规模波动相对显著，1月用户数量为3118.65万人，10月用户数量为3566.53万人，涨

幅为14%。而知乎、得到、豆瓣等平台的波动幅度在1%~5%。用户规模稳定，知识付费开始进入存量市场（见图3-5）。

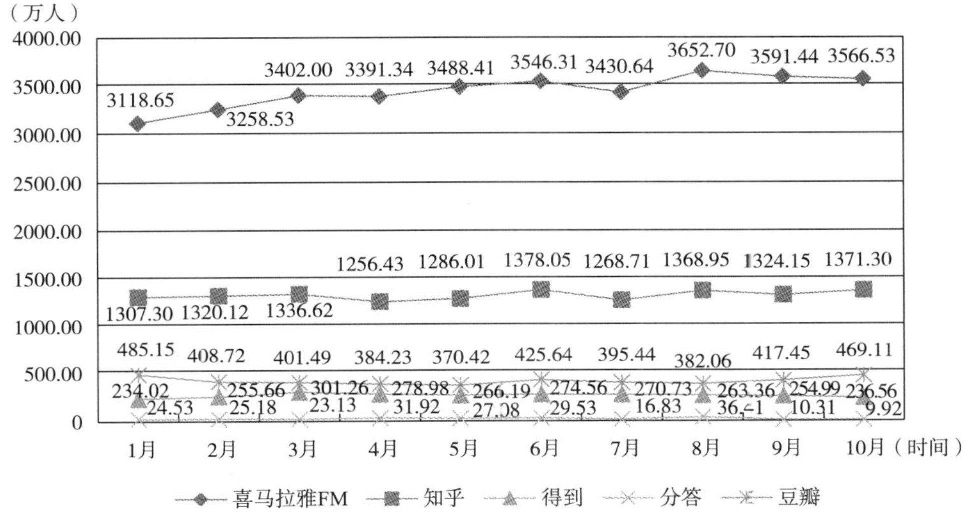

图3-5　2017年1~10月典型知识付费平台用户规模

注：易观只对独立App中的用户数据进行监测统计，不包括App之外的调用等行为产生的用户数据。

资料来源：中国知识付费行业发展白皮书2017［R］．北京：易观，2017.

3. 深耕垂直领域，社交互动或成发展关键

IP狂热的逐渐消退，以及头部内容引领的多元化趋势，都在暗示这一行业正在向垂直化、细分化、专业化迈进。细分领域内的知识提供者也开始在各大平台崭露头角，豆瓣聚集众多文艺内容制造者，而核桃LIVE中则涌现了大量两性及健康领域的专业主播。由易观《中国知识付费行业发展白皮书2017》的数据可知，付费知识排行榜的Top100分布并不集中，各大细分领域都涌现了一定数量的优质内容提供者，创业者在选择垂直细分领域时仍有很大空间（见图3-6）。而且随着知识付费行业的逐渐成熟，消费者开始追逐深层次的知识学习。众多社交平台开始涉足知识付费领域，以社交为载体开展知识付费，建立强社群关系，为用户打造深层次学习场景，并进一步运用社交数据完善内容生产。如OpenSNS推出产品智果，帮助企业实现社交与知识消费的融合；微信也宣布将尽快上线付费订阅功能。

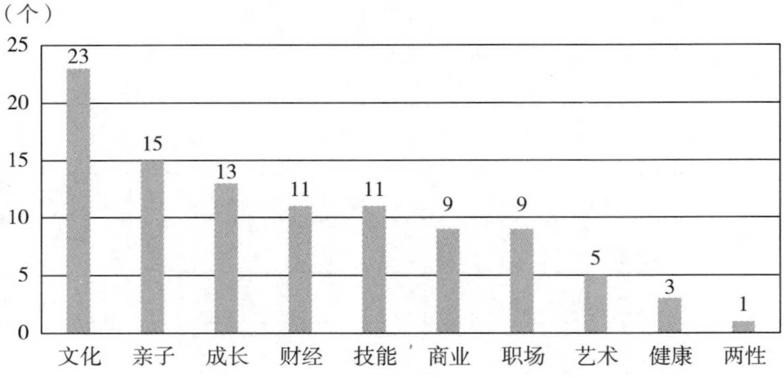

图 3－6 付费知识排行榜 Top100 内容类型分布

注：易观根据新知榜付费知识排行榜数据统计所得，统计样本为 Top100 产品，统计时间为 2017 年 11 月 21 日。

资料来源：中国知识付费行业发展白皮书 2017［R］. 北京：易观，2017.

（六）网络直播（2016 年）

网络直播是以网络平台为基础，以终端设备和程序为支撑，以兴趣为引导开展的视频信息交互传播模式，移动化、碎片化和交互化特征显著。

1. 秀场、游戏先后出击，引爆直播热潮

2005 年，9185 的成立标志着秀场直播开始进入大众视野。这类从 PC 端兴起的直播方式，惯以美女吸引眼球，通过唱歌、跳舞等娱乐活动满足用户需求，内容相对单一，可复制性较高。2016 年，千播大战爆发。在大量同质化直播内容的轰炸下，用户开始对秀场直播产生审美疲劳。为了在激烈的市场中抓住用户眼球，缺乏管控的直播博主开始有意识生产低俗内容，导致这一行业受到严格监管，发展举步维艰。此时，虎牙、龙珠、花椒等直播平台纷纷将注意力转向游戏领域，将竞技游戏元素融入直播内容，用户既可以通过游戏视频学习技巧，也可以实时观看比赛直播。从以英雄联盟、DOTA 等游戏为代表的端游时期，到以王者荣耀、荒野行动为代表的手游阶段，游戏直播在用户市场和资本市场都表现出了旺盛的生命力。极光大数据发布的《2018 年 3 月直播 app 行业研究报告》显示，在直播 App 市场渗透率 Top10 的直播平台中，就有四家主打游戏直播（见图 3－7）。

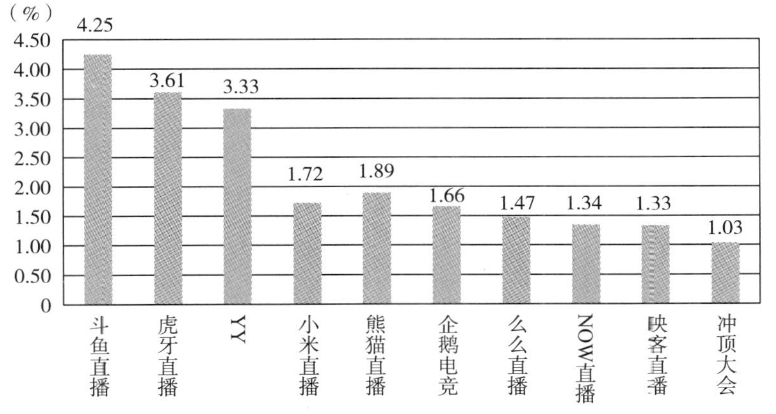

图 3-7 2018 年 2 月最后一周各直播 App 市场渗透率

资料来源：2018 年 3 月直播 app 行业研究报告［R］. 北京：光大数据，2018.

2. 监管力度加大，答题模式异军突起

2016 年是网络直播迅猛发展的一年，也是备受煎熬的一年。政府连续发布并实施诸如《关于加强网络表演管理工作的通知》《互联网直播服务管理规定》等多项政策，直播法规的迅速收紧使这一行业开始进入洗牌阶段。2017 年初，爱闹直播、猫耳直播、凹凸 TV 等数十个直播平台宣告倒闭。面对遇冷格局，不少直播平台开始依托雄厚的资金支持，推出直播答题模式。典型代表有两类：一是直播平台推出的答题活动，如花椒直播的“百万赢家”；二是直播答题 App，如冲顶大会。七麦研究院的《2018 年 1 月直播答题 App 数据报告》[①] 显示，各直播答题应用上线一月内均表现不俗，其中，抖音短视频以 iOS 端 1079 万的下载量稳居第一，而作为单独 App 上线的《冲顶大会》，下载量也已达到 361 万。直播答题模式利用巨额奖金对用户的巨大吸引力，在短时间内为平台积累了可观的用户流量。

3. 先进技术引入，“直播+”助力各业发展

艾媒咨询数据显示，近 60% 的直播用户很期待 VR 技术在直播中的实际应用。先进技术将从局部效果提升入手，有效助推直播行业的持续繁荣，如：KK 直播推出 KK VR；花椒直播引入人工智能技术，通过深度学习提升美颜效果；NOW 直播更是依托腾讯的技术团队，将绿幕技术引入，帮助用户打造直播期间

① 2018 年 1 月直播答题 App 数据报告［R］. 北京：七麦研究院，2018.

的虚拟场景。在整个行业布局上，由于直播具有互动性、实时性、广域性、传播性等特点，未来将充分凸显其工具属性，与各行业密切合作，打造“直播+”多领域布局。如：“直播+电商”，菠萝蜜率先开展互动式直播，聚美优品、淘宝、洋码头等也纷纷引入网红直播，刺激用户消费；“直播+娱乐”，《极限挑战》与逗一直播合作，让观众通过直播参与节目，打造真人秀互动新形式；“直播+公益”，公益寻人节目《等着我》引入直播元素，引发各方关注。通过对直播延伸属性的进一步探索，将会有更多领域与其产生巧妙碰撞。

三、智能互联时代的创业风口演变

创新技术支持下的智能互联，带来的更多是市场升级。一方面，智能互联能为现有行业带来新的发展机遇和运作形式，如创业者可以利用更为便携、更为先进的设备将 AR/VR 应用于零售、家装、娱乐等各个领域；云计算、人工智能等基础技术的发展，则为众多的数字化创业领域提供了提高服务的高效化和智能化的可能；在“Retail Tech”加持下，新零售横空出世，彻底改变了传统零售行业的运营形式；基于现代传感、人工智能等高精尖技术的多领域集成应用，高端制造打破了传统制造产业的操作方式；而区块链开放性、去中心化和不可篡改的特点使金融和社交等行业拥有了多样化运作的可能。另一方面，智能互联可以推动新兴行业的诞生，如随着现代生命科学和其他相关科学发展而生的生物科技产业。

（一）AR/VR（2017 年）

VR（Virtual Reality）即虚拟现实，利用网络技术、多媒体技术、传感技术等创建三维动态视景，让参与实体沉浸至虚拟场景；AR（Augmented Reality）即增强现实，可通过数据计算、影像处理以及 3D 模型等技术，将虚拟世界与现实世界进行叠加，进行实时互动。就广义角度而言，VR 是 AR 的一部分。

1. 资本市场带动，工具技术奠定普及基础

1962 年，第一款 VR 设备问世，但由于基础设施尚不完备，并未引起轰动效果。后随着技术水平的不断提高，VR 设备的价格骤降，这一领域开始引发关注。1990 年，新的技术概念 AR 开始出现，它比 VR 更进一步，将虚拟世界与现实场

景叠加，新颖性和真实性让其在随后的发展中迅速获得资本青睐。在资本市场，出现了如 ViveX、UCCVR 等专注 VR/AR 领域的风投机构。2016 年，整个行业投资规模达到 23.2 亿元，增长率高达 236.2%，远远领先其他行业，资本的快速投入也使其市场获得迅速发展，全球 VR/AR 的总产值达到 67 亿美元，行业发展十分迅猛。在行业发展初期，投资者对 C 端市场充满期待，但并未获得良好回报。于是，众多投资机构开始转投工具与底层技术。2017 年，在全球 VR/AR 行业总投资额中，工具及底层技术投资占比高达 40%。出现了大量诸如 Improbable、Leap Motion 等专注工具与底层技术开发的创业企业，不断改善行业技术，为 VR/AR 的进一步普及奠定了良好基础。

2. 企业端市场火热，多领域广泛应用

硬件设施的不断普及、工具及底层技术的迅速发展，使 VR/AR 行业的市场关注度得到迅速提升，众多不同领域的企业开始尝试引入 VR/AR 元素。目前市场上较为热门的应用包括：①零售 + VR/AR。据 IDC 预测，2018 年，零售或将成为 AR/VR 产值最大的行业，阿里巴巴早在 2016 年就推出“Buy +”，布局虚拟零售，通过 VR 技术在移动端生产三维场景，提升用户体验。②医疗 + VR/AR。2017 年，我国就首次将 VR 技术引入医学培训环节，同步还原手术场景。③家装 + VR/AR。宜家与 Houzz 公司合作，将 AR 应用融入家装展示，用户可直接通过应用模拟家居环境，观察家装效果。在中国制造 2025 重点领域技术路线图中，虚拟现实也被列为智能制造核心信息设备的关键技术之一。在未来，生产、教育、交通、建筑、军事、金融服务和公共事业等领域，将会有越来越多的企业积极引入 VR/AR，这一行业的多领域应用将成必然之势。

3. 基础设施陆续建立，行业将迎 TOC 热潮

在硬件设施方面，2016 年，Oculus、Sony、HTC 等知名 VR 头盔制造企业开始陆续推出消费版产品，以 Magic Leap、微软 HoloLens、ODG 为首的企业也开始迅速在智能眼镜领域发力。据 IDC 预测，2018 年，头戴式显示器的销量预计能达到 1240 万台，并在 2017 ~ 2021 年五年之内保持连续增长，平均年度涨幅维持在 52.5% 左右。在应用软件方面，以 Facebook、Snap 为典型代表的众多企业围绕社交美妆、音像、游戏等领域推出 VR/AR 应用。据高盛预测，2015 年，全球虚拟现实软件应用规模将达到 45 万亿美元。一系列基础设施的陆续建立，标志着 VR/AR 的消费者时代即将来临。未来，这一领域将不再是企业级用户的天下，VR/AR 将成为与智能手机一样普及的存在，人们的生活将因此发生翻天覆地的变化，创业市场也将迎来更多机会。

（二）新零售（2017年）

一般来说，新零售是指企业以消费者体验为中心，借助互联网和现代物流，通过对大数据、物联网、人工智能等先进技术的组合运用，重塑传统零售业态，实现线上线下互动共融的一种新型零售模式。

1. 消费需求不断升级，Retail Tech为新零售蓄力

在以阿里巴巴为首的众多电商平台的积极推动下，中国的网络零售额在2013年突破1.85万亿美元，超越美国，成为世界第一；2014年，物流行业也紧随其后，在数量上占据全球首位；2016年，阿里零售平台的年度交易额超过3亿元，超越以沃尔玛为代表的一众实体零售巨头。零售开始步入新阶段，大量零售活动由线下转移至线上。与此同时，由云计算、大数据、物联网、人工智能等新一代信息技术组成的“Retail Tech”开始迅猛发展。中商产业研究院数据显示，2015年，中国的云服务产值规模达到8381.1亿元，云计算基础设施日渐完备；大数据规模在高达53.1%的增速下，实现115.9亿元突破，技术应用逐步成熟。大量新兴技术的产生及发展，为新零售的诞生积蓄力量。

2. 零售转型迫在眉睫，巨头参与打造三维布局

国家统计局及长城证券研究所公开的数据显示，2011~2016年，中国社会消费品零售总额的增长率由2011年的19.2%降至2016年的10.4%（见图3-8）。零售行业整体增速放缓，电商市场的情况也不容乐观，网上零售额增长率由2011年的70.2%降至2016年的26.2%（见图3-9）。种种迹象表明，传统零售和线上电商正在逐步迈进发展瓶颈期。在此种情况下，新零售概念应运而生。2017年，众多传统零售巨头和电商领军企业为求变谋生存，开始纷纷布局新零售，三维格局日渐形成：电商企业凭借其技术优势和数据支持，开始涉足线下，如阿里入股传统零售实体银泰百货和三江购物，提出改造天猫小店计划；京东以数据为便利店赋能，并开设专攻3C领域的“京东之家”“京东专卖店”；传统零售实体也依靠其基础设施积极跟进，如物美通过引入数字化技术进行传统门店改造，银泰利用大数据和终端支持打造家居概念店；更有众多新物种崛起，如阿里巴巴的新零售旗舰店盒马鲜生，实现了对零售超市的重新定义。

3. 创新技术助力，无人零售风口继续蔓延

随着科技的进一步发展，更多技术手段将逐步应用于新零售，为行业带来更多机遇。如利用区块链技术构建数字供应链，实现供应流程的全追踪；利用VR技术打造虚拟使用场景，增强消费体验；利用物联网打造数字入口，实现线上线

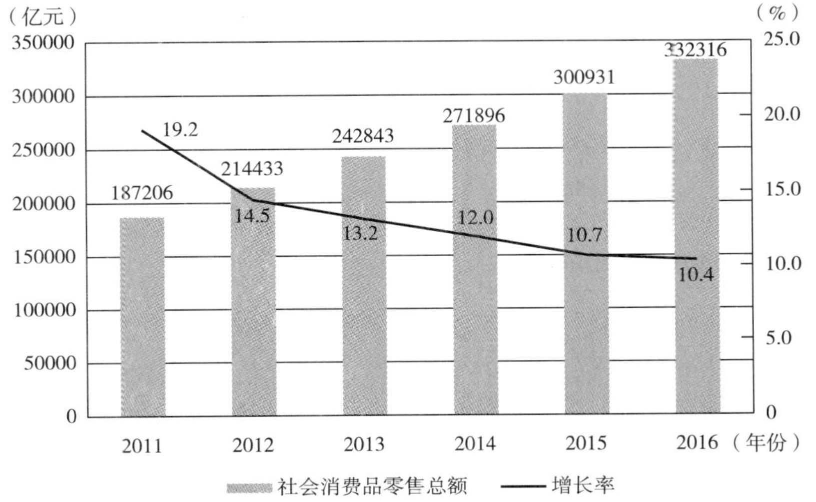

图 3-8 2011～2016 年中国社会消费品零售总额和增长率

资料来源：国家统计局，长城证券研究所。

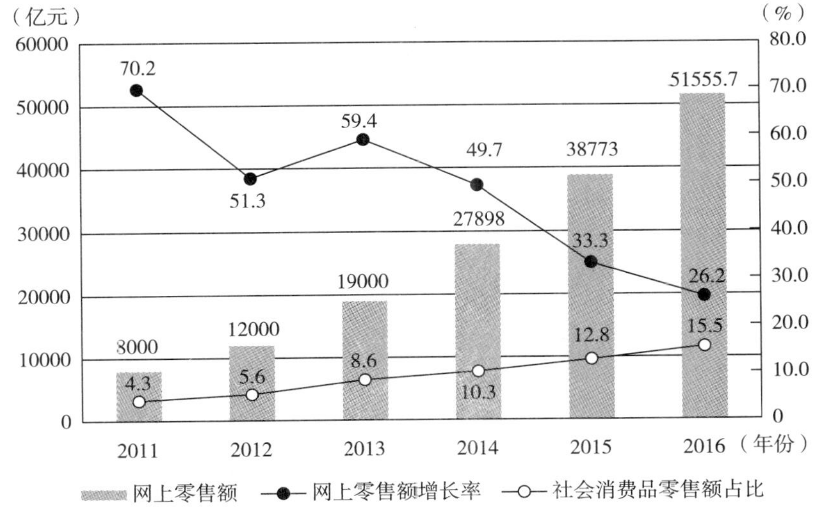

图 3-9 2011～2016 年中国电商市场增长趋势

资料来源：国家统计局，长城证券研究所。

下销售闭环等。在众多新零售形式中，生鲜超市或将继续保持其领先地位迅速发展，但同时也会涌现大量诸如开放货架、自动贩卖机、无人便利店等主打“无人零售”的新兴零售体。目前，已有众多行业巨头察觉到其市场前景，纷纷布局这一模式，如2017年9月，饿了么推出一点便利，抢占开放货架；2017年11月，京东旗下的京东到家Go也采取这一形式，入局市场。与此同时，无人零售模式的低成本、高融资、高创新和快回收特性，将会吸引更多初创企业涌入这一市场，无人零售的风口将继续蔓延。

（三）区块链（2018年）

区块链是一种新兴的分布式技术模式，按照时间顺序将数据信息组合为链式结构，利用密码学原理控制数据传输与访问，利用智能合约进行数据操作与处理，具有开放性、去中心化和不可篡改等特点。

1. 发轫于数字货币，逐渐获得各方认可

2009年，比特币正式发行，利用区块链技术，打破了传统意义上必须由第三方机构介入的虚拟交易模式。2010年2月，首个比特币交易所诞生，并随之在佛罗里达州产生了第一次真实消费，比特币开始正式进入市场环节。区块链技术迅速得到了业界的广泛认可，此后出现的各种类型比特币数字货币都无一例外地运用了区块链技术。2014年7月24日，知名开源社区以太坊（Ethereum）对以太币（ETH）进行预售，被称为“比特币2.0”；2016年10月28日，Zcash电子货币公司基于比特币的0.11.2版代码创造出的Zcash正式上线。基于区块链技术的数字货币在几年间迅速发展，获得了各国政府及相关机构的认可。2016年1月20日，中国人民银行数字货币研讨会肯定了数字货币的价值，并表示要对其进行进一步探索。

2. 人才、资本涌入市场，创业热潮初显

LinkedIn公开数据显示，2016~2017年，全球范围内对区块链人才的需求量经历了爆发式增长，供不应求、高额工资吸引了大量技术人员涌入，为未来区块链的发展提供了充足动力。风险投资市场也快速对这一潜在的创业发力点做出反应。以IDG资本、真格基金领头的众多传统风投机构，开始纷纷试水区块链投资。此外，诞生了大量专注于区块链的投资基金，如科银资本、BlockVC Fund。投资市场的百花齐放为区块链初创企业的诞生和发展提供了肥沃的土壤。海外机构Crunchbase News的报告显示，截至2018年2月，采用区块链技术的初创企业的风投募集金额已经达到2017年总额的40%以上。在中国，自2017年起，以区块链技术为基础的初创企业不断浮出水面。2017年8月30日，迅雷基于区块链和共享计算，推出网络附属存储智能硬件“玩客云”；同年11月28日，以太坊结合区块链技术，推出虚拟宠物应用“以太猫”；2018 年，百度、360、小米也纷纷推出虚拟宠物应用，以响应区块链潮流。

3. 快速试错，更新迭代，多领域应用趋势显著

2018 年初，真格天使投资基金创始人徐小平关于拥抱区块链的微信内容在网络疯传，再次引发区块链讨论热潮，热度的持续上涨对区块链的迅速发展起到了积极的促进作用。区块链在经历过小众实验、联盟推进、市场酝酿阶段之后，也将进入产业落地阶段，在人才和资本的支持下快速试错，更新迭代。目前，在国内已有的区块链创业项目中，大多还停留在利用虚拟挖矿进行用户激励的阶段，而单纯的数字货币不仅易受到更多监管，也使商业模式缺乏现实意义和发展前景。此外，还有部分初创项目在探索区块链技术与其他行业领域融合的可能性，如德勤公司利用区块链 + 金融，打造 Rubix 平台助力审计。就理论角度而言，区块链可作为一种技术支持，与金融、公共服务、供应链等各领域实现紧密结合，从而催生更多新型商业模式，这种更具现实意义的多领域应用将会使区块链具有更多现实意义，是未来发展的趋势。

（四）云计算（2018 年）

云计算是一种基于网络的计算方式，用户可通过 PC 端、移动端等多种途径进入资源池，按需享受其提供的可扩展且多为虚拟化的资源服务。

1. 云计算时代拉开序幕，技术基础拉动行业发展

2006 年是云计算的诞生年，3 月，亚马逊推出弹性计算云服务；同年 8 月，谷歌首席执行官埃里克·施密特（Eric Schmidt）首次提出“云计算”一词，标志着云计算时代的真正开启。在随后的发展中，云计算基础条件的逐步匹配，为这一行业的发展提供了巨大动力。进入网络时代，基础数据量不断攀升，为云计算的数据收集、分析与利用提供了资源基础。而芯片技术、虚拟化技术、二代互联网的诞生、超文本标记语言的多次修订以及人工智能技术的应用，也为云计算的发展提供了技术基础，推动了云计算在底层架构、中间层以及前端应用部分的技术提升，从而催生了云计算在市场中的迅速发展。金准人工智能的数据显示，云计算的市场规模呈持续增长状态，2010～2016 年，仅全球公有云的市场规模就增加了 1409 亿美元，年复合增长率为 20.51%。在行业支出方面，2013～2017 年的年均复合增速高达 23.5%，到 2017 年已突破 1072 亿美元。

2. 巨头纷纷涌入云计算，马太效应显著

伴随着云计算的趋势化发展，众多巨头纷纷融入这一市场。一类源于互联网

相关行业大型企业的转型，比如在文档处理领域独占鳌头的微软、在媒体设计部分表现亮眼的 Adobe、致力于 ERP 研发的思爱普等，都纷纷基于其原有业务或扩展新的业务领域，进入云计算市场；另一类是完全依托云计算发展起来的企业，比如专业提供客户关系管理服务的 Salesforce，以及提供人力资源管理云服务的 Workday 等。在众多巨头与大量初创企业并存的市场中，由于云计算的技术属性，马太效应开始显著，金准人工智能的数据显示，行业中 24 家超大规模运营商，2016 年已在全球云服务市场占据 68% 的份额。在国内市场中，阿里云可谓独占鳌头。权威研究机构 IDC 发布的调研数据显示，2017 年上半年，阿里云市场份额已高达 47.6%，几乎占据了近一半市场份额；腾讯云借助腾讯强大的技术支持和用户基础，占据 9.6% 的市场份额，位列第二；金山云排名第三，占据 6.5% 的市场份额（见图 3－10）。

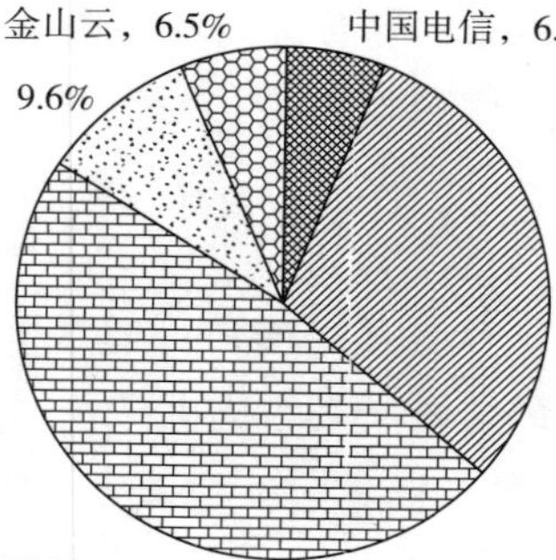

图 3－10　国内云计算平台市场份额分布

资料来源：2017 年上半年中国公共云 IaaS 市场份额调研结果［R］. 深圳：IDC，前瞻产业研究院，2017.

3. 云计算趋势难挡，行业将迎整合潮流

随着数字经济的到来，云服务将不仅仅是企业运营管理的基础工具，还将提供直接面向用户的服务应用，用户范围将实现质的突破。与此同时，国家积极采取措施支持行业发展，2017 年 4 月 10 日，工业和信息化部联合发布《云计算发展三年行动计划（2017－2019 年）》①，提出中国云计算产业在三年内的量化发展计划，到 2019 年实现云计算产业规模达到 4300 亿元。市场、政策的双重驱动，

① 云计算发展三年行动计划（2017－2019 年）［R］. 北京：工业和信息化部，2017.

将积极推进云计算创业企业的资本市场融资活动，云计算趋势难以抵挡。消费者需求也随着云计算的发展而日渐升级，众多云计算服务商开始在技术支持下，开拓更为宽广的业务领域，行业从垂直步入整合。比如亚马逊在原有云服务基础上，结合物联网、人工智能、虚拟现实技术等一系列技术应用，提供移动服务、游戏开发等功能。

（五）人工智能（2018年）

人工智能（Artificial Intelligence）是一门系统性综合学科，在数据、算法和硬件设施的支撑下，通过研究、模拟和学习人的智能理论方法，利用可学习计算程序，使智能机器具备类似人类的思维方式，完成自主学习、选择与决策等行为，包括自然语言处理、计划调度、专家系统、多智能体系统、进化计算、机器学习、计算机视觉、知识表达等多个研究领域。

1. 三次浪潮更迭，经济效用渐显

1956年，在达特茅斯会议上，人工智能这一概念被首次创造出来。在随后的几十年发展过程中，人工智能共经历了三次大的浪潮，在爆发和低估中日渐成熟。首次浪潮始于20世纪50年代，随着机器人和智能软硬件的出现，人工智能进入机器翻译时代。这一阶段，人工智能多以符号主义、机器证明、逻辑推理为主，如1961年，通用汽车公司发明首个通用智能机械手。1980年，Lisp机器的商业化标志着第二次浪潮席卷而来，人工智能开始将知识经验用于模型构建，以先前的知识积累指导现实行为，其典型代表是专家系统的出现与发展。2006年起，Google的AlphaGo战胜韩国棋手李世石，再次让AI热潮席卷全球。在这一阶段，数据基础、算法技术以及计算力条件已初步具备，物联网、大数据、云计算等多项技术也为人工智能提供了技术基础，这一行业开始进入商业化发展阶段，经济效用逐渐显露。根据中国人工智能学会与罗兰贝格联合发布的《中国人工智能创新应用白皮书》[①] 数据分析，预计到2030年，人工智能将在中国产生10万亿元的产业带动效益。

2. 国家政策推动，行业实现迅速发展

2015年，国家围绕制造领域的人工智能应用提出了众多政策支持：5月20日，《中国制造2025》将智能制造定位为中国制造的主攻方向，鼓励发展人工智能的新兴产业；7月5日，《“互联网”行动指导意见》将人工智能定为重点发展

① 中国人工智能创新应用白皮书［R］. 北京：中国人工智能学会，罗兰贝格，2017.

领域，提出以工业数据和应用技术为支撑，促进制造业智能化转型，构建智能制造产业生态的发展建议，依托互联网平台实现产品创新、服务创新和产业创新；2017 年 3 月，人工智能首次被写入政府工作报告，开始上升至国家战略层次；同年 7 月和 12 月，国家相继发布《新一代人工智能发展规划》和《促进新一代人工智能产业发展三年行动计划（2018—2020）》，对人工智能的行业发展方向及目标提出了量化指标。国家政策的逐步推进为人工智能的发展带来了巨大红利，市场投资力度加大。据不完全统计，2017 年，中国人工智能投资案例超过 150 起，融资总额近 1000 亿元。资本市场的迅速关注，将进一步推动市场的繁荣。

3. 数字化时代，“AI + 行业”将成创业常态

随着人工智能的日渐普及，人工智能与金融、汽车、医疗、零售等传统行业的结合将更为紧密，带来更多经济价值。根据《中国人工智能创新应用白皮书》的预测分析，到 2030 年，人工智能将为金融行业带来 6000 亿元的降本增益价值，为汽车行业带来 5000 亿元的增益价值，为医疗行业带来 4000 亿元的降本价值，为零售行业带来 4200 亿元的降本与增益价值。人工智能在不断的技术发展和行业成熟中，会不断进军与人类生活密切相关的行业领域，满足人类对智能化的强烈需求，成为创业常态。除了目前火热的金融、汽车、医疗和零售领域，还将进入能源、娱乐、旅游、制造、通信等领域。

（六）生物科技（2018 年）

生物科技是生命科学和生物技术的统称，是指基于现代生命科学及其他相关科学，利用特定技术手段，对动植物、微生物等生物原料进行加工，从而产生满足社会需求的改良物种或创新物种，涵盖医疗、农业、军事、工业、环境等多个领域。

1. 技术突破，各领域内悄然发展

进入 21 世纪以来，生物科技领域的基础研究以及技术应用发展迅猛。据研究学者统计，21 世纪，全球生物科技的研发支出增加近 1 倍，生命科学论文量增长超 30%，生物技术专利的增长量也超过 70%。在诸如“国家转基因植物研究与产业化专项”“国家中长期科学和技术发展规划”等政策的带动下，在生物学、农业科学等相关学科领域，建立了大批科研机构，在国际上享有盛誉。科研成果和技术专利的不断突破，催生了领域内众多企业的诞生以及资本市场的活跃。

2. 资本加持，生物医疗领跑发展

生物科技的众多研究成果与医疗领域密切相关，能够通过制药销售、免疫治疗等途径实现商业化转变，成为了众多资本投资的宠儿，领跑整个生物科技产业

的发展。清科研究中心的数据显示，早在2016年，在中国医药行业领域的股权投资市场共发生投资案例219起，其中生物制药投资案例有64起，占比高达29.2%，投资金额共计47.21亿元，占比达20.3%，在投资数量及投资金额上位列第一。在国内的资本市场中，众多专注生物科技领域的投资机构，如礼来亚洲、高特佳等，以及实力雄厚的综合领域的投资机构，如腾讯、斯道资本、君联资本、国投创新等，为生物医疗产业发展注入了大量资金支持。在最新公布的2018年中国独角兽100强名单中，生物科技医疗健康行业企业表现不俗，如药明康德估值高达570亿元，复宏汉霖估值31.8亿美元，信达生物和碳云智能的估值均为10亿美元，顺利跻身于独角兽行列。

3. 政策助力，生物科技前景广阔

早在2014年，国家就采取了若干措施支持生物科技产业的发展，在全国科技工作会议中指出的2014年主要推进的10大重点任务中，就包含生物制药这一创新工程。此外，李克强总理也在国家科学技术奖励大会上明确了国家对于生物科技领域的支持。2016年12月19日，国务院在《“十三五”国家战略性新兴产业发展规划》中提出，到2020年，生物产业规模达到8万亿~10万亿元，形成一批具有较强国际竞争力的新型生物技术企业和生物经济集群。政策的支持为生物科技产业的资金注入、市场发展提供了坚实的基础。在2018年初召开的证监会系统工作会议中，更是明确指出要“加大对新技术新产业新业态新模式的支持力度”，将对生物科技在内的四大新型行业开通快速IPO通道，实现即报即审。这一政策红利，将会进一步引发整个资本市场对生物科技行业的关注，间接促进生物科技实现多方位的快速发展。

（七）高端制造（2018年）

高端制造是指随着高新技术发展而逐渐兴起的制造业高端领域，通常位于产业链的核心位置，利用现代传感、移动网络、人工智能等高精尖技术的多领域集成应用，不断提升产品附加值，实现技术装备的智能化制造。

1. 行业呈现低迷态势，国家层次积极采取措施

进入2015年，宏观经济的不景气，导致整个高端装备制造业呈现低迷态势。国家信息中心中经网出版的《2016年高端装备行业发展报告》① 显示，自2015年上半年起，通用设备制造业与专用设备制造业的增加值增长率一直处于较低水

① 2016年高端装备行业发展报告［R］．北京：国家信息中心，2016.

平，行业难以维持持续增长。面对行业的发展不足，国家积极从政策、国际合作等角度加大对高端制造行业的支持，《中国制造 2025》提出到 2025 年，要实现自主知识产权高端装备市场占有率的大幅提升，从政策角度为高端制造的发展提出量化目标，随后相继以意见、纲要等形式在旅游装备制造业、石墨烯产业、机械工业、机器人产业等领域提出指导建议。2016 年，我国在政府工作报告中多次提及新旧动能转换问题，指出这一趋势的必要性与重要性。与此同时，国家加强了与其他国家的商业合作，在轨道及交通装备的高端制造领域，我国相继拿下泰国、美国和印度尼西亚的轨道交通项目，高铁技术真正实现了全方位的“走出去”，在国际市场中的地位不断攀升；在卫星应用领域，我国北斗卫星导航系统技术将进一步输入伊朗等合作国家，伴随着国际合作的逐步增多，北斗系统将成为我国高端制造的又一典型代表。

2. 数控机床与机器人，双主线引领发展

在高端制造的众多细分领域中，高档数控机床由于其巨大的市场需求，吸引了广泛关注，在国家政策和行业发展带动下，实现了较快增长。弗若斯特沙利文的数据显示，2016 年，中国数控高精密机床的销售比例为 24%，与 2011 年的 19.4% 相比，已有较大提升。但与此同时，日本、德国、美国的比率均超过 50%，我国数控机床仍有较大的发展空间。此外，伴随着人口红利的消失以及传统产业升级的契机，工业机器人作为高端制造的重要组成部分、企业转型升级的主要手段，在需求和政策带动下，也实现了快速发展。中国行业研究报告网公开的数据显示，2017 年前 8 个月的产量已超过 80 万套。IFR 数据显示，2017 年，全球机器人规模已达 232 亿元，预计到 2020 年，我国机器人的市场规模将高达 58.9 亿美元。

3. 科技政策双重利好，高端制造已成创业风口

未来 5G 的全方位布局将为移动互联、云计算、大数据、人工智能等技术提供新的发展契机，高端制造也将迎来更为广阔的市场空间。与此同时，国家有关部门积极采取措施为高端制造提供发展契机。2017 年 12 月 7 日，国家工信部公开发布《中国智能制造“十三五”规划》，在《中国制造 2025》的基础上，确定了中国智能制造业在各节点发展的具体目标和方向。2018 年 2 月 28 日，证监会发行部表示，对包含高端制造在内的四大行业中的独角兽公司 IPO 实行即报即审，并放宽其盈利要求。在技术和政策的双重支持下，高端制造将迎来新一波资本热度，逐渐成为投资主线。将会有更多创业者在这一时机下，积极涌入高端制造领域，行业已然成为创业风口。

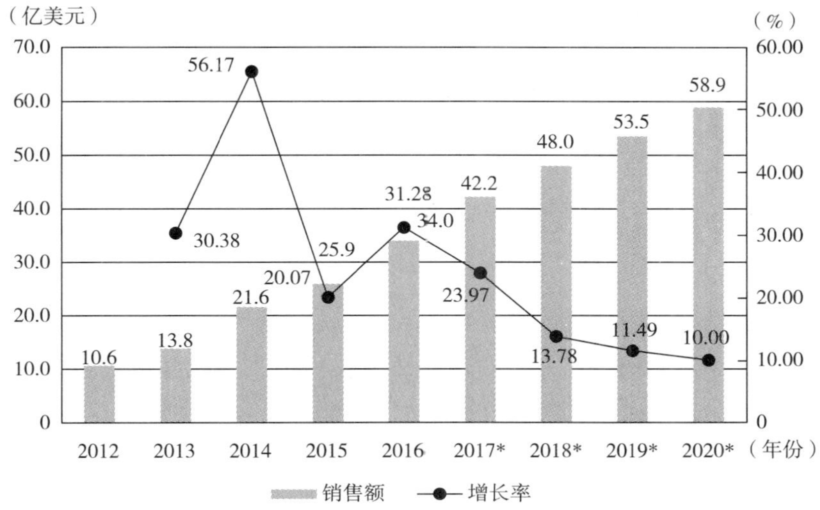

图 3－11　2012～2020 年我国工业机器人销售额及增长率

资料来源：2017 中国机器人产业发展报告［R］. 北京：IFR，2017.

四、创业风口的演变规律

（一）社会需求结构变化，技术开发助力行业升级

在 2018 年 5 月举行的东北投融资峰会上，蓝焱资本创始人、董事长王牧提到社会需求才是真实的投资风口。① 近年来，创业风口按社会需求变迁的发展规律如表 3－2 所示。

表 3－2　按照社会需求发展演变的创业风口

生活消费	社交内容	行业升级
门户网站（1998 年）	社交平台（2005 年）	AR/VR（2017 年）
团购（2010 年）	在线教育（2015 年）	新零售（2017 年）

① 王牧. VC 的社会责任与投资策略［R］. 北京：蓝焱资本，2018.

续表

生活消费	社交内容	行业升级
互联网金融（2013 年）	知识付费（2016 年）	区块链（2018 年）
O2O（2014 年）	网络直播（2016 年）	云计算（2018 年）
共享经济（2014 年）		人工智能（2018 年）
		生物科技（2018 年）
		高端制造（2018 年）

（1）数字化发展初期，互联网社会普及程度不足，创业活动最早从与人们生活密切相关的生活消费领域展开。网络为信息的快速集成提供了技术基础，出于人们对生活信息的了解需求，综合类门户网站应运而生，并在随后的发展中，逐渐向垂直化、多元化发展，涵盖诸如通信、媒体、娱乐等方面，为之后的网络消费奠定了心理基础；而人们对日常生活的硬性需求，则催生了团购这一新的创业风口，人们在低价诱惑下，经由线上平台引流实现集聚效应；线上消费的火爆引发了对互联网金融的需求，众筹、P2P 网贷、第三方支付等形式多样的互联网金融平台如雨后春笋般迅速涌出；随着消费观念的转变和互联网金融的发展，越来越多的消费者开始接受甚至偏好线上消费，O2O 和共享经济开始在数字化领域崛起。

（2）基础设施完善、消费观念升级背景下，消费者开始追求社交需求的满足。最先涌现的创业风口是社交平台，用户可以借助互联平台实现基于地理位置、趣缘关系以及已有人际关系的互动交流；社交互动需求获得基本满足后，人们转而追求内容需求的满足，以网络为基础、以内容为介质的在线教育涌现，并借“互联网 +”与教育深化改革的东风迅速成为新的创业风口；在线教育的普及带动了人们对知识内容的渴求，知识付费应运而生，认知盈余者将自身的知识积累通过知识付费平台实现多向传播，以此引发交易活动，并逐渐培养起消费者的知识付费意识；硬性知识需求得到基本满足后，消费者开始关注娱乐软需求，以秀场和游戏为代表的网络直播异军突起，并在后期逐渐向知识答题和优质内容过渡。

（3）在消费者个人需求不断得到满足的前提下，行业开始出现升级需求。一系列高精尖技术加持，涌现大量创业风口。先是 AR/VR 技术的发展，带动了医疗、零售、家装和游戏等行业的可视化升级；后有新零售重塑传统零售业态，转为以消费者体验为中心，以互联网和现代物流为技术依托，为零售行业赋予新的可能；区块链则通过技术实现了新的数据访问与控制方式，实现了去中心与不可篡改，为金融行业与社交行业提供了新的创业思路；云计算和人工智能作为基础技术，其普及应用使企业通过共享计算资源和智能化处理实现迅速发展，带动行业升级；而生物科技和高端制造则是在行业升级的趋势背景下，依托技术涌现的新兴行业，对医疗、农业、军事、工业、环境以及制造行业产生了重大影响。

（二）区域行业分化显著，巨头领跑凸显马太效应

从横向维度出发，创业风口在区域上和行业中的显著分化始终存在。一方面，一方水土养一方人，不同的创业土壤造就了千差万别的创业活动；另一方面，近年来数字化创业的飞速发展，更是使马太效应日益凸显，行业分化日益严重。

（1）就区域视角而言，分化主要表现在整体和行业两方面。一是区域整体创业差异。《2016 中国创新创业报告（简版）》[①] 数据显示，“互联网 + 创新创业”排名前十的省和直辖市，其活动总量就已经占据全国的 3/4。北京始终独占鳌头，其新三板挂牌企业数量为 1175 家，是第二名的深圳和第三名的上海之和。就融资而言，华北地区和华东地区占据全国创业融资额度的 81%，而东北却几乎“裸奔”。由此可见，不同城市或不同区域之间的创业整体情况存在着较大差异。二是区域行业分布差异。不同区域的创业环境差异，使区域的强势创业行业千差万别。如北京基于其得天独厚的历史积淀和后期发展的现代资源，主要围绕教育培训、影视娱乐以及旅游出行等领域展开创业活动；而上海历来被视为“金融中心”，在金融创业领域实力雄厚；深圳作为腾飞新城和娱乐之都，则主要聚焦于 O2O 和金融领域；杭州得益于阿里巴巴的辐射带动作用，成为电商创业的孵化热土。

（2）就行业视角而言，其分化主要表现在不同行业与同一行业两个层次。一是不同行业间此起彼伏，强弱分化明显。风口的更迭，本质上就是一处“只见新人笑，哪闻旧人哭”的戏剧，数字化创业的瞬息万变，既为创业者带来了机会，也为其埋下了隐患。就如曾风靡一时的 TMT 行业，根据鲸准研究院发布的《2017 中国创投年度白皮书》[②]，其在 2017 年的成立数量不足万家，同比下降 64.2%，曾经的辉煌风口迅速湮灭，转而被生活消费、科技创业等行业代替。二

---

① 2016 中国创新创业报告（简版）[R]．北京：优客工场，2016.

② 2017 中国创投年度白皮书 [R]．北京：鲸准研究院，2017.

是同一行业中巨头领跑，马太效应显著。数字化创业时代，获得流量就意味着成功了一半，而互联网流量的关键特性之一就是马太效应显著，流量一旦集聚，就会对分散流量产生有效吸引，从而进一步扩大顾客群体。在流量约等于利润的背景下，会有大量逐利资本涌入企业。以共享单车为例，2017 年，ofo 和摩拜就分别占据了这一领域融资总额的 39% 和 23%，资本的加持和口碑的积累，最终导致强者愈强。

（三）泛行业化趋势回归，竭力实现全链路生态化

随着需求的进一步深入，传统综合平台开始进行垂直化内容延伸，以时政新闻、文化娱乐、电子商务、社交媒体、社会服务为典型代表的垂直化门户网站迅速崛起。这不仅颠覆了门户网站的传统格局，也为此后的创业风口指明了垂直化、细分化的发展道路。垂直化创业风口主要表现为垂直细分领域的深度创业和泛行业概念下的垂直创业：前者以在线教育为典型代表，紧抓教育行业的用户痛点开展活动，尽管伴随着市场规模的稳步增长，也逐渐形成了多行业配合的类生态链格局，但其根本目的仍是为教育活动提供资源优势，本质还是单一行业内的创业行为；后者可以共享经济为例，其强调使用权的暂时转移，可涉及服务、销售、租赁等各行各业，但创业者通常仅针对单一行业进行创业选择，比如滴滴专注提供出行服务，而 P2P 网贷和众筹为主要形式的共享经济平台则仅仅围绕金融行业展开活动。

然而，随着数字化创业的不断深化，协同共赢成为了创业发展的主题。于创业企业而言，泛行业化成为了大势所趋。泛行业化的创业表现主要有原有风口的泛行业创业、泛行业的基础技术创业和泛行业平台创业。第一类表现以视频网站为例，就如阿里巴巴文化娱乐集团大优酷事业群总裁杨伟东所言，“未来碎片化或孤立的内容生产将会越来越吃力”，“大内容”时代的到来为视频平台提出全链路的发展要求，在原有基础上打造紧紧围绕内容展开的生产、发行、宣传和推广的生态，包括利用数据为内容赋能，渗透至多场景实现营销范围的大幅扩散等；近年来涌现的科技类创业风口多为第二种类型，如在 2016 年火爆上线的 VR/AR，作为基础技术为多种行业提供了创新元素，较为常见的行业有零售业、家装业、医疗业等，未来还将进一步应用至生产、教育、交通、建筑、军事、金融服务和公共事业等领域；第三类则以巨头企业为主导，借助互联网平台实现创业资源的延伸和汇聚，不再满足于原有的优势业务，涉足多领域进行生态布局，比如阿里同时布局多行业，在牢牢占据电子商务领域地位的同时，以持股微博的

形式进军社交领域，以持股滴滴的形式迈进出行领域等。

（四）概念炒作风头不再，务实科技创业将成主流

伴随着数字化创业风口的更迭，不少初创企业借助概念炒作搭上了风口的浪潮。比如在共享概念兴起之时，共享健身仓、共享手机、共享电视等大量标榜共享的创业活动层出不穷。但概念炒作由于过多关注概念套用而罔顾实际操作的弊端，也随着现实应用逐渐暴露出来。《第一财经日报》的报道显示，截至 2017 年 2 月 15 日，有 155 只个股跌幅过半，智慧医疗、智慧城市、移动支付、网络安全等 14 个概念下的个股跌幅较大。①

概念炒作热度渐消，技术加持下，务实科技创业缓缓登上历史舞台。创业者们难以再仅基于模糊不清的概念创造风口或是紧跟风口潮流，而是需要以坚实可靠的技术支撑来推动创业活动的产生。与此同时，传统工业的热潮逐渐退去，新旧动能转换和双引擎形成的契机为大数据、云计算、人工智能等科技创业提供了肥沃的发展土壤。鲸准研究院发布的《2017 中国创投年度白皮书》显示，在 2017 年与 2016 年各行业投资事件数量同比情况中，企业服务、社交、旅游、教育等行业均呈现大幅度负增长，仅有人工智能实现了 12% 的增长，这也意味着科技正在成为创业主流，而人工智能也因其基础性支持作用，走在了众多科技行业的前列。

务实科技创业主要表现为强调技术开发的底层技术革新和强调技术应用的商业模式革新：前者以大数据、云计算、人工智能、区块链为典型代表，将技术视为核心竞争力，开辟新的行业领域，为其他各类行业提供创业发展的可能性；后者典型代表为新零售，利用一系列新型技术为原有行业进行模式革新，技术成为改善模式的辅助工具，比如利用物联网实现无人零售、引入 VR/AR 提高客户体验等。当然，这两类表现并非完全独立，可以同时存在并能互相促进，比如基于大数据的零售应用，以及区块链的社交应用，技术手段既是其核心竞争力源泉，又未完全湮灭其模式的重要性。

---

① 创业板“去泡沫”继续 概念炒作逻辑临瓦解［R］. 上海：第一财经，2017.

第四章　创业独角兽

独角兽是存在于神话传说中的一种生物，其形状似额前长着一个螺旋角的白马，代表着高贵、神秘、纯洁和吉祥。而所谓“创业独角兽公司”的概念则是在2013年由美国著名投资人艾琳·李首次提出，指那些在私募和公开市场中估值超过10亿美元的创业公司。该概念一经提出，由于其词义的形象生动性得到了业界普遍的认可和快速的传播，并出现在《财富》和《华尔街日报》的研究报告中，用以指那些同时具备稀缺性、快速成长性、高潜在价值性等属性的创业企业。

本书采取科技部火炬中心和长城战略咨询在联合发布《中国独角兽企业发展报告》时所使用的定义：①在中国境内注册的，具有法人资格的企业；②成立时间不超过十年；③获得过私募投资，且尚未上市；④符合条件①②③且企业估值超过10亿美元称为创业独角兽企业；企业估值超过100亿美元的称为超级独角兽或者创业鲸鱼[①]。

本书将结合IT桔子在2015年12月发布的《2015年中国互联网独角兽俱乐部》[②]、艾瑞咨询在2015年9月发布的《2015中国独角兽企业调研报告》[③]、科技部火炬中心分别在2017年和2018年3月发布的《2016中国独角兽企业发展报告》和《2017中国独角兽企业发展报告》[④] 以及IT桔子在2016~2018年分别发布的《2015年中国互联网独角兽俱乐部》[⑥]、《2016年中国互联网独角兽俱乐部》[⑥] 和《2017年中国互联网独角兽俱乐部》[⑦] 等社会研究报告，从企业估值、

---

① 2016中国独角兽企业发展报告［R］. 北京：科技部火炬中心，2016.

②⑤ 2015年中国互联网独角兽俱乐部［R］. 北京：IT桔子，2015.

③ 2015中国独角兽企业调研报告［R］. 北京：艾瑞咨询，2015.

④ 2017中国独角兽企业发展报告［R］. 北京：科技部火炬中心，2017.

⑥ 2016年中国互联网独角兽俱乐部［R］. 北京：IT桔子，2016.

⑦ 2017年中国互联网独角兽俱乐部［R］. 北京：IT桔子，2017.

融资情况、股权状况、地域分布、行业分布、发展趋势以及可能面临的问题多个方面分析我国创业独角兽企业的具体情况。

一、估值情况

我国创业独角兽企业的估值情况如下：

（1）创业独角兽的估值呈现出“巨头引领，层级分布”的金字塔结构，马太效应显著。

首先，少数超高估值的超级独角兽占据金字塔顶端，其大多孵化或受益于BAT等互联网巨头平台。根据科技部火炬中心发布的《2017 中国独角兽企业发展报告》，蚂蚁金服以750亿美元的估值占据榜首，滴滴出行（560亿美元）和小米科技（460亿美元）分别位列第二、第三，三家超级独角兽的估值超过榜单总估值的1/4。此外，排名前十的超级独角兽（估值超过10亿美元）大多和腾讯、阿里等互联网巨头有关联，蚂蚁金服、阿里云和菜鸟网络属于阿里巴巴的拆分业务，滴滴、美团和陆金所则属于腾讯的战略布局阵营，即便是较为独立的小米也曾受益于马云参与发起的云峰基金。背靠大树好乘凉，多数超级独角兽都孵化或受益于BAT等互联网巨头平台，有利于获得集中的资源支持（见图4－1、图4－2）。

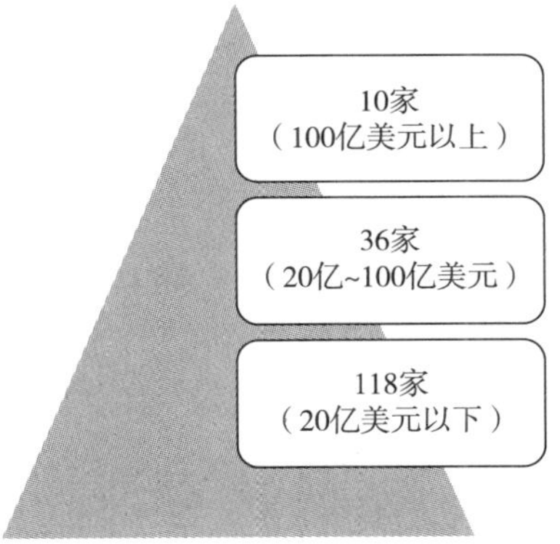

图4－1　创业独角兽估值分布

资料来源：2017 中国独角兽企业发展报告［R］. 北京：科技部火炬中心，2017.

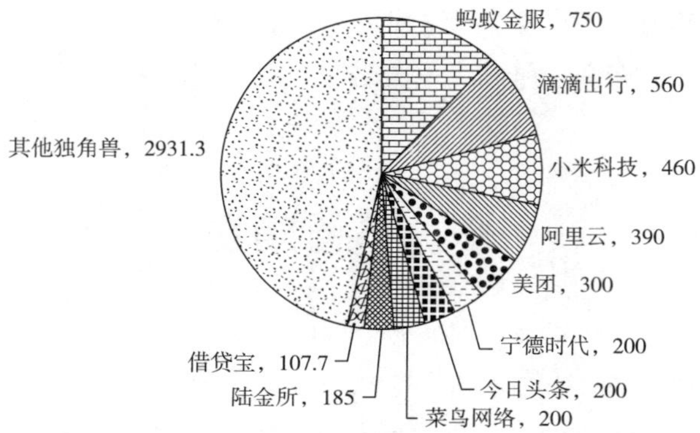

图4－2　2017年独角兽估值榜单（单位：亿美元）

资料来源：2017中国独角兽企业发展报告［R］．北京：科技部火炬中心，2017.

其次，位于中层结构的独角兽集中于电子商务、高端制造、信息技术和文化娱乐等行业。其中，技术创业特征越发突出，代表着下一步的创业风口转向。在科技部火炬中心的调查基础上进行调整总结可知，估值在20亿~100亿美元的中等规模的独角兽技术驱动特征明显，除了这几年风头正盛的电子商务，现有的独角兽大多集中在以新能源汽车研发制造为代表的高端制造业（威马汽车、蔚来汽车、柔宇科技等），以及以人工智能、大数据和云计算为代表的信息服务业（腾讯云、旷视科技等）（见图4－3）。特别值得一提的是，因成立时间超过10年而未入选2017年独角兽名单的大疆科技，自2006年白手起家以来，一直埋头技术研发，现已成为难能可贵的独立发展、领跑全球的无人机研发和制造企业。

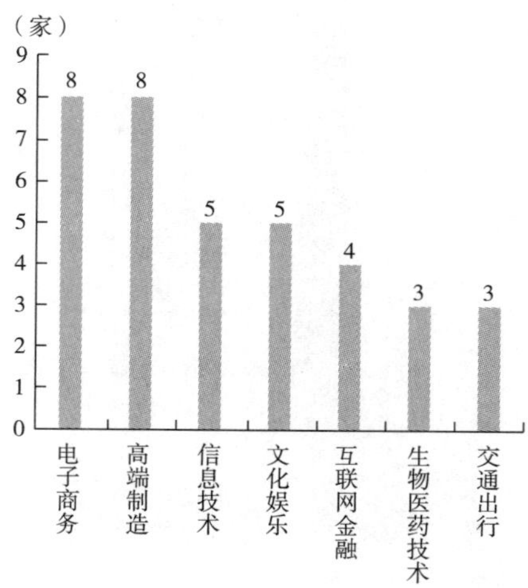

图4－3　中等估值独角兽行业分布

资料来源：2017中国独角兽企业发展报告［R］．北京：科技部火炬中心，2017.

最后，大多数企业位于10亿~20亿美元估值的结构底层，行业多元性明显，此类企业刚刚站稳脚跟，面临进一步的创新迭代和升级发展。根据科技部火炬中心的调查，我国的独角兽企业共分布于18个领域，行业多元性明显。电子商务、互联网金融、高端制造、文化娱乐和信息技术成为独角兽集中爆发领域，技术驱动型的高科技企业发展势头良好（见图4-4）。这些企业大多或者是由巨头拆分、收编而来，或者是在细分市场中搏杀出来的暂时领跑者，例如斗鱼直播、智车优行和face++等，它们或需要进一步与孵化生态融合，或需要抓住自己的利基市场寻求核心竞争力的突破，实现进一步的创新迭代和升级发展。

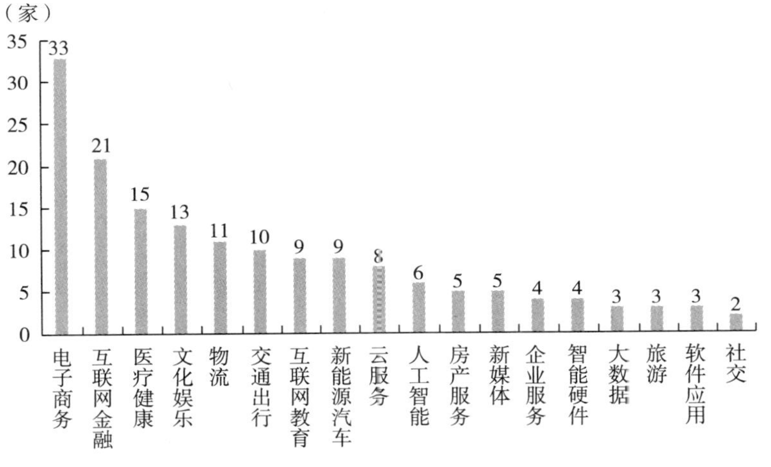

图4-4　创业独角兽总体细分行业分布

资料来源：2017中国独角兽企业发展报告［R］．北京：科技部火炬中心，2017.

（2）创业独角兽在不同行业的数量和估值呈现不对称的趋势。不同行业间估值差距巨大，资本偏好伴随风口转变而变。

首先，电子商务领域的独角兽数量最多，大多企业趁电商创业风口获得快速发展。根据艾瑞咨询发布的《2015中国独角兽企业调研报告》，电商独角兽在数量上占优；尽管近年来电子商务的创业热度有所下降，但是由于消费升级拓展市场、现金流充裕等原因行业红利尚存，即便在2017年电商独角兽企业占比仍然位居前列①。但是电商独角兽总体估值不佳，市场基本被巨头瓜分完毕，恐陷入

① 2017年中国互联网独角兽俱乐部［R］．北京：IT桔子，2017.

红海竞争，电商创业者需要向垂直细分的利基市场深入拓展，避免同质化竞争，并进一步释放市场红利（见图4－5、图4－6）。

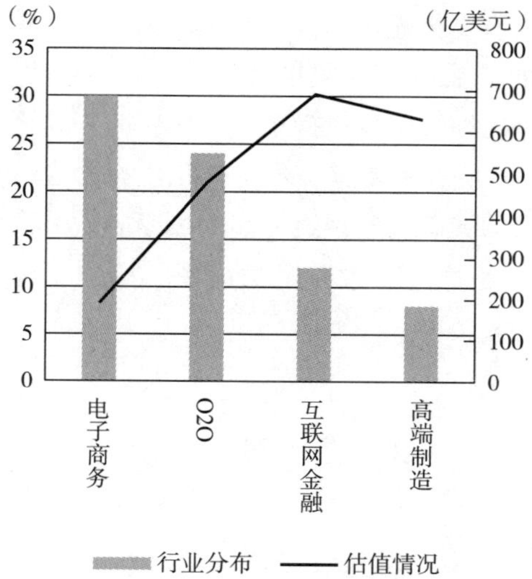

图4－5　不同行业独角兽分布与估值情况

资料来源：2015中国独角兽企业调研报告［R］．北京：艾瑞咨询，2015.

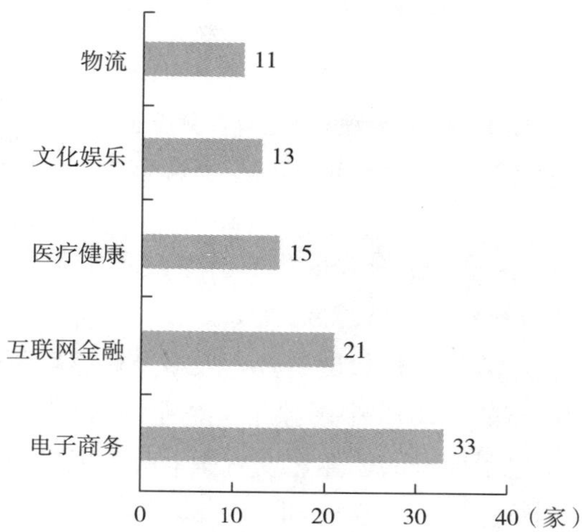

图4－6　独角兽数量分布前五大行业

资料来源：2017中国独角兽企业发展报告［R］．北京：科技部火炬中心，2017.

其次，互联网金融领域的独角兽估值最高，是近年较为热门的创业领域。伴随着我国数字化经济快速发展的巨大需求，以及我国金融政策的逐渐放宽，以P2P为代表的理财型金融产品层出不穷，离钱最近、生钱最快的互联网金融表现出极强的吸金能力。根据艾瑞咨询2015年的调查，互联网金融行业的估值是所有行业中最高的。IT桔子在2016年的调查也显示，互联网金融独角兽估值占全部独角兽的1/3左右（见图4－7）。但是随着经济下行和创业环境的制度化，疯狂发展的互联网金融创业随着借贷丑闻、P2P爆雷等负面新闻的发酵，目前已逐渐回归理性发展，不过合法化问题仍有待解决。

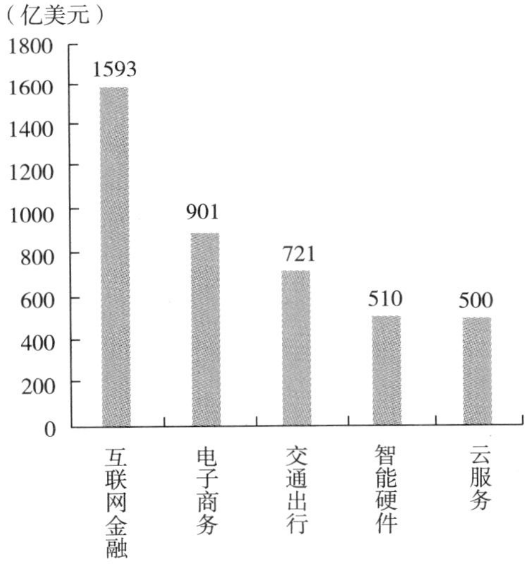

图4－7　独角兽估值分布前五大行业

资料来源：2017中国独角兽企业发展报告［R］．北京：科技部火炬中心，2017.

最后，高端制造和信息技术领域的独角兽数量较少，但是估值较高并且成长较为成熟稳健，技术创业应是下一个创业风口。在艾媒咨询2015年的调查中，高端制造业独角兽的估值仅次于互联网金融业。科技部火炬中心发布的《2017年中国独角兽企业发展报告》显示，以智能硬件制造、云服务、人工智能等高技术含量的高端行业发展势头良好。高端制造和信息服务行业符合未来的发展方向，也受到国家政策、资本市场和创业团队的多重看好，在未来，技术创业应是具备高价值溢出的稳健持续的创业风口（见图4－8）。

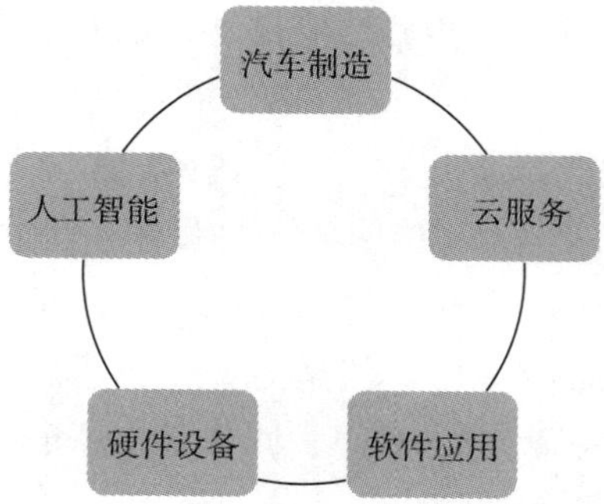

图 4 -8　独角兽较为集中的五大高科技创业领域

二、融资情况

我国创业独角兽企业的融资情况如下：

（1）独角兽企业由于其稀缺性、快速成长性、高潜在价值性等属性备受投资界的青睐。强者愈强的马太效应在独角兽企业的融资情况中也十分明显。

首先，独角兽企业仍然被资本市场普遍看好。数字经济背景下，创业风口不断更迭，在下一个风口仍不甚明朗时，资本倾向于流入未来收益可能性较高的独角兽企业。根据 IT 桔子近三年的调查，我国的独角兽融资额持续增长，从 2015 年到 2017 年短短的两年内几乎翻了一番，实现了较大幅度的提高，即便 2016 年遭遇资本寒冬增幅有所下跌，但总体情况依旧表现不俗（见图 4 -9）。

其次，独角兽俱乐部中也存在着马太效应。优质企业越发被资本看好，前 10% 的独角兽获得了超过 1/3 的融资。例如，蚂蚁金服持续获得高额融资，在 2017 年高达 45 亿美元；大多数独角兽的融资额集中在 1 亿 ~5 亿美元，2017 年独角兽企业的平均融资额为 3. 73 亿美元；但有一些处于快速成长期的独角兽由于未能在短期给投资者带来回报而受到了冷落（见图 4 -10）。从融资轮次和企业生命周期来看，除了背靠大树的“星二代”企业，C 轮融资和五年的成长期主要还是决定普通创业企业是否能进入独角兽俱乐部的一个关口。

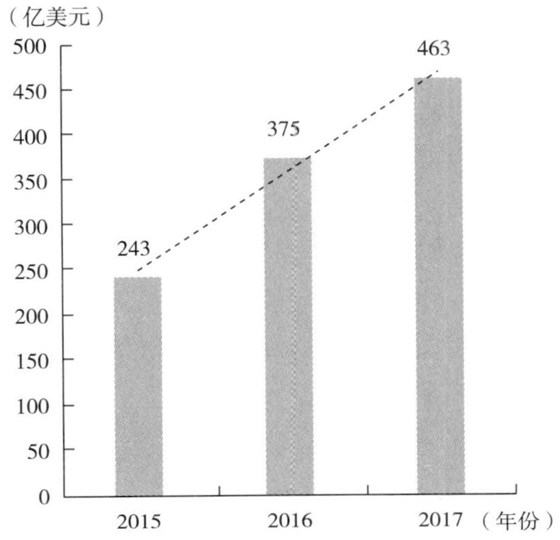

图 4－9　独角兽企业全年融资额

资料来源：2015 年中国互联网独角兽俱乐部［R］．北京：IT 桔子，2015；2016 年中国互联网独角兽俱乐部［R］．北京：IT 桔子，2016；2017 年中国互联网独角兽俱乐部［R］．北京：IT 桔子，2017.

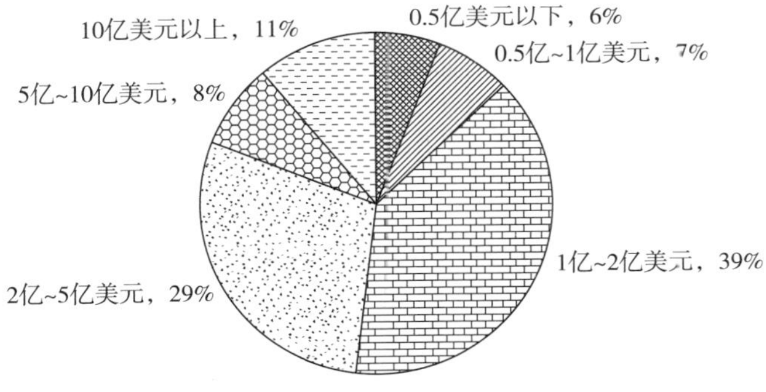

图 4－10　2017 年独角兽最新融资情况

资料来源：2017 年中国互联网独角兽俱乐部［R］．北京：IT 桔子，2017.

（2）从融资轮次来看，多数创业企业进入独角兽榜单后都获得了资本市场的持续关注，不过个体差异较大。同时，C 轮是大多数企业能否进入独角兽俱乐部行列的一个分水岭。

首先，多数创业企业进入独角兽榜单后都能持续获得下一轮融资，不过个体差异较大。创业企业成为独角兽后，获得资本市场的关注度显著提高，为持续融资创造了较好的条件。根据IT桔子的调查，近三年内大多数独角兽都获得了下一轮融资，平均融资额都在3亿美元以上。但是个体之间差异较大，大额融资还是集中在超级独角兽中。例如，2017年蚂蚁金服获得了45亿美元的融资，但是大地影院仅融到7000多万美元资金，并有1/4的独角兽未能获得持续融资，面临着较大的发展压力（见图4－11）。从成立时间来看，爱屋吉屋在仅仅成立不到一年时间内就完成了4轮融资并成功跻身独角兽俱乐部，而有的企业如大疆科技则是在成立近8年后才达到10亿美元的门槛。

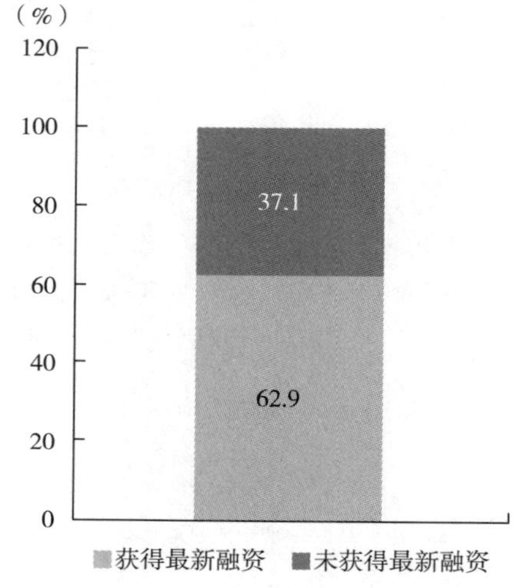

图4－11　2017年独角兽获得最新融资企业占比

资料来源：2017年中国互联网独角兽俱乐部［R］．北京：IT桔子，2017.

其次，C轮大致是多数企业能否进入独角兽俱乐部行列的一个分水岭，甚至在行业中存在“C轮死”的说法。艾瑞咨询《2015中国独角兽企业调研报告》的数据显示，将近一半的独角兽公司是C轮融资后估值才达到10亿美元的入榜门槛（见图4－12）。IT桔子在2015年的调查显示，较多独角兽的最新融资都在C轮左右（见图4－13）。企业能否跨过C轮融资在某种意义显示是否获得资本市场对未来持续发展的认可。IT桔子的追踪调查显示，在2016年，互联网巨头拆分业务导致大批独角兽在B轮即达到10亿美元门槛，不过获得C轮融资仍然是独角兽企业能否获得持续看好的重要参考信号。

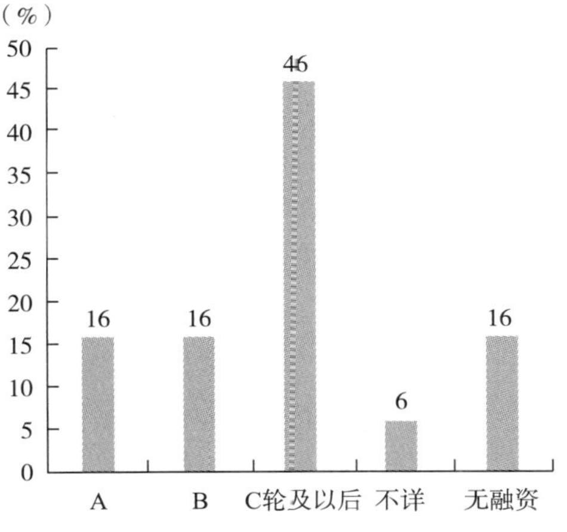

图 4－12　估值达到 10 亿美元时的融资轮次

资料来源：2015 中国独角兽企业调研报告［R］. 北京：艾瑞咨询，2015.

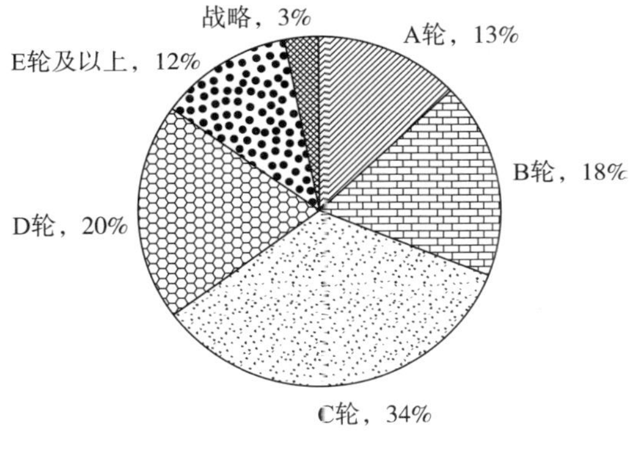

图 4－13　2015 年独角兽企业融资轮次分布

资料来源：2015 年中国互联网独角兽俱乐部［R］. 北京：IT 桔子，2015.

（3）资本回归理性，概念投资和风口造兽的模式渐受质疑，资本逐渐流向技术创业领域。

我国互联网企业的早期发展存在投资过热的问题。数字经济的快速发展和"双创"政策的有力推动加剧了资本市场的不理智行为，资本的逐利性和短视使投资行为更加偏好风口造兽的烧钱模式。狂热的投机行为带动了一大批创业企业和新晋独角兽，同时也产生了巨大的泡沫，伴随着 2016 年的资本寒冬，投资人更加务实，市场泡沫开始逐渐挤压。根据 IT 桔子的调查报告，独角兽企业获得持续融资的比例从 2015 年的 88% 持续下降到 2017 年的 63%（见图 4－14）。与此同时，根据鲸准研究院发布的《2017 中国创投年度白皮书》，TMT 创业公司的成立数量也在 2016 年之后开始下降。同时，报告显示，人工智能、文化教育以及汽车交通等领域投资热度持续上升，投资人回归理性，开始布局高价值溢出和更具备持续发展潜力的知识型和技术型创业企业（见图 4 – 15）。

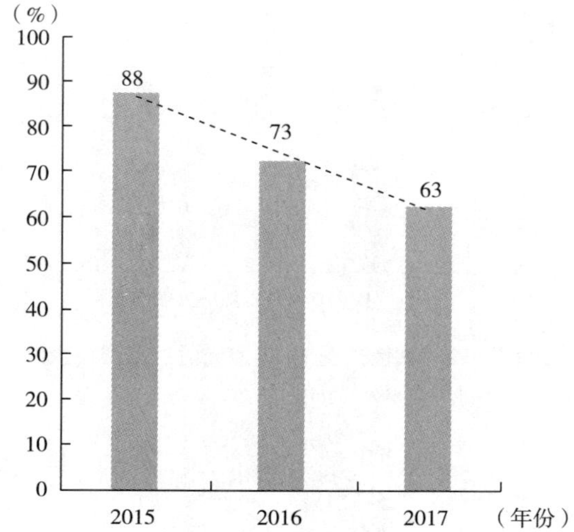

图 4 – 14　独角兽企业获得持续融资的比例

资料来源：2015 年中国互联网独角兽俱乐部［R］. 北京：IT 桔子，2015；2016 年中国互联网独角兽俱乐部［R］. 北京：IT 桔子，2016；2017 年中国互联网独角兽俱乐部［R］. 北京：IT 桔子，2017.

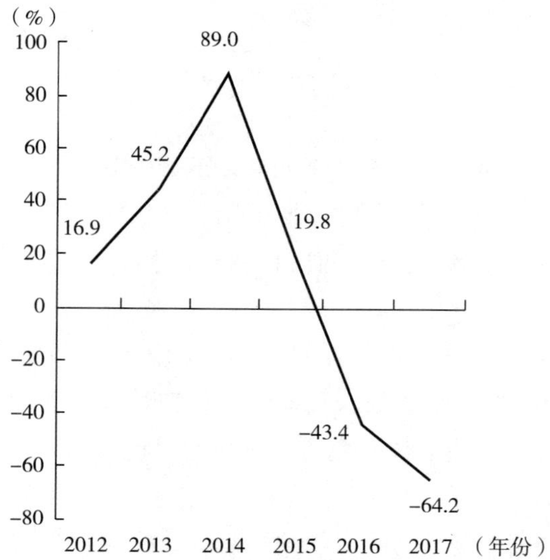

图 4 – 15　TMT 创业公司成立数增幅变化

资料来源：2017 中国创投年度白皮书［R］. 北京：鲸准研究院，2017.

（4）我国对独角兽企业融资的政策扶持力度大。

政府为支持引导“双创”战略，不断出台政策逐渐完善创投市场，鼓励股权投资基金的发展，为独角兽企业的快速发展提供了良好的政策环境。深圳和上海的证券交易所更是对独角兽企业上市开设绿色通道，简化办事流程，这表明了政府对独角兽企业的大力支持，将助力我国创业企业的快速发展。

三、股权关系

我国创业独角兽企业的股权关系如下：

（1）创业独角兽受行业巨头影响颇深，尤其是以 BAT 为代表的互联网巨头。

我国创业独角兽股权关系的最大特点，就是主动或被动地受到互联网巨头无孔不入的影响。互联网巨头通过拆分业务、直接或间接投资、收购等方式控制或参与了一大批独角兽。根据 IT 桔子 2017 年的调查，仅有 39.5% 的独角兽企业基本保持独立性，主要包括大疆科技、智车优行和触宝科技等对短期资本热钱依赖性较小的高科技企业。大多数独角兽都或多或少受到行业寡头的影响，其中 BAT 等互联网巨头更是收割了一半以上的独角兽。含着金钥匙出生的蚂蚁金服作为阿里巴巴的小微金融服务集团常年霸占独角兽榜首，目前旗下已有支付宝、余额宝、网商银行和蚂蚁花呗等多个明星产品。腾讯也积极通过业务拆分和直接投资布局新兴产业，例如由其拆分电影演出业务而来的微票儿在短短两年内估值已达 20 亿美元。独角兽企业一方面通过行业巨头的青睐为持续发展获取大量的资源和广阔的平台，但同时也以牺牲企业的独立性为代价（见图 4－16）。

（2）在金字塔上层的超级独角兽群体中，互联网巨头对独角兽的影响力尤为明显。

互联网巨头热衷于收割创业独角兽，尤其是估值较高的独角兽。IT 桔子 2015 年的数据显示，独角兽企业中有一半与 BAT 有直接或间接的股权关系；在估值前十的独角兽中有 70% 与 BAT 有关联，这一比例在 2017 年达到了 90%（见图 4－17）。占据榜单前三的蚂蚁金服、小米科技和滴滴出行背后均有 BAT 的功劳，暂且不论直接拆分于阿里巴巴的蚂蚁金服，即便是较为独立的小米科技，其股东之一的云峰基金也属于阿里和腾讯的布局产业。大树底下好乘凉，行业巨头或者政府机构的背书确实为创业企业带来了大量的资源和发展的机遇，但同时从长远的眼光看，资本的逐利性也可能对独角兽企业的长远发展产生不利影响。

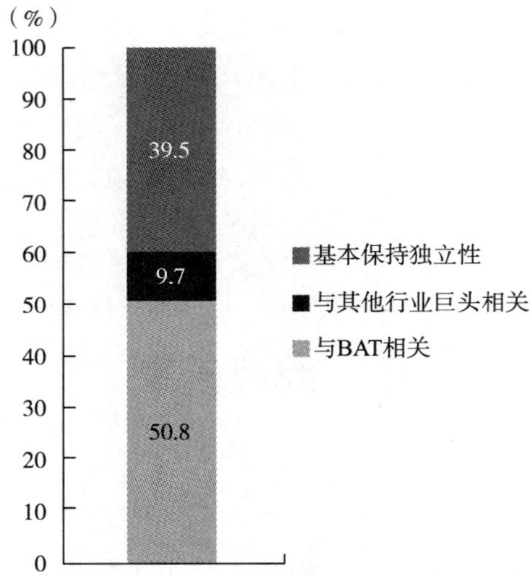

图 4－16　独角兽独立性情况

资料来源：2017 年中国互联网独角兽俱乐部［R］．北京：IT 桔子，2017.

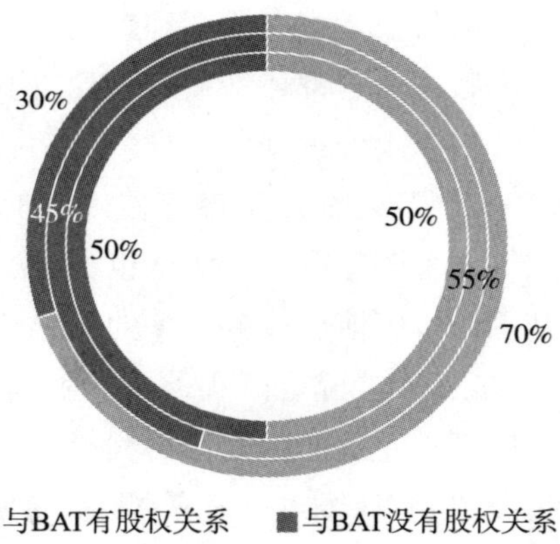

图 4－17　与 BAT 有股权关系的独角兽比例

资料来源：2015 年中国互联网独角兽俱乐部［R］．北京：IT 桔子，2015.

（3）除了互联网巨头对独角兽的资本收割，风险投资机构也在创业独角兽们的成长中发挥着重要的作用。

根据 IT 桔子于 2017 年发布的报告，以红杉资本、IDG 资本、启明创投和经纬中国为代表的风险投资公司旗下，各有为数不少的独角兽企业，且许多是在 A

轮或 B 轮融资时就大举进入，为创业企业的发展提供了机会（见图 4 - 18）。风投公司之间投资关系相互交叉、错综复杂，或海量布局或精准投资，为创业独角兽的崛起提供了不可或缺的资本力量。

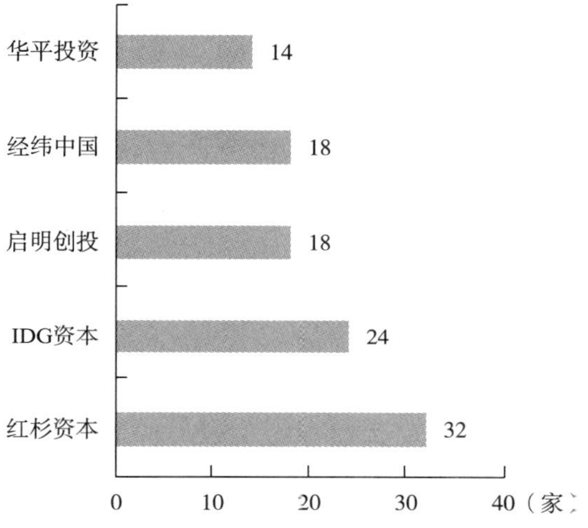

图 4 - 18 投资独角兽数量前五榜单

资料来源：2017 年中国互联网独角兽俱乐部［R］. 北京：IT 桔子，2017.

四、地区分布

我国创业独角兽的地区分布主要围绕以北京、上海为代表的一线城市和杭州等少数创新能力较强的二线城市。仅北京几乎就占据了创业独角兽的半壁江山，而京沪合计则在独角兽榜单中占到 2/3 以上的比例。杭州凭借互联网巨头阿里巴巴的创业生态圈，在数字化创业领域中也有自己的一席之地。深圳则依托于多年以来的技术积累，创业独角兽的技术特征较为明显。四地的创业企业几乎霸占了独角兽榜单，其余的少数独角兽企业则零星地分布在各省份中（见图 4 - 19）。

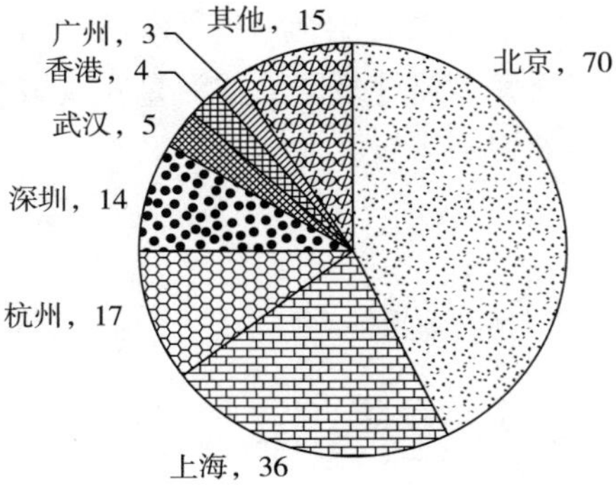

图 4－19 创业独角兽地区分布（单位：家）

资料来源：2017 中国独角兽企业发展报告［R］．北京：科技部火炬中心，2017.

（1）北京是我国创业独角兽最集中的聚居地，几乎占据半壁江山。

北京得益于创业政策的优惠、创业设施的完善、智力资源的充足以及数字经济的发展等优势，成为我国创业者和投资者最青睐的城市。IT 桔子的调查显示，2015～2017 年北京的创业独角兽比例均占到榜单的 40% 以上，连续三年位列第一。东方财富 Choice 在 2017 年发布的《2017 年中国独角兽企业全榜单透视》更是显示，无论是独角兽数量（70 家）还是估值（2764 亿美元），北京都独占鳌头（见图 4－20）。即便在雾霾肆虐、房价高涨、“逃离北上广”的呼声不绝于耳的大环境下，帝都的创业热情却似乎丝毫没有受影响，压倒性的资源积累和数字经济的先行优势使北京成为我国创业淘金的第一热土。

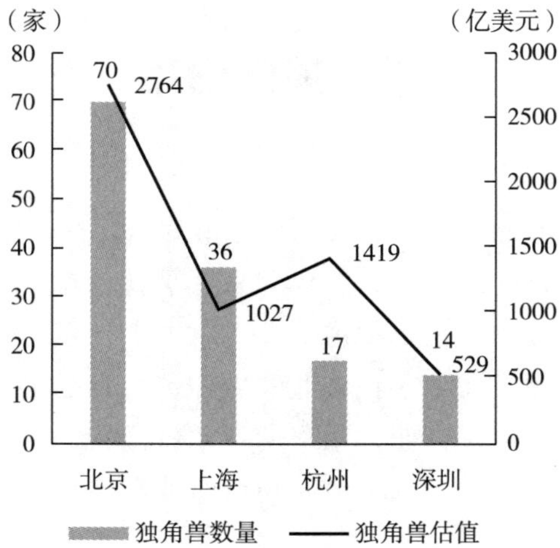

图 4－20 独角兽地区分布与估值情况

资料来源：2017 年中国独角兽企业全榜单透视［R］．北京：东方财富 Choice，2017.

北京目前的创业独角兽主要围绕电子商务、信息技术和高端制造、文化娱乐互联网金融和交通出行等领域展开（见图4－21）。首先，电子商务（百度外卖、惠民网等）目前仍具备行业红利，因此独角兽分布较多。其次，北京作为众多高校和科研机构所在地，智力资源丰富，特别是被誉为中国“硅谷”的中关村更是成为了独角兽企业生存和发展的重要孵化器，因此在信息服务和高端制造行业（小米科技、face＋＋等）的创业活动十分活跃。再次，北京作为首都和经济中心，市民文化娱乐消费的需求很高，文娱和生活出行领域（滴滴、美团等）也是创业企业快速发展的重要方向。最后，北京作为四大国行所在地，金融资源丰富，因此互联网金融创业（借贷宝、易鑫金融等）也如火如荼。在“大众创业、万众创新”的大背景下，北京得益于长久培养起来的创业生态环境，依托新的商业模式和高科技技术积累，在平台经济、共享经济和社群经济的深入发展中引领新的商业模式和创业风口。

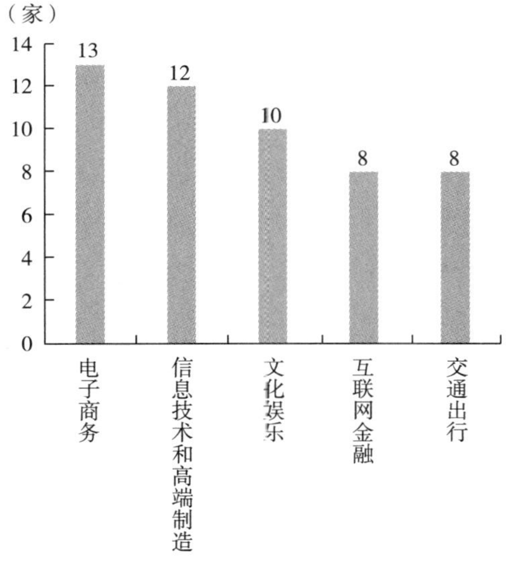

图4－21　北京独角兽行业分布（前五名）

资料来源：2016中国独角兽企业发展报告［R］．北京：科技部火炬中心，2016.

（2）上海是仅次于北京的独角兽企业诞生的集中地，创业纵深广阔。

上海凭借一线城市的资源优势、金融贸易中心的国际地位以及广阔的生活消费需求，在独角兽数量上是仅次于北京的集中诞生地。根据IT桔子的调查报告，上海 2015～2017 年的独角兽数量增加了近 1 倍，2017 年的独角兽数量约占榜单 1/4 的比例。东方财富 Choice 在 2017 年发布的《2017 年中国独角兽企业全榜单透视》显示，上海孵化了 36 家独角兽，仅次于北京（见图 4－22）。

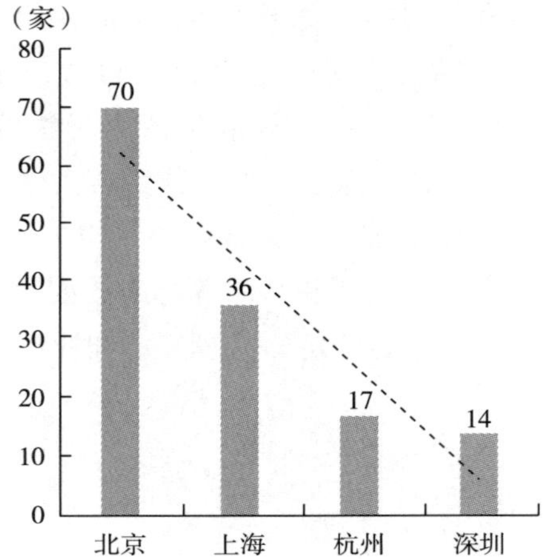

图 4－22　独角兽数量地区分布

资料来源：2017 年中国独角兽企业全榜单透视［R］．北京：东方财富 Choice，2017.

上海目前的创业独角兽主要围绕电子商务、互联网金融、生活消费、交通出行和医疗健康等领域展开（见图 4－23）。首先，电子商务行业市场红利尚存，加之上海经济发展水平较高，因此电子商务市场仍然广阔。市民需求多元化、个性化特征更加明显，许多独角兽企业都专注于垂直细分领域（找钢网、小红书、易果生鲜等）。其次，上海历来被视为“金融中心”，在金融创业领域实力雄厚（陆金所和众安保险）。最后，上海作为我国第一大都市和我国老龄化最为严重的城市，生活消费和医疗养老需求旺盛突出（爱屋吉屋、联影医疗、药明明码）。尽管没有互联网巨头打造的创业生态圈，但是上海着眼于消费升级和细分市场，抓紧打造全方位的互联网产业，正推动消费型互联网创业向产业型互联网创业转变。作为我国的金融中心和首个内陆自贸区，上海在数字经济时代的创新创业能力仍然和北京一样引领着全国的发展。

（3）杭州作为我国电子商务的发源地，独角兽企业的平台孵化型和生态布局型特征明显。

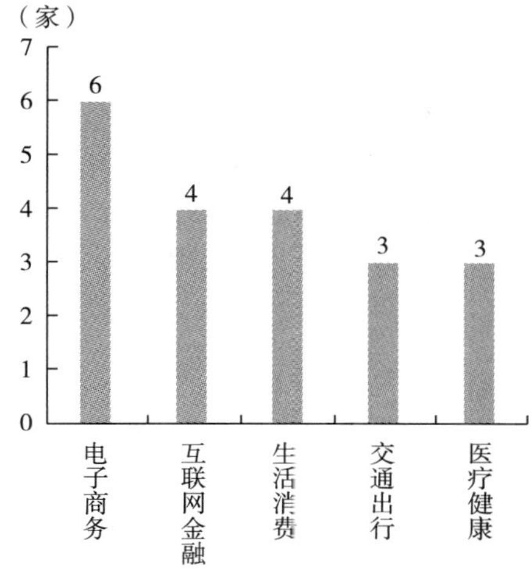

图 4－23 上海独角兽行业分布（前五名）

资料来源：2016 中国独角兽企业发展报告［R］. 北京：科技部火炬中心，2016.

杭州依托阿里系打造的商业生态圈，产生了一批优秀的创业独角兽。东方财富 Choice 在 2017 年发布的《2017 年中国独角兽企业全榜单透视》显示，诞生于杭州的创业独角兽估值高达 1419 亿美元，约占全国总估值的 1/4。孵化于阿里巴巴的蚂蚁金服更是以超高估值长期霸占独角兽榜单的榜首，在 2017 年已达 750 亿美元（见图 4－24）。

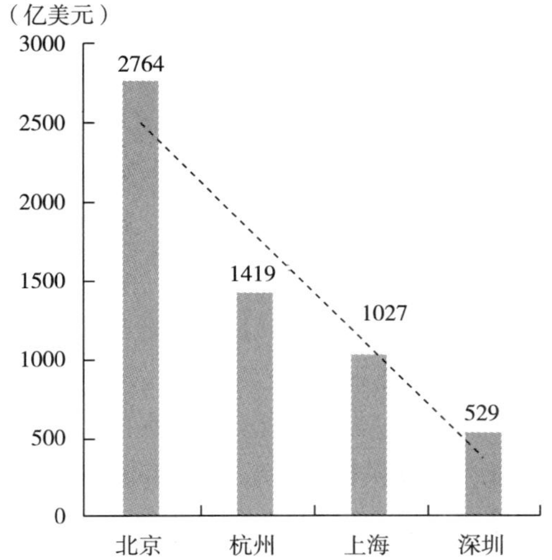

图 4－24 独角兽估值地区分布

资料来源：2017 年中国独角兽企业全榜单透视［R］. 北京：东方财富 Choice，2017.

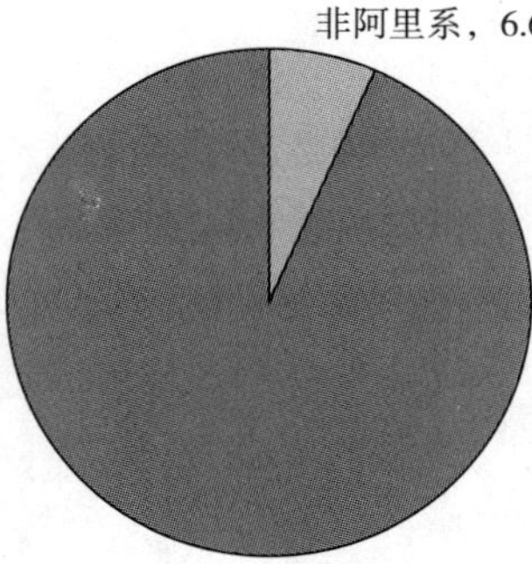

图 4－25　杭州独角兽股权情况对比

资料来源：2016 中国独角兽企业发展报告［R］．北京：科技部火炬中心，2016.

首先，杭州是平台孵化型和生态布局型创业的热土，阿里系布局的独角兽占据绝对优势。根据科技部火炬中心 2016 年的调查，阿里系平台拆分而来的企业有七家，分别是蚂蚁金服、淘票票、钉钉、阿里云、口碑、菜鸟网络和阿里音乐，其中前六家均进入 2016 年的榜单（菜鸟网络因注册地为深圳故未计入杭州市内），数量接近全市的一半。阿里系独角兽的估值占据了 90% 以上的比例，拥有绝对的优势，其他的独角兽也或多或少有巨头投资的影子（见图 4－25）。杭州得益于阿里巴巴打造的商业生态圈，引领着基于网络化和整体生态协同的创业逻辑，在数字化创业方面取得了不俗的成绩。一方面，平台与生态创业有利于企业的开放赋能和价值共创；另一方面，创业平台和生态系统也面临内部管理的平衡和协调的问题。其次，杭州目前的创业企业总体主要分布在互联网金融和电子商务领域，技术领先型的企业较少，未来在持续性的发展上面临一定程度的挑战。

（4）深圳创业独角兽带有明显的智力驱动和技术驱动的特征。

深圳作为我国改革开放的前沿阵地，是承接产业转移和技术转移的重要中转站，在创新创业领域的表现可圈可点。深圳在 40 年的特区经济中积累了深厚的技术与资金优势，创业独角兽带有明显的技术密集的特征。根据科技部火炬中心 2016 年的数据，深圳的创业独角兽中技术驱动型的企业占比将近一半，比例远远高于其他城市（见图 4－26）。在多数城市仍然将资源集中于风口将过的电子商务领域时，深圳多年来一直深耕高端制造和信息服务领域，诞生了作为中国创造典型代表的华为、BAT 巨头之一的腾讯、全国最大的特种计算机研发销售企业研祥和中国最大的医疗器械生产企业迈瑞等明星企业。在产业转型和技术创业逐渐成为主流市场的未来，深圳将释放出巨大的潜力。

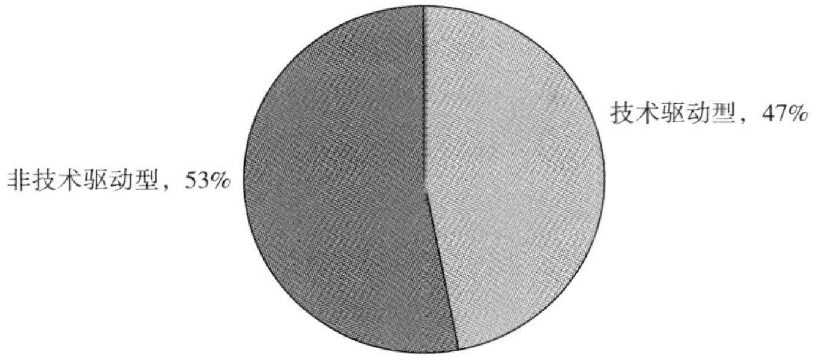

图 4-26　深圳独角兽技术驱动占比

资料来源：2016 中国独角兽企业发展报告［R］. 北京：科技部火炬中心，2016.

深圳作为改革新城和技术重地，在人工智能、高端制造、信息技术和医疗健康等行业持续发力，带有明显的智力驱动和技术驱动的特征。根据科技部火炬中心 2016 年报告，深圳在人工智能（优必选科技）、高端制造（大疆科技）、信息技术（腾讯云）和医疗健康（碳云智能）等方面取得了不小的成绩（见图 4-27）。无人机研发制造业的大疆科技更是从零开始、自主发展的草根企业标杆，在入选独角兽俱乐部后引发了业界的持续关注。根据深圳国税局的相关数据，深圳市 2017 年第二产业的税收超过 1000 亿元，其中以智能硬件和电子设备为代表的高端制造业的贡献率达到了 57%，这从侧面反映了技术型企业在深圳的快速发展。深圳作为共和国的“长子”，在数字经济时代将引领即将到来的技术型创业风口。

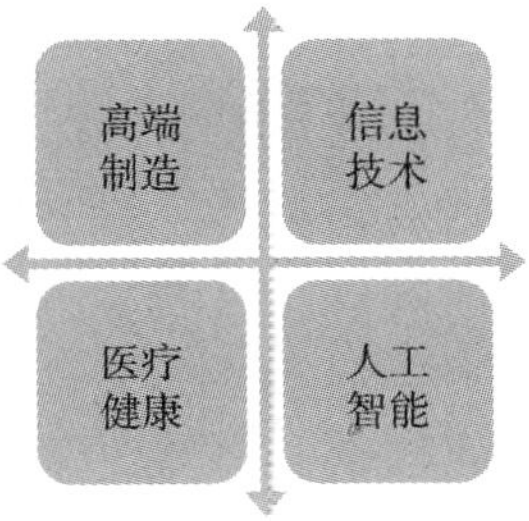

图 4-27　深圳技术型独角兽热门领域

资料来源：2016 中国独角兽企业发展报告［R］. 北京：科技部火炬中心，2016.

五、行业分布

我国的创业独角兽分布广泛，包括电子商务、互联网金融、文化娱乐、在线教育、医疗健康、汽车交通、房地产服务、旅游、企业服务、人工智能、软件应用、社交、游戏、供应链物流、大数据以及智能硬件等多个领域，可谓是遍地开花。但是如果集中来看，最有价值和最普遍的创业独角兽还是基本集中在电子商务、互联网金融、文化娱乐、高端技术和汽车交通五大领域（见图 4－28）。

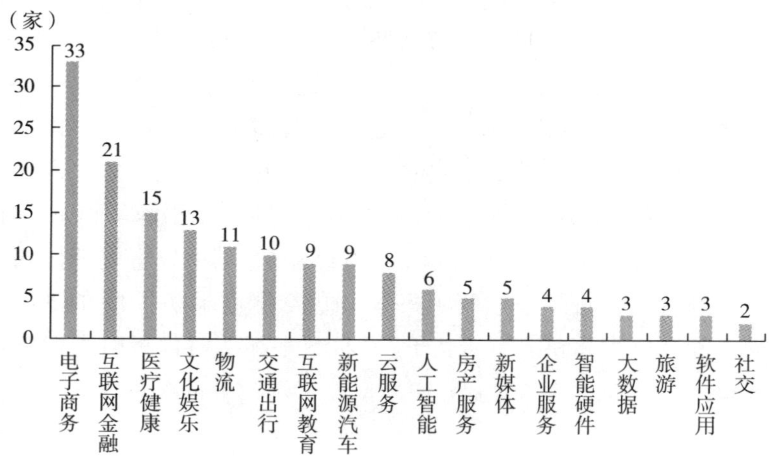

图 4－28　独角兽总体细分行业分布

资料来源：2017 中国独角兽企业发展报告［R］．北京：科技部火炬中心，2017.

（1）电子商务是创业独角兽数量最多的行业，市场红利尚存，但是随着行业的不断成熟，目前已经渐趋红海；电商创业开始向垂直细分市场发展。

首先，电子商务目前仍是创业独角兽数量最多的领域。根据科技部火炬中心 2017 年的调查，由于消费升级拓展市场、现金流充裕、创业门槛低等原因，行业红利尚存，电商领域独角兽企业占比仍然位居前列，受到创业者和投资者的欢迎（见图 4－29）。

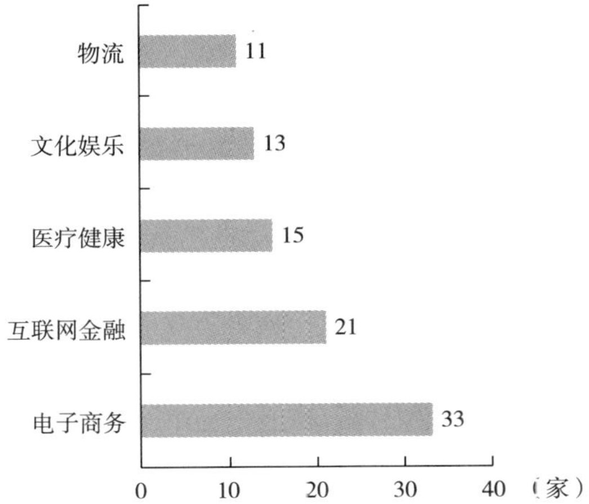

图 4－29 独角兽数量分布前五大行业

资料来源：2017 中国独角兽企业发展报告［R］. 北京：科技部火炬中心，2017.

其次，电商行业已经渐趋红海，创业风口即将过去。根据 IT 桔子连续三年的调查，电子商务领域的独角兽在榜单中的比例逐年下降，已经从 2015 年的 25% 下降到 2017 年的 14%，数量优势逐渐消失（见图 4－30）。艾瑞咨询的调查也显示，电商独角兽虽然数量众多，但是总体估值不佳。尽管不同研究机构的报告数据有出入，但结论是相似的，电商市场基本被巨头瓜分完毕，恐陷入红海竞争，创业风口已过。

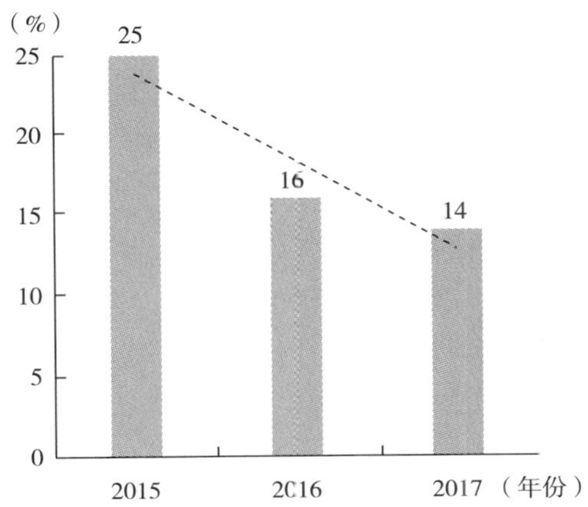

图 4－30 电子商务独角兽数量占比趋势

资料来源：2015 年中国互联网独角兽俱乐部［R］. 北京：IT 桔子，2015；2016 年中国互联网独角兽俱乐部［R］. 北京：IT 桔子，2016；2017 年中国互联网独角兽俱乐部［R］. 北京：IT 桔子，2017.

最后，电商创业正向垂直细分的利基市场深入拓展，进一步释放市场红利。根据 IT 桔子 2015 年的调查，母婴用品、女性消费、跨境电商等多个细分市场是重要增长动力。电商领域仍然存在着许多利基市场可以挖掘，例如越发强调女性经济和母婴经济的今天，美丽联合集团和蜜芽宝贝应运而生；在消费者需求主导的情境下，诸如物流、仓储、零售等方面的基础服务是新一轮的创业契机。因此，电子商务领域作为数字经济时代最先成熟的行业，很难再产生撼动行业的超级独角兽，但是该领域仍然存在很多的利基市场可供创业者深耕。

（2）互联网金融是创业独角兽估值最高的行业，近年来受到创业者和投资者的青睐，但是随着合法性问题的暴露和行业泡沫的消退，资本开始逐渐回归理性；该领域的马太效应显著，多数互联网金融独角兽被行业巨头收割。

首先，互联网金融是创业独角兽估值最高的行业，因受创业者和资本的青睐正快速发展。互联网打破了传统的产业界限，降低了进入门槛。伴随着我国数字化经济快速发展的巨大需求，以及我国金融政策的逐渐放宽，P2P 模式的网络借贷平台、众筹模式的网络投资平台和投资类模式的理财产品以及第三方支付平台层出不穷，离钱最近、生钱最快的互联网金融表现出极强的吸金能力。根据科技部火炬中心 2017 年的调查，互联网金融行业的估值是所有行业中最高的，占全部独角兽的 1/3 左右（见图 4－31）。

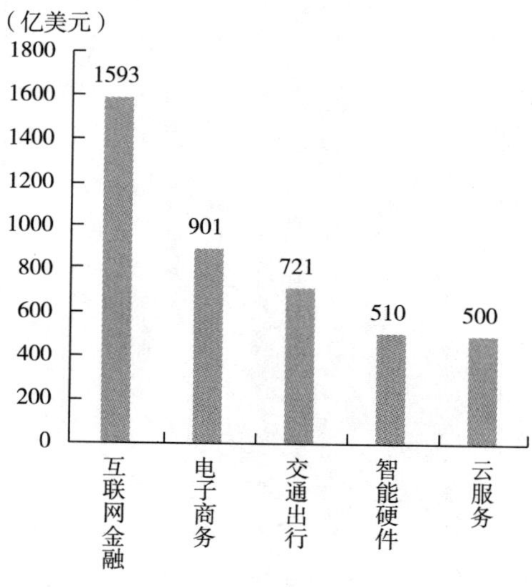

图 4－31　独角兽估值分布前五大行业

资料来源：2017 中国独角兽企业发展报告［R］．北京：科技部火炬中心，2017.

其次，近年来行业合法性问题不断暴露，行业泡沫开始消退，资本逐渐回归理性，平台逐渐合法化。随着经济下行和创业环境的制度化，疯狂发展的互联网金融创业随着借贷丑闻、P2P 爆雷等负面新闻的发酵，资本逐渐回归理性，从虚拟经济逐渐流向实体经济。根据 IT 桔子连续三年的调查，在遭遇了 2016 年的资本寒冬后，互联网金融领域的布局明显有所收缩（见图 4－32）。与此同时，随着证监会、银监会等监管机构的介入，该领域的合法化程度正逐渐得到提高，例如银监会在 2017 年颁布的《网络借贷资金存管业务指引》就弥补了网贷平台的监管空白。

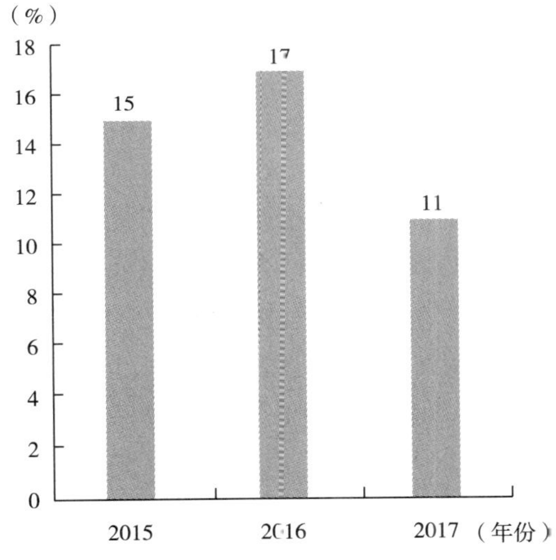

图 4－32　互联网金融独角兽数量占比趋势

资料来源：2015 年中国互联网独角兽俱乐部［R］．北京：IT 桔子，2015；2016 年中国互联网独角兽俱乐部［R］．北京：IT 桔子，2016；2017 年中国互联网独角兽俱乐部［R］．北京：IT 桔子，2017.

最后，互联网金融独角兽大多为背靠大树的“富二代”企业，受行业巨头影响很深。阿里巴巴鼎力推出的蚂蚁金服、中国平安集团倾力打造的陆金所、阿里和平安集团共同支持的众安保险、以京东强大的现金流做支撑的京东金融、腾讯发起的微众银行等，无不是以母公司为依托一路烧钱，高歌猛进。目前该行业开始慢慢分化，进入门槛也水涨船高，草根创业者想要进入需要背负极大的风险。

（3）文化娱乐行业是近年来发展极为迅猛的领域，同时也面临着创新性和合法性的战略平衡问题。

首先，文化娱乐行业是近年来发展极为迅猛的领域。随着经济增速的放缓、阶层分化的出现，以噱头和抓眼球为特色的短视频文化越来越流行；自制视频、直播、漫画等成本较低的文化娱乐发展满足了居民娱乐性消费需求的不断增长；加上移动互联网技术的成熟和粉丝经济的发展，包括游戏、影视、文学、直播、动漫、音乐、体育等内容的泛文化娱乐行业正借由创业风口快速崛起。根据 IT 桔子的调查，2015 年文化娱乐行业的独角兽大约有 6 家，估值总额将近 100 亿美元；但是两年后就增加到了 18 家，新增了包括斗鱼 TV、快手、喜马拉雅和哔哩哔哩等新晋独角兽企业，估值翻了七倍。前瞻产业研究院 2017 年的数据显示，文化休闲娱乐服务业在 2017 年的营业收入高达 1545 亿元，增长率约为 15%（见图 4－33）。

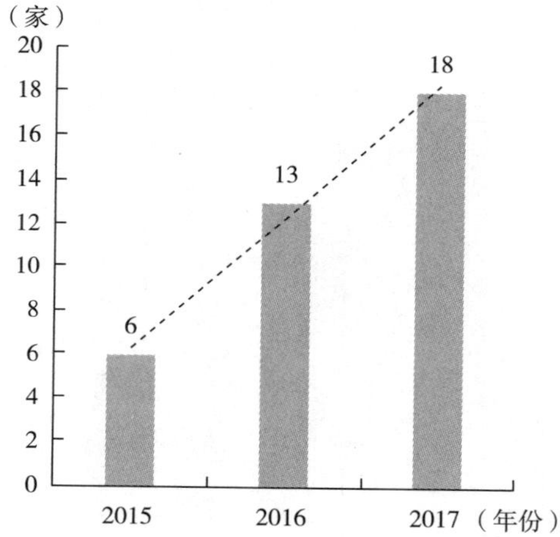

图 4－33　文化娱乐独角兽数量

资料来源：2015 年中国互联网独角兽俱乐部［R］．北京：IT 桔子，2015；2016 年中国互联网独角兽俱乐部［R］．北京：IT 桔子，2016；2017 年中国互联网独角兽俱乐部［R］．北京：IT 桔子，2017.

其次，文化娱乐行业同时也面临着创新性和合法性的战略平衡问题。目前该行业的发展速度过快，面临着平台监管空白和价值观传递混乱等问题，许多文化娱乐平台为了独特优势和创新引流纵容许多软色情、怪诞内容、博眼球行为等不符合主流价值观的情况，今日头条和快手负责人被政府机关约谈正说明了该行业亟须形成行业规范和标准。根据前瞻网 2014～2017 年的数据整理，文化娱乐行业在经历过大爆发之后也进入了行业分化重组和资本审慎投资的阶段，尽管文化娱乐领域在未来仍然是独角兽盛产的重要领域，但如何处理好创新性和合法性的战略平衡问题是创业者必须考虑的重要内容（见图 4－34）。

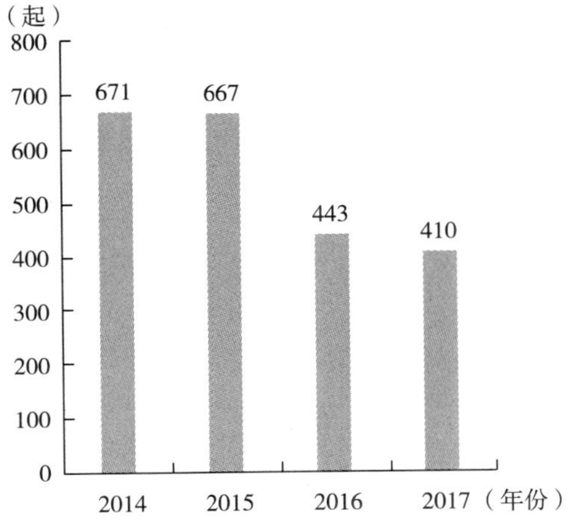

图 4 - 34 文化娱乐行业融资案例

资料来源：2018 - 2023 年中国文化产业发展前景预测与产业链投资机会分析报告［R］. 深圳：前瞻网，2017.

（4）以高端制造和信息技术为核心的高端技术行业是代表了产业升级方向的极具价值的创业领域，应是下一个高价值溢出和稳健持续的创业风口。

首先，高端制造和信息技术领域的独角兽估值较高并且成长较为成熟稳健。科技部火炬中心在 2017 年的调查中发现，包括智能硬件、云服务、人工智能和软件应用等在内的高科技行业的总体估值与排名最高的互联网金融不相上下，其中仅智能硬件一个细分领域的估值就达 510 亿美元，以 3% 的数量比贡献了 13% 的估值比（见图 4 - 35）。不同于互联网金融和文化娱乐领域的独角兽，高技术含量的独角兽企业无法通过短时间内的烧钱游戏和广告营销就成长起来，做技术做制造必须脚踏实地，兢兢业业多年深耕才有可能获得成功。而技术创业一旦获得资本市场的认可，其回报也同样是稳健持续的。

其次，目前高端制造业的独角兽大多处于中等估值状态，在国家政策、资本市场和创业团队的多重看好下，在未来，技术创业应是下一个具备高价值溢出的稳健持续的创业风口。高端制造和信息服务行业符合未来的发展方向，也受到国家政策的支持，在“中国制造 2025”的政策愿景和产业转型升级的迫切需要推动下，技术创业将受到投资者和创业者的更多青睐。根据科技部火炬中心 2017 年的调查，目前我国的技术型独角兽的估值大多集中于中端（20 亿～100 亿美元），

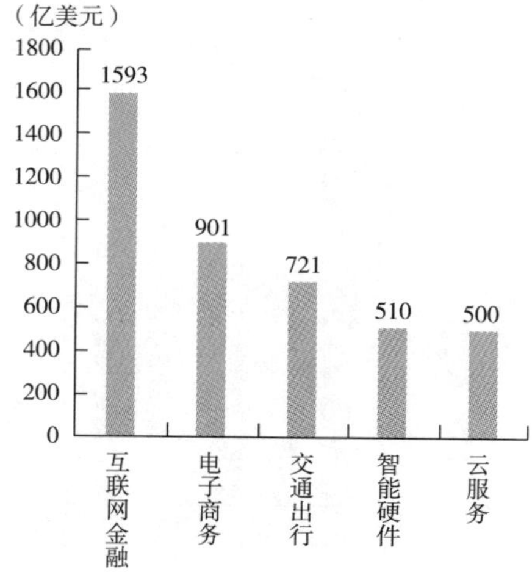

图 4－35　独角兽估值分布前五大行业

资料来源：2017 中国独角兽企业发展报告［R］．北京：科技部火炬中心，2017.

正处于厚积薄发的状态（见图 4－36）。尽管现在技术型的超级独角兽数量还不多，但是企业一旦站稳脚跟，相应的技术壁垒也将以超高的回报回馈给企业。专注于无人机研发、生产和销售的大疆科技通过七年的闭关修炼从一家默默无闻的新创企业成长为众人瞩目的独角兽。截至 2016 年，大疆科技在商用无人机市场上占有 70% 以上的份额，并成功跻身超级独角兽行列。高技术含量的独角兽属于稳健性企业，同时也对中国产业升级更具有实际的意义，相信未来会得到更进一步的发展。

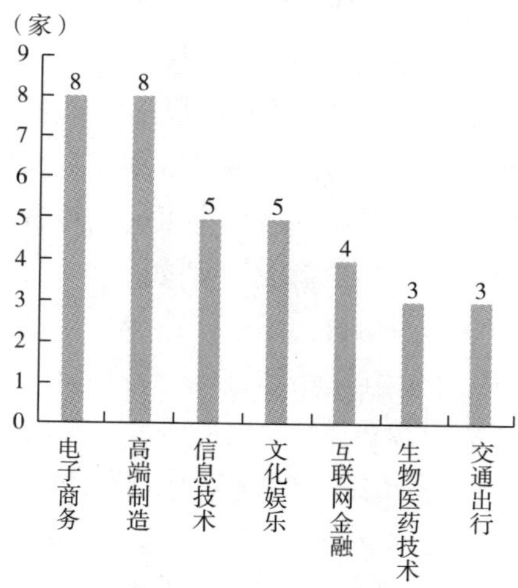

图 4－36　中等估值独角兽行业分布

资料来源：2017 中国独角兽企业发展报告［R］．北京：科技部火炬中心，2017.

（5）汽车交通领域是近年来独角兽聚集并正进行产业分化整合的热门行业。以新能源汽车和无人驾驶技术为代表的新汽车行业很可能成长为下一个重要的创业风口。

首先，汽车交通领域由于现金流充裕和吸金能力较强是近年来独角兽聚集的行业，目前共享交通和短途旅行等细分行业正进行产业分化整合。汽车交通近年来受到创业者和资本界的关注，大量热钱流入该行业。从滴滴和 Uber 的共享交通到人人车和瓜子的二手车市场，再到 ofo 和摩拜的短途出行都受到了投资界极高的热捧，纷纷用烧钱游戏抢占市场、拖垮竞争对手。根据 IT 桔子的调查，2015 年汽车交通行业的独角兽仅 7 家，两年后就增加到 15 家（见图 4－37）。但是资本的逐利性和盲目性也导致投资过于混乱，通过烧钱和补贴等短期市场行为造就的独角兽面临着持续发展的困境，也造成了资源的浪费。随着滴滴与 Uber、快的的合并，摩拜和 ofo 纷纷投入巨头怀抱，汽车交通行业正进行产业分化整合。

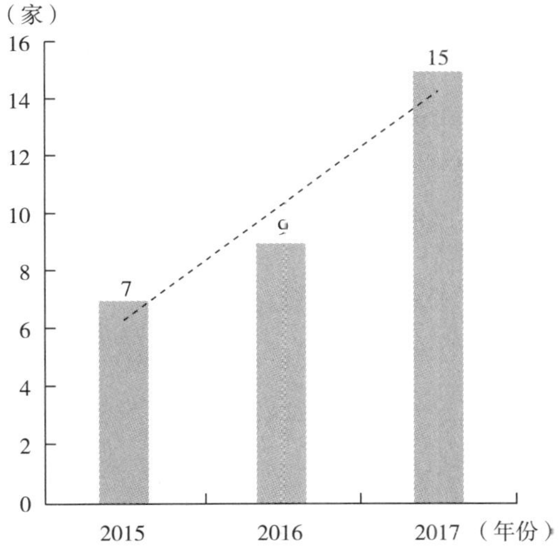

图 4－37　汽车交通独角兽数量

资料来源：2015 年中国互联网独角兽俱乐部［R］. 北京：IT 桔子，2015；2016 年中国互联网独角兽俱乐部［R］. 北京：IT 桔子，2016；2017 年中国互联网独角兽俱乐部［R］. 北京：IT 桔子，2017.

其次，以新能源汽车和无人驾驶技术为代表的新汽车行业很可能成长为下一个重要的创业风口。近年来，新能源汽车得到了广泛的关注和认同，越来越多的资金和技术流向该领域，威马汽车、蔚来汽车、奇点汽车等独角兽不断出现，以全新的姿态等待新一轮的洗牌和整合。此外，无人驾驶技术目前也逐渐受到关注。北汽、百度和长安等企业，以及部分科研院校和军事机构都在无人驾驶技术上投入了巨大的人力、物力，以期迎接下一个技术突破口。总的来说，汽车交通领域是近年来资本游戏的重点领域之一，究竟最后行业分化整合的结果会是怎样仍有待实践检验（见图4－38）。

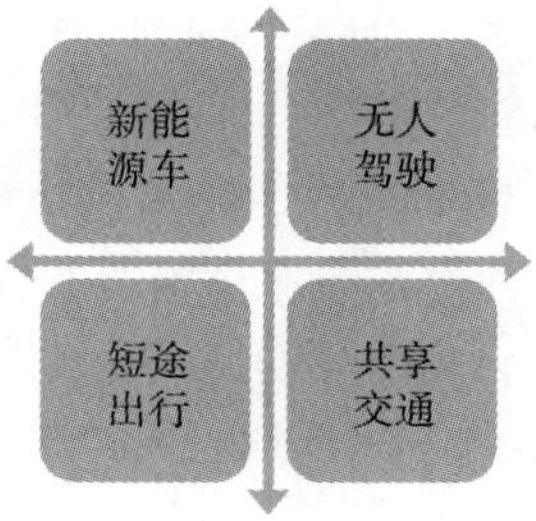

图4－38　汽车交通创业热门细分领域

资料来源：2015年中国互联网独角兽俱乐部［R］．北京：IT桔子，2015；2016年中国互联网独角兽俱乐部［R］．北京：IT桔子，2016；2017年中国互联网独角兽俱乐部［R］．北京：IT桔子，2017.

总之，在数字化创业领域，我国独角兽企业表现出以下特点：

第一，数量估值不断增加，创业独角兽集中在数字化创业领域。首先，我国的创业独角兽无论是数量还是估值都呈现不断上升的趋势。即便是经历了业界称为资本寒冬的2016年，独角兽的发展势头依旧很猛。其次，数字化创业领域引领潮流。艾瑞咨询2015年针对全行业发布的独角兽报告中，数字化领域的独角兽几乎占据了榜单，表明数字化创业领域已经成为独角兽企业的最集中爆发领域。数字经济的风起云涌之下，中国已俨然成为数字经济时代的领导者之一，而层出不穷的独角兽企业就是数字化时代的弄潮儿。

第二，巨头引领、层级分布，金字塔结构特征明显。首先，背靠大树好乘凉，少数超高估值的超级独角兽占据金字塔顶端，获得了大部分的市场关注度。其次，位于中层结构（20亿～100亿美元）的独角兽技术驱动特征明显，集中于电子商务、高端制造、信息技术和文化娱乐等行业。电子商务风口将过，技术创业特征越发突出，代表着下一步的创业风口转向。最后，大多数企业位于10亿～20亿美元估值的结构底层，行业多元性明显，此类企业刚刚站稳脚跟，面临进一步的创新迭代和升级发展。

第三，备受投资界的青睐，马太效应显著。首先，独角兽企业仍然被资本市场普遍看好。数字经济背景下，创业风口不断更迭，在下一个风口仍不甚明朗时，资本倾向于流入未来收益可能性较高的独角兽企业。其次，独角兽俱乐部中也存在着马太效应。优质企业越发被资本看好，前 10% 的独角兽获得了超过 1/3 的融资。最后，风险投资机构助力独角兽成长。风投公司之间投资关系相互交叉、错综复杂，或海量布局或精准投资，为创业独角兽的崛起提供了不可或缺的资本力量。

第四，资本回归理性，技术创业发力。数字经济的快速发展和“双创”政策的有力推动加剧了资本市场的不理智行为，资本的逐利性和短视使投资行为更加偏好风口造兽的烧钱模式。狂热的投机行为产生了巨大的泡沫，造成了资源的浪费。随着资本寒冬的警示，投资人回归理性，开始布局高价值溢出和更具持续发展潜力的知识型和技术型创业企业。

第五，独立性较弱，大多被行业巨头收割。我国创业独角兽股权关系的最大特点，就是主动或被动地受到互联网巨头无孔不入的影响。数字化创业独角兽与互联网巨头的勾连关系突出，寡头垄断的趋势越来越明显。大树底下好乘凉，行业巨头或者政府机构的背书确实为创业企业带来了大量的资源和发展的机遇，但同时从长远的眼光看，资本的逐利性也可能对独角兽企业的长远发展带来一定的隐患，并且对实现社会整体资源的利用和消费者福利的提高也有不利的影响。

第六，区域聚集效应明显，不同城市各领风骚。首先，我国创业独角兽的地区分布主要围绕北京、上海、深圳等一线城市和杭州等少数创新能力较强的二线城市。其次，独角兽创业中心城市风格各异，各领风骚。北京得益于创业政策的优惠、创业设施的完善、智力资源的充足以及数字经济的发展等优势，成为我国创业者和投资者最青睐的城市，电子商务、信息技术和高端制造、生活消费、互联网金融和汽车交通等领域的创业表现较为集中。上海凭借一线城市的资源优势、金融贸易中心的国际地位以及广阔的生活消费需求，在独角兽数量上是仅次于北京的集中诞生地，创业活动主要围绕电子商务、互联网金融、生活消费、交通出行和医疗健康等领域展开。杭州作为我国电子商务的发源地，独角兽企业的平台孵化型和生态布局型特征明显。深圳作为我国改革开放的前沿阵地，是承接产业转移和技术转移的重要中转站，创业活动带有明显的智力驱动和技术驱动的特征。

第七，行业分布广泛，五大领头行业各有千秋。我国的创业独角兽遍布一二三产业，可谓遍地开花。但是如果集中来看，最有价值和最普遍的创业独角兽还是基本集中在电子商务、互联网金融、文化娱乐、高端技术和汽车交通五大领域。电子商务是创业独角兽数量最多的行业，市场红利尚存；但是随着行业的不断成熟，目前已经渐趋红海；电商创业开始向垂直细分市场发展。互联网金融是创业独角兽估值最高的行业，近年来受到创业者和投资者的青睐；但是随着合法性问题的暴露和行业泡沫的消退，资本开始逐渐回归理性；该领域的马太效应显著，多数互联网金融独角兽被行业巨头收割。文化娱乐行业是近年来发展极为迅猛的领域，同时也面临着创新性和合法性的战略平衡问题。以高端制造和信息技术为核心的高端技术行业是代表了产业升级方向的极具价值的创业领域，应是下一个高价值溢出和稳健持续的创业风口。汽车交通领域是近年来独角兽聚集并正进行产业分化整合的热门行业。以新能源汽车和无人驾驶技术为代表的新汽车行业很可能成长为下一个重要的创业风口。

第五章 数字化创业经济

随着数字化进程的不断深化，大量数字化创业活动催生出了多种新的经济形态。基于数字化基础涌现出的数字化技术，为数字化产品的问世提供了坚实基础，进一步形成新的商业模式，最终实现数字化产业的构建。在下文，将按照技术、产品、模式、产业的逻辑进行具体描述。

一、数字化技术

数字化技术是基于传统技术概念的特殊表述，特指在数字化经济时代获得迅速发展，能够为数字化创业提供工艺支持或服务支持的技术的总称。总体而言，数字化技术主要可以分为两类：其一是泛行业的基础技术，如大数据、云计算和人工智能，可作为支持性硬件带动行业升级；其二是应用于特定领域或特定行业的附加技术，如 VR、AR、MR 作为可视化技术，能够显著影响医疗、零售、家装等行业。

（一）VR、AR 和 MR

1. 现实与虚拟的技术融合，概念发展层次分明

VR（Virtual Reality）意为虚拟现实，是仿真技术的一个重要方向，利用网络技术、多媒体技术、传感技术等创建三维动态视景，让参与实体沉浸至虚拟场景，构建场景为纯虚拟数字画面。AR（Augmented Reality）即增强现实，可通过数据计算、影像处理以及 3D 模型等技术，将虚拟世界元素叠加至现实世界，进行实时互动，构建场景为虚拟数字画面与裸眼现实的结合。MR（Mediated Reality）

即介导现实，通过全息技术，将现实场景融于虚拟环境，实现虚拟与现实之间的反馈通道，可以视为 AR 与 VR 的结合，也可视为 AR 的更进一步，构建场景为数字化现实与虚拟数字画面的结合。三者特点如表 5－1 所示。

表 5－1　VR、AR、MR 特点描述

技术	特点	描　述
VR	虚拟性	VR 营造了一个完全虚拟的三维空间，该空间内的全部信息都可脱离现实世界的限制
	沉浸性	通过触觉、听觉、视觉等一系列感知活动，用户仿佛完全置身于虚拟空间
	交互性	利用 VR 系统中的感知硬件设施，用户可以获取虚拟世界的反馈，也可通过现实操作向虚拟世界传输信号
AR	叠加性	AR 强调在现实世界的基础上，融入虚拟元素，真实与虚拟互相叠加
	实时性	在 AR 系统中，真实与虚拟实时同步，现实世界中的操作可以实时反映至 AR 系统
	交互性	用户可以直接通过感觉器官感知虚拟物体，也可以通过实际操作对 AR 系统中的虚拟物体进行控制
MR	混合性	不同于 AR 的简单叠加，MR 强调现实与虚拟的混合，用户可以同时进行与现实世界和虚拟世界的互动
	实时性	MR 的实时性要比 AR 更进一步，用户甚至难以区分现实与虚拟，提供前所未有的体验

2. 提升零售服务，助力医学发展

VR 与 AR 技术的应用，能够帮助解决医疗领域的难点与痛点，在培训、治疗等方面具有显著效果。①医学培训：利用 VR 直播技术，可以同步还原手术场景，使学生在培训过程中达到实际参与的效果；此外，学生还可在虚拟环境中模拟外科手术，为以后的真实治疗打好基础。②临床治疗：VR 和 AR 技术的引入可以简化治疗程序，降低失误率，比如利用 VR 技术进行远程遥控，不开刀观察生病部位，甚至进行外科手术；VR 技术还可以帮助患者、医疗工作者基于虚拟画面，共同商定治疗方案。③辅助医疗：VR 技术可通过搭建虚拟场景，减轻患者的治疗痛苦，或增加治疗效果，比如在烧伤患者的康复过程中，利用 VR 设备转移其注意力。

VR 和 AR 技术是新零售变革购物方式、优化消费体验的技术基础之一。①还原场景：利用 VR 技术的直播技术，可为线上消费者营造虚拟的购物环境，打造沉浸式购物体验。②模拟试装：AR 技术可以将产品效果叠加至真实场景，如众多知名化妆品牌已在线上安装 AR 试妆应用，在线下安装 AR 试妆设备。

③线下体验：AR技术使消费者能够在硬件设备的支持下，与商品进行交互，即时获知产品信息；此外，消费者还可以借助VR技术，模拟产品在具体环境的应用效果，快速做出消费决策，如家具零售商利用VR设备帮助消费者还原家庭场景，从而判断所选家具与家居环境的整体契合性。

（二）大数据

1. 海量数据、多样类型、高速处理、价值巨大

大数据（Big Data）是指海量的、多来源的、结构多样的、具有高增长率的数据集合，通常具有实时性，需要借助新型数据处理方法，在合理时间内实现数据挖掘，以获取有用信息。其特点主要表现为大量，即数据体量巨大，从TB（1024GB）到PB（1024TB），再到EB（1024PB），甚至可以达到ZB（1024EB）；高速，即对增长迅速的海量数据进行快速处理；多样，即数据的类型及来源多种多样，除了传统的文本形式，音频、视频、图片等多媒体数据也为大数据提供了海量支持；价值，即数据的大体量，导致数据的价值密度相对较低，但经过挖掘、分析及利用，可以带来巨大的价值。

2. 融入制造过程，优化金融流程

大数据可用于制造的全过程，涵盖设计、生产、运输、售后等各个阶段。①生产优化：通过在生产设备上安装感知设备，可以实现生产过程的自动操作与实时监控；同时，利用收集到的生产数据，还可进行工艺流程的优化，及时修正问题环节。②风险管控：利用感知技术，可以实时获知产品的故障部位、调整措施，比起传统制造过程中的手工检测，感知设备与数据的互动配合大大提高了风险管控的精度；在生产过程中，工作人员借助大数据技术能及时获知设备状态，快速寻找问题设备的故障点。③智能仓储：通过收集库存数据，可以实现长期、短期库存分析，出入库分析以及领料推荐等功能，还可根据各类分析数据，辅助制订采购计划、生产计划等。④规模定制：企业可以利用大数据技术，实现用户需求与生产流程的智能匹配，以数据控制机器生产，克服了传统定制存在的规模小、周期长、易出错等问题。

大数据技术的应用可以优化金融业的客户管理、风险控制等流程。①客户管理：金融机构可以借助大数据，实现对用户的精准画像，进行针对性的营销活动，比如银行通过对购买用户的数据分析，得到购买某种金融产品的用户特质。②风险控制：在大数据支持下，金融机构可以实时获取用户的基本信息、交易记录、信用评分等数据，通过比对当前用户与不良用户的数据差异，进行反欺诈评

估，大大加强了金融机构的风险控制能力。③预测分析：金融机构可以基于目标，对搜索引擎、社交平台等多种来源的海量数据进行整合分析，以进行情况分析与走势预测。

（三）云计算

1. 应用方式多样，灵活、安全、低成本特点显著

云计算是指一种基于网络的计算方式，用户可通过 PC 端、移动端等多种途径进入资源池，按需享受其提供的可扩展且多为虚拟化的资源服务。云计算的主要应用方式包含：基础设施即服务（Infrastructure as a Service，IaaS），以提供底层基础设施服务为主，用户需要自己应用基础设施进行操作处理，实现对底层的控制；平台即服务（Platform as a Service，PaaS），以提供服务器平台为主，用户不需要关注基础硬件或是操作细节，只需要给出程序逻辑即可；软件即服务（Software as a Service，SaaS），以提供软件为主，用户只需确定需求，云计算服务商会按需进行开发设计，将应用部署至自身服务器，用户按服务量和服务时间进行付费使用。云计算的基本特点主要表现为：灵活性，用户可通过互联网进行基础设施和软件的使用，不需要额外的网络基础架构；安全性，云计算以集成的形式对数据进行管理，可以提供诸如防火墙、数据加密等一系列的安全服务，同时，SaaS 的多租户应用架构可以在保护数据完整性的基础上，进行用户之间的数据隔离；低成本，与传统软件相比，云计算可通过网络实现集中管理、升级、维护以及用户服务，大大降低了由于分散处理而导致的成本浪费，用户也能以较低成本实现最新应用。

2. 涉入制造管理过程，实现联合政务处理

在制造行业，云计算可以涉入企业管理与产品研发、生产、营销、物流和服务的全过程。①智能管理：云平台可通过 SaaS 的形式为企业提供人力资源管理、ERP、邮件系统等服务，帮助企业通过云端信息化应用实现对企业员工和生产流程的灵活管理；同时，云计算也可成为物联网技术的支撑平台，实现智能工厂建设，促进管理的数据化和智能化。②智能研发：利用云平台可为研发提供高仿真平台和高性能计算能力，实现资源的高效利用；此外，云平台还可提供三维零件库等 SaaS 应用，帮助研发人员快速创建标准件和常用件模型，缩短研发时间。③智能营销：基于云端的客户管理系统，能够降低企业的营销难度，通过云平台，能够灵活地对接企业与客户资源，实现数据的快速获取和精准营销，同时也能对营销人员及业务实现即时跟踪、有效管理。

云计算的出现为传统政务处理提供了联合服务的可能性。①业务处理：首先，通过云计算平台进行数据的集中存储与调用，能够避免数据重复录入，提高数据中心的使用效率；其次，由于数据资源被特定部门统一管理，冗杂环节被去除，大大提高了工作效率。②数据研究：随着大量政务数据的日渐积累，相关部门可通过云平台进行数据挖掘、整合与分析，将结果用于未来的趋势预测和政策制定等环节。③信息协同：通过云计算可以搭建信息交换平台，使具有业务关联的政府部门实现信息共享，协同处理业务，解决各部门各自为政、数据滞后的历史难题。

（四）人工智能

1. 研究领域广泛，依托数据支持，实现智能思维

人工智能（Artificial Intelligence，AI）现已成为一门系统的前沿综合学科，在数据、算法和硬件设施的支撑下，通过研究、模拟和学习人的智能理论方法，利用可学习计算程序，使智能机器具备类似人类的思维方式，完成自主学习、选择与决策等行为。目前，人工智能的研究领域十分广泛，从基础设施到实际应用均有分布，包括自然语言处理、计划调度、专家系统、多智能体系统、进化计算、机器学习、计算机视觉、知识表达等，每一领域又分设不同的研究方向。其基本特点包括：数据支持，即人工智能的应用需要庞大数据库的支持，在海量数据基础之上，经过不断训练，从数据中获得解决问题的方法；智能思维，即人工智能的本质是培养机器产生思维，能够像人一样思考，独立地解决问题。

2. 协助法律事务，解决教育难题

人工智能可在法律领域提供协助工作，实现自然语言处理、精准匹配、信息查找、预测分析、语音识别及文本处理等。①自然语言处理：法院及律所可通过搭建智能问答平台为用户提供法律咨询服务，将律师从低价值的问答服务中解放出来，同时大大提高问答的效率和准确度。②精准匹配：人工智能可根据用户提供的非结构化数据，精准匹配用户与律师资源。③信息查找：通过对法律条文以及判决结果等的结构化处理，快速搜索相关案例信息，提供相关法律条文、相似案例判决书等。④预测分析：在案例数据库的支持下，实现对案件的数据可视化、胜诉率分析，预测案件判决结果。⑤语音识别：通过引入基于人工智能的语音转写系统，帮助书记员进行庭审记录，减轻相关人员的工作负担。⑥文本处理：通过文本处理功能，提供自动化的法律服务，如合同草拟、审核、风险监控、起诉书等文书的自动生成等，避免了人工处理存在的贿赂风险和效率低下等

问题。

人工智能在教育领域应用能够解决互联网环境下大规模教学与用户个性化需求之间的矛盾，因材施教的理念得以实施。①校园管理：智能设施的存在使学生在现实生活中的一举一动都可转化为虚拟数据，不仅满足了学校的常态化管理需求，同时也为新教学模式的实施提供了技术基础，比如面对目前流行的“走班制”模式，人工智能算法能够帮助老师合理排课、合理分班。②个性教学：通过人工智能的自然语言识别，可以收集学生在日常学习过程中产生的非结构化数据，经过智能分析帮助老师制定个性化教学方案；与此同时，人工智能还能帮助老师寻找更为丰富的教学方式，从海量的学习资源中精准调取相关课程，减轻老师工作压力的同时，拓宽学生视野。③自主学习：人工智能为学生提供了更多自主学习的机会，信息识别以及海量信息检索功能，帮助学生可以在庞大的数据资源中寻找所需信息；同时，也可利用现有的庞大的知识资源库，对学生的测试、论文等进行批阅与修改，学生可以迅速获知学习效果。

（五）生物科技

1. 技术性特征显著，面临长周期与高投入

生物科技（Biotechnology）是生命科学和生物技术的统称，是指基于现代生命科学及其他相关科学，利用特定技术手段，对动植物、微生物等生物原料进行加工，从而产生满足社会需求的改良物种或创新物种。其基本特点为：技术性，依托现代生命科学及其他相关科学诞生，技术是核心竞争力；长周期，由于其独特的生物特性，从新物种的研发、改进到产业化生产，会经历漫长的发展周期；高投入，由于生物科技对技术的依赖，需要投入大量资金进行研发工作；与此同时，长周期也使企业需储备大量资金以维持正常运转，因此对投入资金具有较高要求。

2. 医疗应用途径广泛，农业应用效果显著

目前，生物科技在医疗领域的应用十分广泛，涵盖预防、治疗和诊断等多个过程。①生物制药：通过运用基因重组、细胞融合等众多现代生物技术，利用生物代谢产生药物，能够在提高生产效率的同时，降低生产成本。②生物免疫：借助分子生物学技术和细胞工程技术，利用病人自身的免疫细胞，以体外增殖的手段进行扩增，最终输入患者体内以激发其自身免疫系统，从而达到抗癌效果。③分子诊断：依靠核酸分子杂交和生物芯片技术等分子生物检测手段，可以检测受测者体内各种结构蛋白、酶、抗原抗体、免疫活性分子基因的表达及变化，从

而预测或诊断其遗传病患病情况。

生物科技在生物育种、生物饲料和生物农药等农业环节应用效果显著。①生物育种：生物育种可以通过生物科技应用改良原有生物，或创造新生物，主要包含诱变育种、杂交育种、单倍体育种和细胞工程育种。②生物饲料：利用微生物发酵手段，结合基因工程、蛋白质工程等众多数字化技术，可以生产出各类新型饲料及饲料添加剂，比如发酵豆粕、饲用酶制剂、益生菌等。③生物农药：不同于化学农药制剂，生物农药主要利用天然的或经过基因修饰的化学物质或生物个体，对有害生物进行防治。这类农药相较于化学农药制剂所需剂量较少、针对性较强，对人畜和环境的伤害远小于化学制剂。

（六）物联网

1. 分类标准多样，互联性、智能性突出

就狭义角度而言，物联网（Internet of Things，IOT）是在局域网或广域网内，利用各类信息传感设备及通信感知技术，实现人与人、人与物、物与物的互联；就广义角度而言，物联网是现阶段全部信息技术与互联网的结合，涵盖互联网的全部应用，在互联网的核心基础上，将用户端延伸至客观实体，实现物物相连。基于不同的分类标准，物联网有多种分类方法，具体如表 5－2 所示。

表 5－2 物联网分类

分类方式	类型
服务范围	私有物联网、公有物联网、社区物联网、混合物联网
功能类型	感知技术、网络技术、应用技术
应用类型	数据采集、自动化控制、日常便利、定位

物联网的基本特点包括：互联互通，通过物联网相连的物体必须要实现互联互通，能够通过网络迅速进行信息的传输；感知识别，物联网内的参与者要具备识别功能，可在各类感知技术的支持下，周期性地采集信息，获得实时数据；智能处理，物联网可利用云计算等技术，对海量信息进行处理，在无人工介入的条件下，实现自我反馈与智能控制。

2. 高度契合物流需求，实现家居智能控制

物联网的出现，使每一个货物都成为一个连接体，运输人员可以对其进行实时监控，实现了成本降低与效率提升。①运输跟踪：物联网技术实现了物流过程

的全跟踪。通过在运输车辆上安装 GPS 定位系统，物流公司甚至消费用户都能及时获知货物现在的运输地点；利用 RFID 技术，运输人员也可通过手持阅读器及时录入货物信息，并可以高效、便捷地进行货物状态改写。②货物盘点：在 RFID 技术的支持下，运输人员可以利用手持阅读器采集电子标签信息，实时将信息导入中心数据库，通过数据对比，快速掌握货物库存情况，大大降低了工作强度，工作精度也大幅提高。

物联网技术可以将原本静止的家居变为动态智能的工具，赋予家居以智慧，提升家居的安全性、便利性和舒适性。①智能控制：家庭中具备可变形态的家居基本都可以实现智能控制，如音视频设备、照明系统、空调系统等，通过物联网将家居与网络设备互联，可以实现对家居产品的远程操纵，提升便利性与艺术感。②智能检测：对家庭安防系统、智能炊具等具备临界状态的家居而言，物联网技术的应用可以实时监控，一旦发现到达临界值，就通过网络设备进行提醒或报警，其远距离、及时性的优势都是传统家居无法提供的，大大提高了生活的安全性。

（七）区块链

1. 完全公开保证透明，去中心化实现对等

区块链（Block Chain）是一种新兴的分布式技术模式，按照时间顺序将数据信息组合为链式结构，利用密码学原理控制数据传输与访问，利用智能合约进行数据操作与处理，通过兼容加密算法、共识机制等技术进行点对点传输，以实现去中心化和高度透明。其基本特点为：完全公开，区块链采用的是分布式账本技术，每个节点的数据在极短时间内就能实现全网同步，可以随时查看交易信息；去中心化，区块链通过兼容加密算法等技术，实现了点对点的数据传输，中心位置不复存在；不可篡改，由于共识机制的存在，数据一旦写入，就很难进行修改；匿名传输，区块链采用非对称加密技术，在传输过程中，交易双方的信息不会被透露，可以实现完全匿名。

2. 解决保险信任问题，打造社交全新方式

区块链的完全公开、不可篡改等特性，弥补了保险公开性弱、信任度低等问题，为行业发展提供了新的机遇。①合同执行：区块链技术可以实现理赔合同的自动执行，通过智能合约的设置，触发条件一旦满足，就能实现理赔款的自动支付。②信息交互：区块链技术为共同保险、再保险等保险产品提供了更为公开、高效的信息交互方式，其完全公开特性保证了参与用户可以获知全部信息，实现

信息共享，对保险动态进行即时掌握。③信任构建：在传统的保险行业中，所有的理赔信息都是非公开的，区块链技术的引入，在保证客户隐私的基础之上，确保了信息的真实性和不可篡改性，以技术形式重建客户对保险的信任。

区块链技术为社交提供了新思路，让所有用户直接互联，实现自治管理。①自有货币：区块链技术最早是从数字货币中提炼出来的，将区块链技术引入社交平台，可以实现自有货币体系的建立，更加灵活地实现货币交易。②生态公平：区块链的点对点传输技术使社交参与者直接互联，传统意义的中介不复存在。一方面，平台受益将回归至内容生产者；另一方面，没有平台对流量进行主观控制，内容的优质与否将成为引流的关键。

（八）特点总结

1. 面向多行业，实现多领域应用

无论是泛行业的基础技术，还是应用于特定领域或特定行业的附加技术，其面对的行业和领域都不是单一的。数字化技术可以根据自身技术特色，应用于不同的领域，在多个行业中发挥创新优势。

以人工智能行业为例，在 AI 芯片、数据库、深度学习等基础层技术支持下，计算机视觉和自然语言处理作为技术层获得迅速发展，进而引发了人工智能在医疗、教育、制造、金融、安防、自动驾驶等行业的应用。根据乌镇智库、网易科技与网易智能联合发布的《2016 全球人工智能发展报告》，人工智能的主要应用涵盖安防、个人助理、医疗健康、教育、自动驾驶、金融、教育和电商零售等多个领域（见图 5－1）。

36 氪研究院的数据也显示，从 1996 年至 2016 年，国内仍在运营的人工智能公司有 366 家，其中除专注基础技术的企业外，还有不少企业与智能驾驶、智能金融、智能医疗、智能家居与智能安防领域密切相关（见图 5－2）。由此可知，人工智能作为行业基础技术，能够广泛应用于具有智能化需求的多个领域。

与此类似，其他数字化技术也能够基于自身技术特色实现多行业应用，如区块链可用于金融与社交，生物科技则应用于医疗、农业、军事、工业、环境等多个领域。

2. 多停留在基础阶段，需进一步发展

大多数字化技术是近期随着科技实力的提升而逐渐发展的产物，最先引发广泛关注的 AR/VR 技术在 2016 年才成为创业风口。因此，由于发展时间的局限性，大多技术还停留在基础阶段，需要进一步的提升。

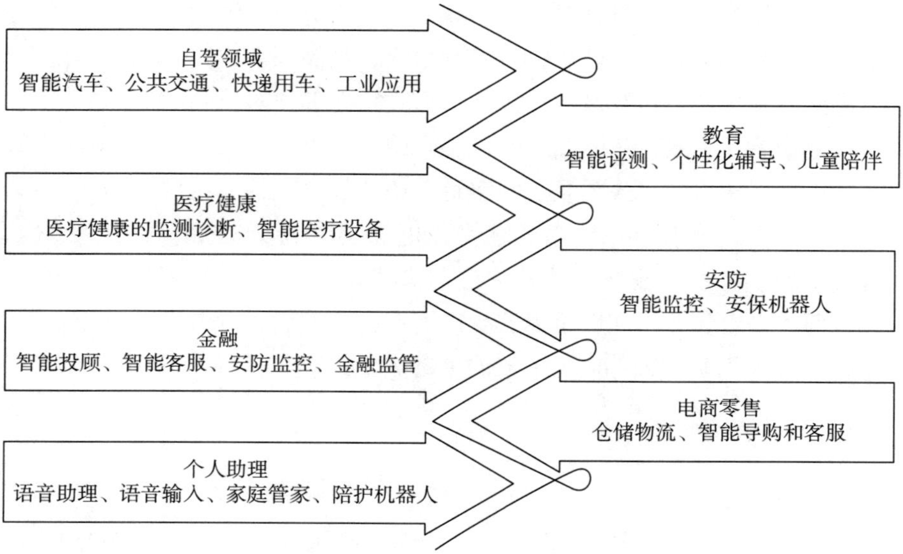

图 5－1　人工智能应用场景

资料来源：2016 全球人工智能发展报告［R］. 杭州：乌镇智库，网易，2016.

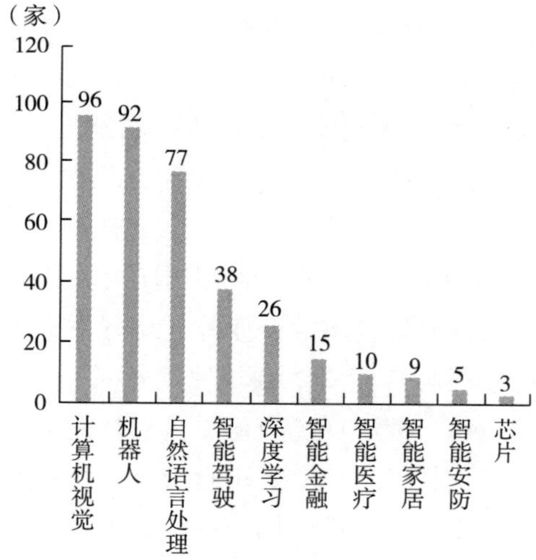

图 5－2　各领域人工智能公司数量

资料来源：人工智能行业研究报告［R］. 北京：36 氪，2016.

以区块链技术为例，其目前仍处于摸着石头过河的阶段。其共识机制是实现去中心和透明化的关键所在，现阶段常见的有工作量证明算法（Proof of Work,

PoW）和权益证明算法（Proof of Stake，PoS）两种。但是这两种共识机制都存在控制整个区块链的可能，前者由于51%界限值的存在，高占比用户可在一定程度上控制区块链活动；后者虽然减小了持币时间对区块链控制的影响，但仍无法避免持币数量对控制能力的促进作用，安全性能仍需完善。

此外，基于区块链技术与金融行业的密切关系，不仅需要进一步完善底层技术，包括寻找更为合适的共识机制、提升应对规模化交易的可靠与安全性能、以加密技术和智能合同保障数据安全与用户隐私，还要通过一系列行业监管措施、相关法律法规来制约、规范区块链技术应用。

3. 技术难度高，前期投入大，马太效应显著

数字化技术由于自身技术难度较高，基础设施搭建周期长、投入大，多为重资产行业，存在一定的进入壁垒。整体表现为马太效应显著。

以云计算为例，就目前市场形势而言，小型云计算公司已经难以与行业巨头抗衡，头部效应明显。从全球视角出发，早在2016年，行业中24家头部企业已在全球云服务市场占据68%的份额，占据了一半市场；而根据近日Gartner全球云计算市场统计，亚马逊、微软、阿里云占据前三，其余厂商份额总和仅为1%左右。

在国内市场，马太效应同样显著。权威研究机构IDC发布的调研数据显示，2017年上半年，阿里云市场份额已高达47.6%，几乎占据了近半市场份额。腾讯云借助腾讯强大的技术支持和用户基础，占据9.6%的市场份额，位列第二。金山云排名第三，占据6.5%的市场份额（见图5－3）。

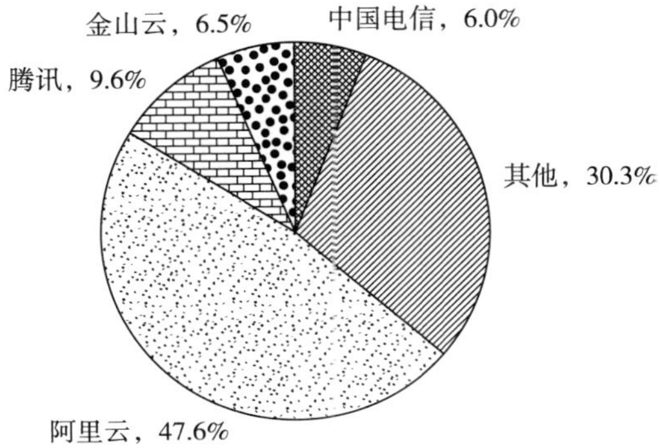

图5－3　国内云计算平台市场份额分布

资料来源：2017年上半年中国公共云IaaS市场份额调研结果［R］．深圳：IDC，前瞻产业研究院，2017.

数字化技术的自身特点导致其技术壁垒、资金壁垒、市场壁垒显著，生物科技等特殊技术更是面临政策壁垒限制，因而存在一定的行业进入障碍。同时马太效应使强者越强、弱者越弱，小型、单一的数字化技术企业难以获得迅速发展，逐渐丧失成长机会，相关行业呈现出巨头企业瓜分市场的局面。

二、数字化产品

李克强总理在2016年夏季达沃斯论坛上的致辞中首次提到“新产品”概念，认为要“广泛运用物联网、大数据、云计算等新一代信息技术……推出更加符合市场需要的新产品和新服务”①。由此可见，新产品即数字化产品是以信息技术为核心，以市场需求为导向而研发出来的新兴产品，广义的数字化产品还可以将新兴服务涵盖进来。总的来看，数字化产品主要可以分为科技性和文娱性两类。

（一）智能家居

1. 物联化应用体现，强调实时准确与可扩展

智能家居（Smart Home），又名智能住宅，是互联网的物联化，是通过现代技术，把所有与家居生活有关的设施集成为一个智能系统，以提高居住的便利性、舒适性，甚至艺术性和环保性。其主要特点为：实时性，感知设备获取的信息均为实时信息，通过网络传输至用户终端，从而达到实时监控和反馈的目的；准确性，智能家居不仅能处理湿度、温度等慢速变化的信息，也能处理突变的物理信息，和传统家居相比，更具准确性；扩展性，智能家居是一个可以扩展的家居设施系统，在原有系统的基础上，还可以不断接入其他的设备。

2. 单品模式与生态链模式并存，C2F 实现数据获取

就目前来看，智能家居领域的创业企业主要包括单品模式、生态链模式和C2F 模式。其中，应用单品模式的创业企业成立时间较晚，规模和财力有限，以某一种或某几种智能家居单品作为自己的主打产品。单品安装方便，可以独立运转，但兼容性较差，不能和其他家居形成一个智能化系统。但随着智能家居产品

① 李克强．2016 年夏季达沃斯论坛致辞实录［EB/OL］．http：//www.gov.cn/zhuanti/2016－06/27/content_ 5085953.htm，2018－12－09.

的种类越来越多，如果单品之间难以实现互通互联，不仅给消费者的操作带来不便，也难以满足集中管理和控制的需要。采取生态链模式的企业成立时间相对较早或者隶属于某一大型企业，资金和科研力量相对雄厚，主要致力于实现全屋家电的智能互联，采取“系统 + 平台 + 数据 + 运营”的方式，为消费者提供全新的家居体验。典型的例子有：小米推出的一系列智能家居产品，涵盖了厨房、客厅等多个家居场景。采取 C2F 模式的企业不以销售家居产品为目标，而是将其作为搜集客户使用习惯等信息的终端，通过大数据分析，支配相关产业链条的作业，并为客户提供更精准的服务，缓解供求矛盾。例如，大米科技推出的智能米桶，除了温湿度检测等基础功能外，还能动态掌握客户家庭的用米情况，通过分析后反馈给签约农场，指导下一步的农业生产；当米桶内储量不足时，及时提醒客户买米并配送上门。

（二）充电桩

1. 人机交互是基本功能，安全性、规范性要求严苛

充电桩，即电动汽车的加油机，可以固定在地面或墙面上，一般安装在居民小区或公共建筑的停车场、充电站内，根据不同的参数指标为不同的电动汽车充电。其主要特点包括：人机交互，显示屏会为用户展示当前的电量、充满所需时间等基本信息，用户也可以根据显示屏的提示，自主选择充电时间、金额、电量等；安全性，一方面，通过读卡器进行身份识别，减少冒用、盗用的可能性，保护用户的财产安全；另一方面，充电桩自动检查电流、功率等数据，一旦出现漏电、连接异常等情况，立即停止充电，并发出警告；规范性，充电桩对工作环境的要求较高，温度、湿度和海拔等数据都要控制在合理范围内；同时为满足不同用户的充电需求，汽车接口、设备接口和通信协议都要建立统一的标准。

2. 单一模式立足主要功能，生态模式带动关联企业发展

由于该产品出现时间较短，目前还没有比较成熟的经营模式，但从已有的企业来看，大体上可以划分为单一模式和生态模式。前者专注充电服务，建立充电桩和用户之间的实时联系，通过功能强大的 App，为电动汽车车主提供充电站或私人充电桩的实时定位，用户可以随时了解充电时间、电量、桩体故障等实时信息，享受预约提醒等服务。如果充电桩的提供方为经营性充电站，平台还可以利用大数据分析为其提供管理建议。而生态模式则可通过充电桩反馈的数据，精准地提供其他增值服务，将整车厂、制造商、用户等利益相关方聚集在一起，深入到价值链的各个环节，推动电动汽车和充电桩行业的发展，实现各方利益的最大

化。一方面可以通过“整车厂商 + 设备制造商 + 运营商 + 用户”的模式，与同一产业链上的关联企业合作；另一方面也可以通过“充电桩 + 商品零售 + 服务消费”的模式，与其他产业建立合作，围绕充换电业务，开展健身、美容、购物等相关服务，既提高了用户黏性，也带动了相关产业的发展。

（三）网络视频

1. 以90后为核心发展粉丝经济，成为社交重要入口

网络视频是指以电脑或移动设备为终端，可以在网络上以 WMV、FLV 等格式传播的影像，包括游戏视频、自制短视频、直播等多种形式。其主要特点包括：以“90 后”为核心，作为互联网下成长起来的一代，“90 后”更易于接受短视频碎片化、信息量大的特点，喜欢吐槽、求异、了解新鲜事物，这些特点无一不为视频热潮的出现提供了条件；粉丝经济，不论是直播平台，还是个人制作者都要依靠巨大的粉丝群体才能支撑起来，据统计，粉丝在观看视频后的人均留言数是普通观众的 80 倍之多[①]；粉丝能带来盈利，广告效果和主播收入都与粉丝数量、忠诚度直接成正比；粉丝也能带来灵感，粉丝能为创作者提供一些合理的改进建议，创作者也经常会根据粉丝的意见做出调整；社交化，视频成为社交的一大入口。CBN Data《2016 互联网文化娱乐产业洞察》的调查数据显示，九成的用户在看完 PGC 视频后都会与朋友分享或交流，3/4 的用户在看视频的同时会关注弹幕，绝大多数人发弹幕的意愿也是为了与其他观众分享或交流的社交目的。

2. 视频制作者类型多样，个人成核心要点

目前，网络视频的制作者大致可以分为传统视频网站、个人视频创作者和以个人为核心搭建的平台。传统视频网站以爱奇艺、优酷、腾讯视频等“老牌”视频网站为代表，这类企业起步早，已经进入成熟期，但出于响应市场需求、拓展盈利渠道、吸引用户等多种目的，也会自制网络视频，具体包括自制网剧、网络综艺、网络大电影等多种形式。和其他网络视频制作团体相比，具有更加雄厚的资金和用户资源，收入来源也更加多样，除了会员、广告等获利方式外，还可以通过售卖周边产品、录制门票等多种方式获利。个人视频创作者通过短视频吸引粉丝，用夸张的表演形式反映典型的社会现象，或进行某些方面知识的科普等。在关注度达到一定数量后，通过广告或利用“粉丝经济”赚取一定的收益。

---

① 2016 互联网文化娱乐产业洞察［R］. 上海：CBNData，2016.

此外，还可以某一个已经拥有一定知名度和追随者的公众人物为核心，吸引相关工作人员，构建一个能够独立运营的团队，例如 papi 酱建立的 papitube。通过这种方式能实现多方共赢，一方面其他视频制作者可以借助核心人物的影响力来宣传自己，另一方面核心人物也能够为粉丝提供和分享更多优质的作品。

（四）知识类服务

1. 通过交互提供定制服务，拥有较高附加值

知识类服务是根据市场需求，将专业知识或者生活经验加以概括和提炼，为消费者解答问题或提供解决方案的一类服务。其主要特点表现为：定制化，知识类服务是根据客户的具体需求提供相应的服务，和其他服务相比更个性化，但随着网络技术的发展，可以根据用户需求进行细分，提高速度，降低服务成本；交互性，知识类服务是双方共同参与的过程，例如线上课程学员可以向导师提问、网络问答可以追问等，“一来一往”才能最大限度地满足用户需要；高附加值，知识类服务是以客户需求为导向，在已有知识和经验的基础上进行二次加工和创造，是一种高难度、不易复制的服务，因此附加值较高。

2. 围绕知识核心，产品类型丰富

目前看来，知识类产品主要有四种类型：问答类、专栏类、课程类，以及比较特殊的网络小说。问答类产品主要是用户通过付费的方式，获得自己想要的答案和信息。典型的问答类产品有知乎旗下的值乎、微博付费问答。付费问答产品主要针对想在短时间得到某一具体问题答案的人群，提供的是更个性化、更具时效性的知识服务。专栏类用户通过付费，进一步了解某一话题或某一方面的知识，用户一般对这一内容已经有了初步的了解。专栏类产品种类繁多，例如罗辑思维团队推出的得到、喜马拉雅 FM 的付费课程。课程类就是用户通过付费的方式，选购某一门针对性的课程，其中既有专业性较强的产品，比如艺伙（ART-FIRE）是一款艺术在线教育软件，课程主要为各类美术基础和进阶课程；也有综合性较强的产品，比如唯库的课程内容非常广泛，既有英语、Excel 等技能型课程，也有烹饪、拍照等生活技巧型课程。网络小说是依托网络平台，由网络作家发表的一种小说，最早可追溯至 2002 年，但由于法律制度不完善和版权意识薄弱，网络文学盗版盛行，付费阅读的人数非常有限。自 2015 年起，我国政府逐步出台相关政策和法律，加强管理，中国音响与数字出版协会发布的《2016 年度中国数字阅读白皮书》显示，2016 年我国数字阅读行业市场规模达 120 亿

元，同比增长 25%①。这表明，我国的数字阅读领域已经进入成熟阶段。

（五）特点总结

1. 市场规模大，增速快，发展潜力大

由于数字化产品行业起步相对较晚，目前仍处于加速发展阶段，加之我国人口数量庞大，因此一般具有市场规模大和潜力大的特点。以智能家居行业为例，自 2016 年以来，近三年我国市场规模增长速度维持在 50% 左右，远超过美国及全球市场的增长速度。智研咨询发布的《2016 年中国智能家居行业发展现状及市场规模预测》② 显示，2018 年我国智能家居市场规模将达到 225 亿美元，超过美国市场规模 34.4%。同时，美国及世界智能家居行业经过一段时间的发展，市场较为成熟并逐渐趋近饱和，因此市场增长率呈下降趋势。而我国智能家居行业目前还处于青年发展时期，增速较快，且市场规模尚未充分发掘，据估计我国智能家居的潜在市场规模约为 5.8 万亿元。

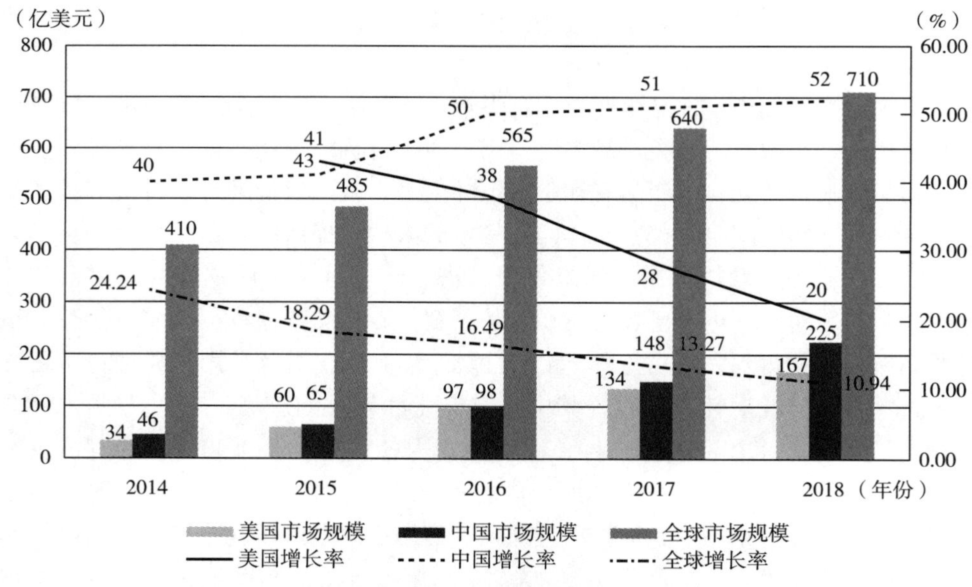

图 5－4　2014～2018 年中美智能家居行业市场规模对比

资料来源：2016 年中国智能家居行业发展现状及市场规模预测［R］. 北京：智研咨询，2016；2018～2023年中国智能家居设备行业市场前瞻与投资策略规划报告［R］. 深圳：前瞻研究院，2018.

① 2016 年度中国数字阅读白皮书［R］. 北京：中国音响与数字出版协会，2016.

② 2016 年中国智能家居行业发展现状及市场规模预测［R］. 北京：智研咨询，2016.

2. 知识产权保护问题突出

虽然人们的知识产权保护意识正在觉醒，竭力为数字化产品提供相对完善的保护政策，但侵权问题仍屡禁不止，技术战、专利战等已经成为常态，如美的与云米、TCL 和格力都曾有过专利权的纠纷。而在网络视频、知识服务等文娱领域，侵权现象更为严重。例如《偶像练习生》和《创造 101》、《热血街舞团》和《这就是街舞》等，都是节目模式相似，且播出间隔极为相近的网络综艺。模式和内容同质化的现象在网络视频、付费课程和网络小说等众多领域都普遍存在。这不仅说明了我国的版权保护力度有待加强，在某种程度上也说明了创业者在创新力上的缺乏，有待进一步激发。

3. 供需不匹配

目前，我国数字化产品领域的供给尚不能充分满足消费者的需求。以充电桩行业为例，根据我国公安部和中国汽车工业协会公布的数据来看，近几年消费者对新能源汽车的认可程度越来越高，保有量持续上涨，虽然充电桩的增速略高于新能源汽车，但两者的保有量仍不匹配（见图 5－5）。不过显然，充电桩的数量并非越多越好，配比率过低很有可能意味着充电桩资源闲置或使用效率过低。因此，找到新能源汽车保有量和充电桩数量之间的合理配比，可能是未来充电桩行业努力的方向之一。在网络视频领域供需矛盾同样存在。当前的网络视频多以吐

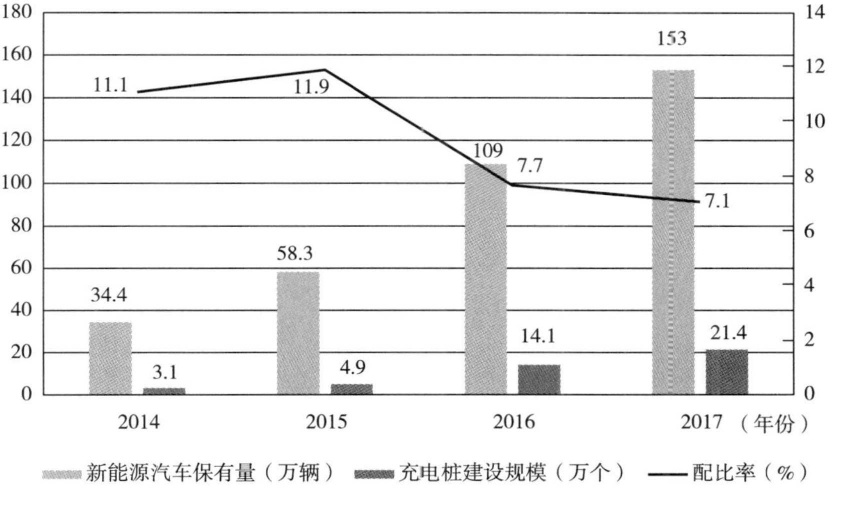

图 5－5　2014～2017 年我国新能源汽车与充电桩的配比情况

资料来源：公安部、中国汽车工业协会、前瞻产业研究院。

槽、调侃、恶搞等为主，虽然在一定程度上与人们高压力、快节奏的生活相匹配，但不过是“一时热闹”，仅能满足观众的娱乐需要。商业的繁荣背后不该是文化的衰落，当前我们仍缺乏能满足观众多方面需求的、有深度、有思想的好作品。

三、数字化商业模式

数字化商业模式是在原有商业模式的概念中延伸出来的，特指在数字化经济时代，利用数字化技术或生产数字化产品，将企业内外要素整合，进而在满足客户需求的同时，实现持续盈利的商业模式。目前，较为常见的数字化商业模式有平台模式、生态模式、共享模式、社交模式和广告模式。

（一）平台模式

1. 提供去中间化服务，实现独立、规范发展

平台模式是一种常见的电商模式，通过构建多主体共享的商业系统，促成双方或多方客户之间的交易，平台从中收取一定的佣金，从而达到多主体共赢的局面。其特点包括：独立性，以提供中介服务为主，同时独立于卖家和买家；去中间化，生产者和消费者可以直接对话，省去了各种分销环节，大大降低了销售成本；规范化，入驻平台的卖家为了获取客户，在价格、质量、物流等方面进行竞争，致力于提供更好的服务；平台方面也会对交易过程进行监管，保障了双方交易的合理合规。

2. 关系参与方各有不同，社群与移动成为发展潮流

近几年新兴的运营模式主要包括 O2O（Online to Offline）模式、C2B（Customer to Business）模式、社群模式，以及比较特殊的移动应用商店。其中 O2O 模式是指将互联网作为线下商业活动的前台，促成线下交易的一种商业模式，例如，将生鲜采购和互联网结合起来的每日优鲜，将预约洗衣和互联网结合起来的海狸先生，线上与线下相互促进，两者缺一不可。O2O 模式重视客户的服务体验，在 O2O 模式下，客户是衡量产品或服务好坏的终极标准，O2O 取得成功的关键在于能否满足 C 端的期望；B 端、C 端延长交互：消费者通过 O2O 平台获取店铺信息，销量、价格、评分等一目了然，便于货比三家，选择性价比最高的服

务；商家需要通过展示优质形象，获取更多客户，B端和C端都极力延长自己的信息链，交互参与，极大地降低了信息获取的成本。

C2B模式则是指先由消费者提出需求，再由生产企业按需求组织生产，本质是利用长尾效应，通过网络能将传统模式中的小众需求汇集起来，商家根据需求信息进行整合、组织生产。其特点主要表现为：以客户为中心，不同于传统的推动式商业，C2B是由消费者到厂家的拉动式模式，从产品设计到生产都以客户为中心，例如家具定制品牌尚品宅配，就能够根据家庭的实际情况定制尺寸、版型等，消费者也可以参与设计师的图纸设计；高数据处理能力，厂商需要有足够的数据处理能力快速分析来自C端的大量数据，还要根据消费者的要求反复进行修改，调整生产方案，因此厂商要具有强大的数据处理和供应链整合能力；零库存，厂商在接到订单后才开始组织生产，如此便省去了仓储费用，解决了货物积压的问题，降低企业的经营风险。

社群模式，即“社区+电商”，以兴趣、职业、价值观等为导向将人群聚集起来，利用网络社交工具将客户社群化，形成强大的内在联系。这种模式能充分调动社群成员的活跃度，提高传播力度，比较有代表性的是小红书、小米。其特点主要表现为：自由度高，自发组建社群，自由进行社群的组建、解散和进出，始终处于不断更新的动态过程中；自发性，社群是典型的自组织，不是简单的个体叠加，成员之间会产生协同作用；以情感价值为核心，社群帮助人们找到类似的同伴，满足了归属感的需要，适量的交流和自我表达满足了情感需要。归属感和情感共鸣又反过来吸引更多人加入，社群不断壮大，由此形成一个良性循环。

移动应用商店是指利用互联网将客户和应用开发者连接起来，为客户提供购买手机应用、增值服务等相关数字产品的交易平台。目前来看，移动应用商店主要有三种类型：第一种以平台开发商为主导，它们开发手机操作系统和应用开发工具，离市场更进，敏感度高，反应速度快，典型代表是iPhone的App Store和Android Market。第二种是互联网公司或门户网站开发的分发平台，能支持不同的操作系统和手机型号，例如腾讯应用宝、91手机助手等。第三种以移动运营商为主导，延长自己的产业链，将应用商店作为提供增值服务的平台，例如中国联通的沃商店。

（二）生态模式

1. 以客户需求为导向，实现协同发展

生态模式是依托互联网技术形成的，以客户需求为导向，围绕某一核心企业或核心业务，通过纵向构建全链路整合体系，横向拓宽目标顾客群体实现完整的、良性的业务闭环，消除了传统的行业边界限制，重塑了商业生态运行模式。其特点主要表现为：协同性，生态模式中的每个商业个体都能通过互联网技术进行联系，数据、信息甚至硬件设施的共享能够帮助生态产生良好的协同效应；动态化，商业生态系统中的个体和组织，可以遵循生态链进行商品、资金与信息的流动和循环；用户需求为导向，商业生态的最终目的是提高产品或服务体验，为用户营造更多的商业场景，提供更高的用户价值。基于市场关系的连接，生态体系是基于市场关系逻辑的连接，参与企业在商业运营过程中都或多或少拥有联系，在资源或经营环节中彼此依赖。

2. 文娱物流行业打造闭环生态，智能物联实现物物互通

内容生态是指围绕优质数字化内容而形成的闭环生态体系，涵盖内容的生产制作、宣传分化的全链条。其内容可为文字、图片、视频等多种形式。目前已有多家巨头企业开始搭建内容生态平台，如阿里利用大鱼号在内容生态上的布局，一方面通过“大鱼在现场”等业务设置，在源头上为创作赋能，丰富内容生产，另一方面从分发渠道入手，实现一点接入、多点分发、多重收益。物流生态强调对物流过程中的用户信息、数据信息加以利用，以提高物流质量，完善客户体验。数据信息将覆盖原材料、半成品以及成品从原产地至消费地的全过程，有效优化物流管理，实现资源最优配置。以海尔日日顺为例，其物流生态建设主要涉及三个方面：一是参与人，日日顺吸纳了大量员工、中小物流企业以及外部专业人士加入生态链建设；二是资源，借资源开放的形式，吸引了菜鸟、小米等同类企业加入生态链，低成本实现产业链完善，获取共赢效果；三是资本，设立物流产业基金，积极支持智能物流设备发展，共享大数据环境下的生态优势。智能物联生态是指以IoT设备为联结基础，综合运用云计算、人工智能等高新技术手段而形成的物物互联、数据导向的智能生态体系。如先前风靡一时的乐视模式，以及如今风头正劲的米家生态，都是智能物联生态的典型表现。通过终端进行数据收集，一方面实现便捷的精准服务，提高用户体验；另一方面能够发挥数据的集成导向作用，为企业提供战略支持。

（三）共享模式

1. 大众参与集中资源，实现闲置再利用

共享模式是指拥有闲置资源的机构或者个人，有偿让渡使用权，让渡者获得回报，付费者获得一定期限的使用权，从而使资源得到充分利用，创造价值的一

种商业模式，是优化社会资源配置，整合闲置资源的一种有效手段。其特点主要表现为：大众参与，资源提供者越多，使用者选择的余地越大，资源提供者获得的收益也越大，而且共享经济在某种模式上是一种产销合一的经济形式，生产者同时也可能是消费者，两者的界限并不明确，交易双方让位于产销者（Prosumer，出自阿尔文·托夫勒的《第三次浪潮》）；资源流动速度快，共享模式的本质是加速资源的流动，以提高其利用效率，利用现代技术，将大量、零散的闲置资源整合在一起，租借给短期内需要的用户，越是碎片化的共享，资源的流动速度就越快；所有权与使用权相分离，人们不再强调是否拥有某件东西，而更关注消费的过程，使用变成了最终目的。

2. 各类模式层出不穷，充分利用资源盈余

共享交通利用现代技术，将闲置交通资源匹配给有需要的消费者，既包括共享单车、汽车租赁等车辆的共享，也包括拼车等车内空间的共享，还包括代驾等驾驶技能的共享。目前，共享交通工具是我国共享经济中发展最快、最成熟的领域。共享交通企业主要可以分为两类：一类是服务共享，平台有司机提供服务，消费者主要为享受服务埋单，比如滴滴出行、易到用车等综合打车平台，滴答拼车、KK 拼车等共享车内空间的拼车平台，e 代驾、爱代驾等共享驾驶技能的代驾平台和嗒嗒巴士、嘟嘟巴士等巴士租赁服务。另一类是硬件共享，平台内没有司机，用户只为租借硬件埋单，比如神州租车、PP 租车等汽车租赁平台，ofo、摩拜单车等共享单车平台和盼达用车、途歌等共享汽车平台。共享交通的出现提高了车辆使用效率，改变了人们的出行方式；在一定程度上能够缓解汽车拥有量过多和交通拥挤等方面的问题；同时，也将倒逼包括出租车行业在内的传统交通行业的改革。

共享空间是指将分散的闲置房源集中起来，开放或租赁给有需要的客户。其主要分为两大类：一类是满足人们住宿需要的空间共享，由企业或个人提供闲置房屋，用于解决旅游、度假、出差等过程中的住宿问题。其包含三种模式：一是由个人提供房屋，房东将闲置房源分享出来，租客可以直接和房东取得联系，进行交易，如爱彼迎（Airbnb）和蚂蚁短租；二是由企业提供房屋，房源由平台统一进行管理和维护，更接近于酒店化的管理，质量更有保障，如途家、YOU + 青年公寓等；三是“二维共享”模式，消费者既享受房屋的部分产权，也享受某段时间内的使用权，开发商将一套房屋的产权分为几份，每个消费者拥有一份产权，由房主自行协商如何分配居住时间，如“Weshare 我享度假”。另一类是商业场景的共享，一般由企业建造或者租赁办公场所，将其分割成标准大小的工位

出租，租户多为初期创业者，比较典型的代表是 Wework、氪空间等。

共享金融是指通过借贷、投资等方式，将消费者手中的闲置资产提供给有需要的用户，并获取一定收益的行为，具体类型主要有 P2P 和众筹两种方式，详细介绍请参考本章第四小节中互联网金融对应部分。

共享知识就是把个人或机构盈余的智力资源集中起来，分享给其他机构或个人，主要包含三种类型：第一类是隐性知识共享，一般是需求者向专家付费提问，提供方根据自己的知识体系和生活经验给出答案。第二类是显性知识共享，一般由专业的老师在线一对一教学或者录制教学视频，能打破地域的界限，但难以兼顾个性，也不易实现师生互动。第三类是兴趣知识共享，一般是趣味知识或经历的分享，但大多数用户只能被动接受，有些人可能只愿意为一小部分感兴趣的内容付费。目前，知识共享领域主要存在两个问题：一是我们正处于从免费到付费的转型期，部分消费者没有养成付费的习惯；二是知识产权的相关问题还不够明确。

（四）社交模式

1. 以社交为基本手段，实现裂变传播

社交模式是指利用微信、微博等社交渠道进行社交互动和内容传播，实现流量变现的一种商业模式。其特点包括：社交性，无论是内容生产还是盈利变现，都建立在其社交互动的活动中。其中，社交关系可分为强关系和弱关系两种：强关系意为基于用户原有社交关系基础实现裂变式传播，能够以较低成本实现可靠扩散，如微信与 QQ；弱关系意为基于趣缘关系搭建而成的社交连接，如美丽说、蘑菇街等。裂变性，在社交模式中，用户在意见表达和内容生产上拥有高度自主性，因此信息的传播具有裂变性，传播速度极快，由此也可以发现企业或平台对内容的控制相对受限。

2. 关系形态造就不同模式，强弱关系作用各异

熟人社交是一种典型的强关系社交模式，其互动主要基于用户自身关系网络，是线下社会网络的线上反映。现阶段传播最为广泛、应用最为密切的社交平台，如微信、QQ 等均是采用这一社交模式。粉丝经济主要依赖被关注者的凝聚力实现，是建立在粉丝与崇拜中心关系上的经营活动。先前，粉丝经济通常围绕娱乐产业展开，体现为偶像明星或行业名人对粉丝的影响作用，如音乐行业中购买专辑、演唱会门票以及偶像周边等；伴随着粉丝经济概念的进一步延伸，还涌现出了围绕品牌或产品建立的粉丝经济 2.0 形式，企业或品牌商家借助一定平

台，通过塑造共同兴趣，将具有相同爱好的粉丝聚集于一处，以提供个性化服务或产品的方式维持粉丝圈的活跃，并最终通过消费活动促成社交流量的变现。在社交模式不断成熟的背景下，消费者的现实社交关系已不再满足其日益增长的社交需求，人们对更为丰富的社交网络充满期待，陌生人社交的形式由此诞生。陌生人社交是指基于社交平台，经过数据匹配或随机的形式，将互不相识的两个或多个个体相连，进而催生新的社交关系。在陌生人社交中，其盈利方式通常为“羊毛出在猪身上”，社交用户费用并非主要盈利来源，基于庞大客户群体的广告盈利才是重中之重。目前，较为常见的陌生人社交软件有陌陌、探探、向右等。

（五）广告模式

1. 拓展传统广告，实现实时交互

网络广告模式是对传统广告媒体的拓展，即通过提供免费的内容或服务来吸引用户，在使用的同时加入广告信息，收取广告费的一种商业模式。其特点主要表现为：“流量为王”，流量是广告投放的前提，流量大小与广告效用呈正相关，当访问量达到一定数量时，企业才开始盈利；针对性，利用网络能收集到大量用户信息，根据用户的年龄、喜好、浏览记录等可以更有针对性地投放广告；实时性，网络广告不受时间和地域的限制，只要受众打开网页就能接收到广告信息，这是传统媒体无法做到的；交互性，受众可以主动地筛选广告信息，不感兴趣可以关闭，而不仅仅是被动接受；投放者也可以接收用户的反馈信息，及时调整投放策略。

2. 投放渠道多样化，不同方式效果各异

数字广告的投放渠道更加多元化，主要包括以下几种：门户，又称网络门户、门户网站，是集成了多种信息服务的搜索引擎，大多是“老牌”互联网公司，积累了一定的知名度和信任度，具有品牌优势，用户群体广泛，结构合理，忠诚度、使用频率和黏性都比较高。但也由于用户群体太过广泛，难以精确统计用户喜好、年龄等信息，做到个性化投放。社交媒体，也称社会化媒体，是人们在网络上分享和交流想法、感受、经验的一种社交工具，主要包括微博、微信、QQ 以及各种社交网站。和其他模式相比，社交媒体能比较容易地搜集到用户的个人信息，根据搜索和浏览记录比较准确地分析出客户的喜好，做到精准投放，极大地提高广告投放的效用。电子邮件是一种网络通信方式，因其低价、快速的特性而受到民众的喜爱。电子邮箱广告制作简单，周期短，成本低，反应速度快，推送内容不受限制，覆盖率也更高。但是经过几年的发展，用户对推广邮件的厌恶程度较高，经常选择性忽略或屏蔽，且广告效果难以统计，仅仅依靠点击率来衡量显然是不科学的。

（六）特点总结

1. 平台化特征明显，追求协同效应

各类数字化模式或多或少都带有平台中介的意味，以对接需求双方的方式促进商业活动，并从服务中获利。除了众所周知的以平台化为核心的平台模式，共享模式和社交模式可以说是平台模式的变体，为供需双方提供互动平台，实现消费关系和社交关系的建立；生态模式也强调协同性，帮助参与其中的商业主体实现互联沟通和商业支持；广告模式则扮演着广告主宣传信息与用户间的平台角色，通过免费内容或服务不断提升平台吸引力。

2. 商业模式同质化，创新性有限

商业模式的创新是系统的、全面的，需要不断摸索经验，迭代发展，因此大部分创业者为了规避试错风险，更乐意借鉴已有成功模式。某种新商业模式一旦出现并获得成功，就会有大量同质性企业纷纷涌现。如 ofo、摩拜和永安行，以及饿了么、百度外卖和美团外卖等都是其典型表现。这种同质化模仿行为大行其道，在某种程度上解释了我国商业模式缺乏新意的现状。一方面，尽管商业模式的概念被炒得火热，也有不少数字化创业企业标榜发展出了新型商业模式，但究其本质大多都包含在上述五种模式中，模式创新仿佛进入了停滞不前的阶段；另一方面，数字化创业企业的增长率急速下降，如图 5－6 所示，自 2015 年起，我国新成立的互联网创业公司数量开始大幅下跌，创业企业成立放缓也意味着创业爆点的缺乏，创业者难以挖掘新的商业模式进行创业活动。

四、数字化产业

数字化产业是指在数字化经济时代背景下，伴随各类数字化技术互通共融而形成的崭新产业形式。总的来看，数字化业态主要有两类表现：一是在原有产业基础上，利用新技术、新理念实现业态升级，如智慧物流、智慧旅游；二是彻底颠覆传统业态，重塑商业形式，如新零售、互联网金融、高端制造等。

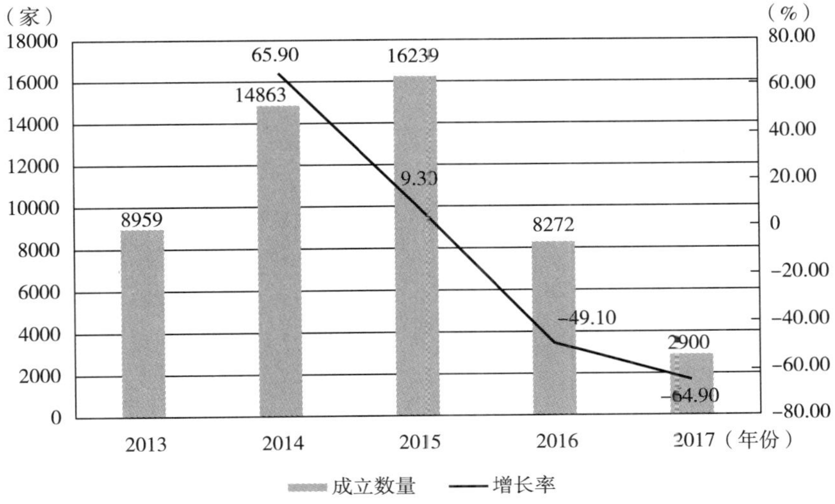

图 5-6 2013～2017 年互联网创业公司成立数量

资料来源：根据 IT 桔子、中商产业研究院整理。

（一）新零售

1. *以消费者体验为中心，以数字化技术为手段*

一般来说，新零售是指企业以消费者体验为中心，借助互联网和现代物流，通过对大数据、物联网、人工智能等先进技术的组合运用，重塑传统零售业态，实现线上线下互动共融的一种新型零售模式。其主要特点表现为：用户中心，从传统的"货—场—人"发展为"人—货—场"，人成为一切零售活动的源头和基础；数字化，新零售过程中，全部实体都被赋予了数字含义，具有数字化特征，同时，云计算等数字化技术也被大量引用至新零售，以进行流程优化，完善用户体验；全渠道，新零售从本质而言，是线上、线下和物流的充分融合，消费者可以根据自身需要选择最为合适的购买渠道；全场景，随着技术在新零售领域的不断应用，劳动力不足、渠道限制等都将不再是零售发展的阻碍，在未来，哪里有需求，哪里就有零售，销售场景将无处不在。

2. *技术助力零售服务新方式，催生零售新物种*

现阶段，新零售主要有以下几种发展模式。多渠道整合：新零售的核心在于实现线上、线下的互动共融，结合智能物流，不断提升消费者的购物体验。传统零售企业开始引入线上渠道，如利群搭建利群在线平台；纯电商企业也在用户体验为王理念的驱使下，涉入线下领域，如阿里巴巴、京东等推出的实体便利店项目；此外，线上线下的合作也较为常见，如银泰与阿里巴巴建立合作关系，将银泰会员与淘宝账户进行打通，从而实现业务互动。体验式消费：目前，已有不少传统零售商开始将技术应用于实体销售，以大幅提升消费者的购物体验，如北汽新能源旗下的 LITE 将门店改装成为智能科技体验馆，通过技术支持和店面设置，用户体验被置于零售环节的中心位置，消费者能够最大程度地了解产品、参与服务。零售生态平台：通过打造包含供应商、制造商、零售商、消费者等多方参与者在内的零售生态平台，可以进行全渠道的信息跟踪，促成各环节节点的连接，实现整个零售产业链的整合，典型代表为阿里零售通。无人零售：在移动支付、物联网等技术的支持下，无人零售形式开始在市场上崭露头角，通过自动化的支付流程，大大降低了结算时间，使营业时间、营业地点的限制也不复存在。新物种：随着新零售概念的兴起，诞生了一种新兴的零售业态，如传统企业培育出的百联 RISO、大润发优鲜，电商企业建立的盒马鲜生、超级物种等。利用线上 App 和线下门店实现多渠道，消费者可以自由选择购买方式；提供体验式服务，不仅产品格局会随时根据用户行为进行调整，而且还大面积应用餐饮等高频服务项目；购物流程数字化，实现了支付流程的自动化或半自动化，用户行为也可被及时收集，进行数字化处理，用以指导业务改进。

（二）互联网金融

1. 高风险与低成本并存，实现数字驱动

互联网金融是互联网技术与金融技术的有机结合，是借助大数据、云计算等互联网技术和移动通信技术形成的新型金融业态及其服务体系，可实现资金融通、支付和信息中介等功能。其主要特点表现为：低成本，对资金供求双方而言，互联网金融为其中介平台，交易成本远低于传统金融交易方式，与此同时，平台提供更加丰富的金融产品，垄断利润不复存在，对金融机构而言还能减少线下实体的投资成本和运营成本；高风险，互联网金融依托网络而存在，黑客、病毒等的攻击对其安全运行造成了巨大威胁；信用体系与法律体系尚不完善，也为互联网金融带来了风险，易发生诸如恶意骗贷、携款跑路等风险；广覆盖，互联网金融打破了时间与空间的限制，覆盖面积更广；此外，处于传统金融业服务盲区的小微企业，成为了互联网金融的主要客户，用户覆盖更进一步；数字驱动，互联网金融用数据为金融赋能，数字技术应用于客户画像、资源配置、精准营销、风险控制等众多流程。

2. 模式类型丰富，数据成为基本要素

互联网金融的发展模式非常丰富，主要包括以下几种：众筹主要为筹资方提供平台功能，将筹资项目与海量投资方对接，通过项目的发布、传播，帮助筹资人在较短时间内达成筹资要求。利用众筹形式发布的项目必须要设定天数与金额。目前常见的众筹形式有两种：一是传统众筹，只有在规定时间内达到或超过规定筹资额，众筹才算成功，否则就要将资金全部退还给投资人，投资人也并非无偿支持，需要筹资人提供等值的产品或服务；二是随着行业而逐渐兴起的公益众筹，这类众筹通常针对公益项目展开，不会因为筹资额尚未达到而全额退还，投资人也大多出于公益目的参与众筹，不要求回报或要求极低。

P2P 网贷主要功能为搭建平台，使资金的供需双方能够在网络技术的支持下，实现快速匹配、选择与交易。资金需求方可以在极短时间内快速寻觅资金支持者，资金供给方可以通过多方共投的方式降低投资风险，大大降低了融资难度与融资成本。目前较为常见的模式有三种：一是完全线上模式，不设置任何线下核验环节，所有审核过程均通过线上进行，模式代表有拍拍贷、合力贷等；二是 O2O 模式，强调线上申请与线下核验的结合，审查成本相对较高，也更为安全；三是债权转让模式，宜信的大多数业务就采取了这一模式，平台一般作为第三方，首先与借款人对接，完成放款，再将债权转让给投资人。

第三方支付是指一些非金融机构在互联网技术的支持下，以中介身份建立用户与银行之间的连接，提供支付结算、信用担保等金融服务。目前较为常见的模式有两种：一是以快钱、易宝支付等为代表的独立支付模式，不依托电子商务平台存在，仅提供支付服务，简化支付流程，输出支付解决方案；二是担保支付模式，通常依托电子商务平台存在，不仅提供支付服务，还具备担保功能，利用第三方支付的信誉为交易背书，典型代表有支付宝、财付通等。

数字货币是一种电子货币形式，但不同于虚拟货币，可用于真实交易，目前有两种主要的货币形式：一是数字金币，以黄金、铂金等贵金属为货币资助，以重量命名，为人们提供投资贵金属实现增值的渠道的同时，免除个体运输与储存的成本；二是以比特币为典型代表的比特币，利用区块链技术和密码技术，实现去中介化和高安全性。

基于云计算等技术基础，大数据金融可以从海量数据中提取有用信息，用以指导金融活动。这类模式通常以电子商务等可产生大量数据的平台为基础，通过对数据进行实时分析与预测，协助开展金融服务。比如阿里小额信贷，利用阿里平台庞大的用户数据及交易数据，对用户信任做出评价，并将其作为提供小额贷款的信用依据。

随着互联网金融的不断兴起，银行、证券、保险等金融机构也纷纷开始依托其坚实的实体基础，融入互联网及信息技术，通过自建电商平台、数据驱动风控体系等，对传统的金融业务进行流程重组，以实现业务流程的数字化，降低管理难度，完善用户体验，增强用户黏性。

互联网金融门户在一定程度上与淘宝、天猫等电商平台较为相似，区别在于其销售产品为金融产品及服务。用户可以在互联网门户中进行搜索，对各金融机构提供的商品进行对比、咨询、选择与购买。平台在过程中仅提供展示、对接功能，不负责实际销售，也不承担风险。

（三）高端制造

1. 多领域集成应用，辐射带动作用显著

高端制造是指随着高新技术发展而逐渐兴起的制造业高端领域，通常位于产业链的核心位置，利用现代传感、移动网络、人工智能等高精尖技术的多领域集成应用，不断提升产品附加值，实现技术装备的智能化制造，目前主要涉及的领域有船舶与海洋工程、轨道交通、航空航天、智能机器人等。其主要特点包括：高附加值，高端制造将高新技术应用于产品制造，通过研发技术赋予产品不可替代和品牌价值等特性，提高其附加值；信息密集，高端技术实现的是多学科、多领域的知识技术集中，需要集合各相关领域的信息，用以指导技术升级和产品生产；核心垄断，高端制造由于其技术属性，具有一定的垄断性，同时，由于高端制造企业多位于核心位置，对产业链的上下游都具有一定程度的影响作用；辐射带动，高端制造企业以技术带动自身发展，同时借助产业链将技术优势过渡至上下游企业，带动相关企业的技术发展和创新突破。

2. 高度依赖技术，弥补传统制造不足

高端制造能够充分发挥高精尖技术的优势性能，弥补传统制造的不足。其具体应用包括：仿真生产，利用虚拟现实技术打造三维沉浸式环境，还原产品的生产制造过程，用户可以随时调整参数，操作设备，对各阶段工艺过程进行仿真模拟与评估，从而在产品量产前，确定采用的产品生产流程及工艺。企业的试错成本大大降低，研发与生产之间的时间间隔也得到了大幅缩短。柔性生产，企业通过对系统单元、组织架构、生产流程以及营销服务等方面进行变革，打造适应柔性生产的企业环境基础，在生产数据的驱动下，利用精密机器人进行小批量、高精度、高品质的生产操作，以应对瞬息万变的市场需求，及时地进行生产计划调整。云端制造，同一产业链的上下游企业可通过网络实现制造资源共享，共同进行全产业链层次的联结、决策、控制、执行与服务。同时，决策可通过物联网直接传递给技术设备，实现物物相连场景下的智能化生产。增材制造，在离散—堆积原理的基础上，综合计算机图形处理技术、数字化控制技术、激光技术、材料技术等众多高新技术，实现数据驱动下的产品制造。可以实现短时间内不同形态产品的精密制造，避免了传统人工精度不足的问题，减少了制造工序，缩短了制造周期。

（四）智慧物流

1. 技术借力实现新型管理，智能化、系统化特点显著

智慧物流是指利用物联网、人工智能、大数据等高新技术，为物流企业提供现代化的新型管理方式，提供实时感知、信息传递、仓储管理、决策优化、智能反馈等多种功能，以整合闲置资源，提高物流效率，降低物流成本，实现物流运作的自动化、智能化和现代化。其主要特点表现为：信息化，智慧物流借助技术手段，实现了对物流全过程的实时跟踪，所有的跟踪信息都会被记录并反馈，此外，各个物流环节的操作也都是基于过程信息展开的；智能化，智慧物流强调赋予机器以智能思维，而非简单的机械式重复操作，利用大数据、人工智能等手段，基于收集到的数据信息，进行决策优化、路线制定、智能配送等；系统化，智慧物流涵盖了物流从开始到结束的全部环节，包括出入库管理、货物储存、货物运输、分拣包装等一系列流程；此外，智慧物流不是对单一技术的应用，而是通过对多技术的组合运用，实现智能化。

2. 打通信息、仓储、配送全环节，实现职能物流服务

现阶段，智慧物流主要有以下几种发展模式：集成信息平台，通过搭建智能信息集成平台，用户可以进行货物配送预约、物流信息查询、历史记录查看等一系列应用。数字化仓储，在智能物流体系中，利用 RFID 技术、GPS 技术等，可实现出入库、货物转移的全流程跟踪；大数据结合人工智能，可实现对仓储位置、配送路线的自动优化选择；机器人的存在，更是加速了仓储环节的无人化进程，结合算法与数据，使机器人完成传统的人工操作。众包物流，为实现最后一公里的覆盖，以平台类企业为主、物流企业为辅的众多物流参与企业，开始尝试利用互联网，将原本由员工执行的或原本并未涉及的简单物流工作，以自愿的形式分配给个人，充分调动社会闲置资源，实现低成本、高效率的物流服务，如菜鸟裹裹、人人快递等。无人配送，在长距离运输环节中，以戴姆勒为代表的汽车

公司通过发明无人驾驶汽车，以解决疲劳驾驶等问题，减少运输事故，提高运输效率；在短距离运输环节中，则出现了无人配送车、无人机等智能运输设备，解放了人力；在与用户实际对接的配送环节中，快递自取设备担当了配送主力，实现错时对接，大大降低了配送人员的工作量，提高工作效率。在未来，无人物流将成为智慧物流的最终归宿与落脚点。

（五）智慧旅游

1. *多方共同参与，注重体验交互*

智慧旅游，又称智能旅游，是随着移动终端普及，信息通信、物联网、人工智能、VR、AR 等技术发展，逐渐兴起的旅游新业态，强调以消费者体验为核心，由游客、企业甚至政府共同参与，在技术与设备支持下，从营销、服务、管理多角度入手，实现信息搜集、意向购买、交通运输、旅游体验等旅游全过程的个性化、数字化与智能化。其主要特点为：注重体验，为消费者提供更佳的旅游体验是一切技术运用及活动改进的出发点；互动交互，在智慧旅游中，消费者可以随时实现与景区、服务企业的互动交互，信息能够实现及时反馈；信息化，智慧旅游过程中产生的全部信息，可以经过处理分析，为企业营销、旅游服务、运营管理等所有活动提供数据支持；全方位，智慧旅游涵盖了信息搜集、意向购买、交通运输、旅游体验等旅游全过程，为消费者提供全方位的购物服务。

2. *借助移动网络设备，打造酒店景点多场景应用*

现阶段，智慧旅游已经覆盖到酒店、景区等多个场景，其主要表现包括：智慧酒店，在酒店的营销、服务与管理过程中引入科学技术，实现数字化驱动与科技化服务。在营销环节，借助数据挖掘技术进行精准营销；在服务环节，通过物联网、云平台实现用户自助服务；在管理环节，通过收集营销及服务过程中产生的海量数据进行集中化管理。智慧导览，已有不少景点、企业甚至政府相继推出智慧导览项目，在感知设备的硬件支持下，利用信息通信技术等手段，结合游客的需求，为其提供路线规划、智能讲解、情景再现等服务。虚拟旅游，利用移动通信技术和 VR 技术，收集景区的现实影像作为数据基础，制作虚拟的三维景区场景，为用户打造沉浸式的旅游体验，比如故宫博物院推出“超越时空”项目，帮助用户虚拟游览紫禁城。移动服务平台，以携程、去哪儿为典型代表，这类移动服务平台通过信息集成，为游客提供全方位、流程化的旅游服务，比如景点推荐、门票购买、酒店预订、出行交通等，在移动端为客户提供专业化的旅游支持。

（六）特点总结

1. 全方位改写传统业态经营方式

在全新的数字化发展背景下相继涌出的数字化产业，依托数字化技术、数字化产品，将数字化引入业态运营的全过程，实现了对传统业态全方位、多角度的改革与创新。如新零售通过大数据、物联网、人工智能等先进技术的组合运用，利用多渠道整合、体验式消费、零售生态平台、无人零售以及新物种等模式，重新塑造了零售业从需求场景，到运输物流，再到售后服务的一系列流程。在高端制造领域，仿真生产可应用于研发阶段，利用虚拟现实技术打造三维沉浸式环境，还原产品的生产制造过程，在产品量产前，确定采用的产品生产流程及工艺；柔性生产则实现了对生产阶段的数字化革新，在生产数据的驱动下，利用精密机器人进行小批量、高精度、高品质的生产操作；云端制造借助物联网、大数据与云平台，着力于产业链的信息协同，使上下游企业可通过网络实现制造资源共享，共同进行全产业链层次的联结、决策、控制、执行与服务。创新技术已经应用于制造生产的各个环节。

2. 对数据、信息等依赖性高

数字化产业是伴随着数字化技术发展而涌现出的创业新经济，其对数据、信息具有较高的依赖性。以互联网金融为例，其众筹模式的对接平台搭建、P2P 网贷模式的快速筹资、第三方支付模式支付活动的实现，以及大数据金融的实时分析与预测、为金融服务的展开提供数据协助等，都需要海量用户数据以及交易信息的支撑。事实上，互联网金融与传统金融的主要区别之一就是风险控制方式的差异。传统金融主要是基于央行的征信数据及银行体系内的生态数据，通过人工审核完成；而互联网金融则可通过线上渠道有效地扩大征信数据范围，融合非金融机构的数据信息进行风险防控，以大数据分析与预测为互联网金融活动保驾护航。由此可见，数据信息是互联网金融的基础。而对其他业态而言，数据的重要性也不可忽视。如高端制造实现的是多学科、多领域的知识技术集中，需要集合各相关领域的信息，用以指导技术升级和产品生产。

3. 智能化特征显著

基于数字化背景发展出的数字化产业还有一个显著特征，即智能化。这主要得益于物联网、大数据、人工智能等数字化技术在业态中的应用，可以通过现代化技术手段实现智能化管理或服务。其实质就是传统业态在数字化背景下的智能化改进。以智慧物流为例，在物联网、人工智能、大数据等高新技术的支持下，物流企业得以运用现代化的新型管理方式，提供实时感知、信息传递、仓储管理、决策优化、智能反馈等多种功能，以整合闲置资源，提高物流效率，降低物流成本，实现物流运作的自动化、智能化和现代化。此外，伴随着移动终端普及而兴起的智慧旅游，也在信息通信、物联网、人工智能、VR、AR 等技术发展的前提下，实现了信息搜集、意向购买、交通运输、旅游体验等旅游全过程的个性化、数字化与智能化。

参考文献

［1］2015 年中国互联网独角兽俱乐部［R］. 北京：IT 桔子，2015.

［2］2015 中国独角兽企业调研报告［R］. 北京：艾瑞咨询，2015.

［3］2015 中国在线教育平台报告［R］. 北京：艾瑞咨询，2015.

［4］2016 互联网文化娱乐产业洞察［R］. 上海：CBNData，2016.

［5］2016 年度中国数字阅读白皮书［R］. 北京：中国音响与数字出版协会，2016.

［6］2016 年高端装备行业发展报告［R］. 北京：国家信息中心，2016.

［7］2016 年中国互联网创业者健康调查报告［R］. 广州：艾媒咨询，2016.

［8］2016 年中国互联网独角兽俱乐部［R］. 北京：IT 桔子，2016.

［9］2016 年中国智能家居行业发展现状及市场规模预测［R］. 北京：智研咨询，2016.

［10］2016 全球人工智能发展报告［R］. 杭州：乌镇智库，网易，2016.

［11］2016 中国创新创业报告（简版）［R］. 北京：优客工场，2016.

［12］2016 中国创新创业报告［R］. 北京：标准排名城市研究院，优客工场，2016.

［13］2016 中国独角兽企业发展报告［R］. 北京：科技部火炬中心，2016.

［14］2016 中国留学发展报告［R］. 北京：中国与全球化智库，2016.

［15］2017 年度中国共享经济发展报告［R］. 北京：电子商务研究中心，2017.

［16］2017 年国家和各省市电动汽车充电桩政策汇总及解读［R］. 深圳：前瞻产业研究院，2017.

［17］2017 年互联网创业群体调查报告［R］. 北京：IT 桔子，网易云，2017.

［18］2017 年上半年中国公共云 IaaS 市场份额调研结果［R］. 深圳：IDC，

前瞻产业研究院，2017.

［19］2017 年上海城市区域创业生态指数报告［R］．上海：上海市中小企业发展服务中心，2017.

［20］2017 年中国独角兽企业全榜单透视［R］．北京：东方财富 Choice，2017.

［21］2017 年中国互联网独角兽俱乐部［R］．北京：IT 桔子，2017.

［22］2017 年中国社交电商和微商行业发展报告［R］．北京：中国互联网协会，2017.

［23］2017 年中国社交电商和微商行业发展报告［R］．北京：中国互联网协会，2017.

［24］2017 年中国知识付费市场研究报告［R］．广州：艾媒咨询，2017.

［25］2017 中国创投年度白皮书［R］．北京：鲸准研究院，2017.

［26］2017 中国大学生创业报告［R］．北京：中国人民大学等，2018.

［27］2017 中国独角兽企业发展报告［R］．北京：科技部火炬中心，2017.

［28］2017 中国机器人产业发展报告［R］．北京：IFR，2017.

［29］2017 中国女性创业报告［R］．北京：中国企业家智库，2017.

［30］2017 中国最适宜创业城市排行榜［R］．北京：标准排名城市研究院，优客工场，2017.

［31］2018－2023 年中国文化产业发展前景预测与产业链投资机会分析报告［R］．深圳：前瞻网，2017.

［32］2018－2023 年中国智能家居设备行业市场前瞻与投资策略规划报告［R］．深圳：前瞻研究院，2018.

［33］2018 年 1 月直播答题 App 数据报告［R］．北京：七麦研究院，2018.

［34］2018 年 3 月直播 app 行业研究报告［R］．北京：光大数据，2018.

［35］2018 年能源工作指导意见［R］．北京：国家能源局，2018.

［36］“她经济”——中国女性创业者现状以及趋势报告［R］．北京：36 氪，2017.

［37］创业板“去泡沫”继续　概念炒作逻辑临瓦解［R］．上海：第一财经，2017.

［38］第 40 次中国互联网络发展状况统计报告［R］．北京：中国互联网络信息中心，2017.

［39］贺志强．智能互联网时代，N 倍数的产业机遇［R］．北京：联想创

投，2018.

［40］湖南省青年电商创业服务调研报告 2017［R］．长沙：共青团湖南团省委，2017.

［41］互联网 + 她时代：女性创业者报告［R］．杭州：阿里研究院，2015.

［42］李罕梁，罗曾．移动互联技术带来的出游方式变革［J］．旅游学刊，2016，31（5）：3 – 5.

［43］李克强．2016 年夏季达沃斯论坛致辞实录［EB/OL］．http：//www. gov. cn/zhuanti/2016 – 06/27/content_ 5085953. htm，2018 – 12 – 09.

［44］李扬，孙国峰．金融科技蓝皮书：中国金融科技发展报告［M］．北京：社会科学文献出版社，2017.

［45］梁旭艳．场景传播：移动互联网时代的传播新变革［J］．出版发行研究，2015（7）：53 – 56.

［46］梁智勇．移动互联网入口竞争的市场格局及传统媒体的竞争策略［J］．新闻大学，2014（3）：127 – 135.

［47］全省私营企业发展分析报告［R］．武汉：湖北省工商局，2017.

［48］人工智能行业研究报告［R］．北京：36 氪，2016.

［49］王牧．VC 的社会责任与投资策略［R］．北京：蓝猋资本，2018.

［50］与 AI 共进　智胜未来——智能金融联合报告［R］．北京：百度金融，埃森哲，2018.

［51］云计算发展三年行动计划（2017 – 2019 年）［R］．北京：工业和信息化部，2017.

［52］中国非金融支付机构市场季度监测报告 2015 年第 3 季度［R］．北京：Analysys 易观智库，2015.

［53］中国共享经济发展报告 2018［R］．北京：中国国家信息中心共享经济研究中心，2018.

［54］中国互联网共享经济市场规模及预测［R］．北京：艾瑞咨询，2015.

［55］中国青年创业发展评估报告 2017［R］．北京：中国青年创业就业基金会，2017.

［56］中国青年创业发展评估报告 2018［R］．北京：中国青年创业就业基金会，2018.

［57］中国青年创业现状报告（2016）［R］．北京：人社部劳动科学研究所，宜信公司，2016.

［58］中国人工智能创新应用白皮书［R］．北京：中国人工智能学会，罗兰贝格，2017.

［59］中国生活服务 O2O 市场专题研究报告［R］．北京：易观国际，2015.

［60］中国团购网站未来生存之道解读［R］．北京：电子商务研究中心，2010.

［61］中国细分人群创业潜力调查［R］．深圳：腾讯科技，2015.

［62］中国知识付费行业发展白皮书 2017［R］．北京：易观，2017.

第三篇

数字化创业调查

过去20年，中国经济得到了惊人增长，与之相伴的是社会实践的不断发展和创新创业的迅猛发展。在政策的倡导和扶持下，数字化创业不仅成为了初创企业家们趋之若鹜的风口，也成为了刺激经济发展的增长点，不断为我国经济注入活力。人们的创新意识大幅增强，创新观念不断革新，中国已经成为全球数字革命的领导者之一。与此同时，作为数字化创业支柱的数字技术和商业模式层出不穷、推陈出新，新的技术和模式使技术和需求驱动的商业模式蓬勃发展，形成了以无边界为特征的日益数字化的商业环境。中国在经济和数字化创业上的实践，具有新颖性、多元性的特点，然而其现状缺乏理论的、系统的描述，一定程度上导致数字化创业企业缺乏专业的数据支持，制约了其内外战略的设计。我们的调研目的在于弥补这方面的不足，通过此次调查对数字化创业的现状进行更系统的、深入的描述，指出优势方面和现存问题，在此基础上预测未来的趋势，从而为相关企业的未来发展提供支持。

我们把调查范围确定为北京、浙江、山东、湖南和安徽五个省份。其中，北京和杭州是中国的数字化创业城市的两个典型代表。北京占据了中国数字化创业的半壁江山，其产生了比例高达50%的独角兽企业，以65家独角兽企业的绝对数字独占鳌头。北京的地标中关村被称为中国的硅谷，其集聚了大量高新技术企业，在政策倾斜、基础设施上具有领先的优势，同时周边的高校资源也为中关村带来了丰富的人才资源，产生了集聚效应和学习效应。这些优越的创业生态环境条件使北京中关村备受创业者和投融资者的青睐。在浙江，杭州是以其互联网经济而闻名，以阿里巴巴带头的著名数字化企业集聚于此，在平台经济、共享经济和社群经济的深入发展中，良好的基础设施建设和完善的物联网系统成为数字化创业者能够借以利用的资源，引领了中国数字化创业的新模式和新业态。两个城市分别代表了一二线城市的情况，且各有其侧重点，前者强调技术创业，后者则更受市场驱动。

课题组采用问卷调研的方法对这些城市的数字化创业情境进行了调查研究，并且于2017年夏天启动了调查。问卷的设计和调研的准备步骤具体如下：首先，在与数字经济和互联网经济相关的已有材料和实践报告的基础上进行系统性的理论建构。其次，我们邀请了一些创业者并且采访他们相关的问题，以帮助我们设计出正式的问卷，使问卷的问题和数量更加合理、易于理解。再次，我们组织了一些创业者进行初步的调查，获得更深层的反馈。最后，在正式调查开始前，我们开了多次准备会议对调研人员进行培训，使他们熟知调研的方式和交流的重点，此后调研组分为三个小队，开展调研。

为了保证调查的数据具有准确性，我们在问卷设计、调研过程和问卷整理过程中采取以下措施：首先，我们设计了两套问卷（A卷和B卷）。我们将不同侧重的调查问题分别放入这两套问卷中，A卷主要包含关于企业总体情况的问题，B卷主要包含关于企业运营和营销细节的问题，A卷主要交由初创企业的创始人填写，B卷主要交由企业中的其他合作者回答。通过这样的设计来减少同源偏差对于调查结果的影响。其次，我们采取了面对面的线下调查方式，由此一方面可以提高回复率，另一方面可以在受访者对于题干有疑问时及时做出解答，减少理解误差。最后，在整理问卷时，为了保证数据的质量，我们对回收的问卷进行筛选，填写时间小于10分钟或者问卷的答题率小于50%的问卷将会被判定为不合格问卷，将其剔除，保证最终分析结果的准确性。

在地方政府和相关机构（如中关村管理委员会）的帮助下，我们随机抽取了位于34个孵化器或创业园中的500家数字化企业，对它们进行问卷调查。到2017年10月底，共有389家公司参加了调查并填写了我们的调查问卷，回收率为77.8%。其中有67个因设备不完善或质量不佳而被识别为不合格问卷予以删除。因此，最终样本包含322家公司，回收率为64.4%。其中，271份来自纸质问卷，52份来自电子版的问卷。本次调查所覆盖的创业企业规模较小，平均员工数仅为37人；企业的成立时间不长，平均企业年龄为3.8年，成立时间最短的只有5个月。

第六章　创业环境

Dess 和 Beard（1984）提出了企业等组织所面临的环境有哪些维度，他们将企业所面临的市场环境特点凝练为包容性、复杂性、动态性三个维度。在数字化情境之下，创业企业面临的环境也发生了巨大的变化。我们研究发现，创业企业所面临的数字化情境具有开放性、连接性、不确定性的特点。因此，在本章中，我们从需求环境、制度环境、技术环境和竞争环境四个维度对互联网创业环境进行考察，从各个维度调查和分析了互联网创业者对自己所面临的创业环境的感知评价，考察数字化创业环境的整体情况和各细分维度特点。

一、需求环境

在数字化情境下，创业企业重视需求，认为用户的需求变化较快，并且需要与用户即时互动。用户的需求对于创业企业的生存及发展至关重要，主要体现在需求动态性和需求互动性两方面。需求动态性是指创业企业所在领域的潜在用户和现有用户对于企业提供的产品或服务需求的变化程度、频率以及价格敏感度，具体表现为用户寻求产品或服务更新的速度和频率、对于产品价格变化的敏感程度等。需求互动性是指创业企业与所在领域的用户、所在领域用户之间对于互动频率、即时性和渠道的需求，例如企业与用户、用户与用户之间是否能够进行即时互动、互动的频率如何、互动渠道是否丰富等。调查结果显示（见图 6－1），在数字化情境下，需求环境中的动态性和互动性都较强，相对于需求动态性来说，创业企业感知到的需求互动性更为强烈。

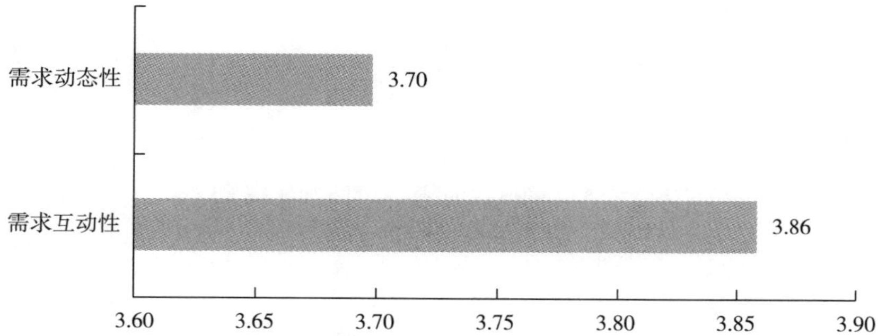

图6－1　创业者对环境需求维度的评价

在数字化情境下，用户的需求特征可以分为需求个性化、需求品质化、需求服务化和需求情感化。其中，创业企业认为满足用户的品质和服务需求更为重要。需求个性化是指创业企业所处领域的用户要求企业提供产品或服务的个性化程度，例如用户需求的多样化程度、标准化的产品设计能否满足用户需求等。需求品质化是指创业企业所处领域的用户要求企业提供产品或服务具有较高的感知质量。需求服务化是指创业企业所处领域的用户为了更好地满足自己的需求，要求企业提供更高层次、质量的服务，例如创业企业所处领域的用户追求更高层次的服务，甚至希望参与到产品和服务过程中。需求情感化是指用户受情感驱动产生了对创业企业所提供的产品或服务的需求，具体表现为与用户进行情感交流能够促进消费、提高客户满意度和忠诚度，以及用户希望更多的情感需求能被满足等。调查结果显示（见图6－2），数字化情境下，用户需求个性化、品质化、服务化和情感化的特征都非常明显。其中，用户对于品质化、服务化的追求相对强烈，对于情感化的需求相对较弱。这说明创业企业应注重提高产品或服务的质量，为用户提供更高层次的服务以满足用户的需求。

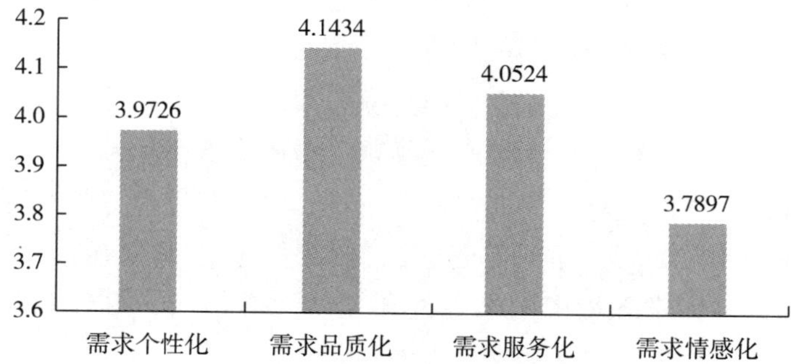

图6－2　需求特征

二、制度环境

在数字化情境下，创业企业认为企业所面临的制度环境具有较强的包容性，能够为企业提供政策扶持，且相关政策制度较为清晰、不易变化。制度环境是数字化创业企业根植的主要外部环境，对于公司创业有着重要的影响。其中的制度动态性、制度模糊性和制度包容性对于数字化创业企业来说相对重要。制度动态性是指创业企业所处的环境中制度变化的频率和制度变化方向的可预测性，具体表现为与创业企业相关的政策的变化程度、调整频率和调整方向是否易于预测等。制度模糊性是指在创业企业所处的环境中，创业企业依据同一制度文本可以做出相互之间存在显著差异甚至矛盾的多种解释，具体表现为与创业企业相关的政策和规范的内容、流程和执行三个方面存在多种不同的解读方式甚至冲突、对于例外情况缺少清晰的表述、具体实施流程不清晰等。制度包容性是指与创业企业紧密相关的制度对于创业企业各种行为的包容程度，具体表现为创业企业所处环境中的政策是否为企业提供支持、不阻碍企业的发展，以及监管机构对于企业间矛盾处理的态度等。调查结果显示（见图6－3），创业者普遍认为在数字化情境下，制度环境具有较强的动态性、模糊性和包容性。其中，创业者对于制度包容性的感知相对较强，对于制度模糊性的感知相对较弱。

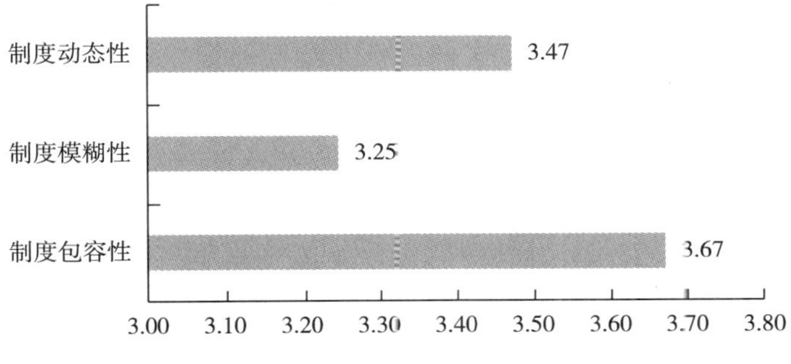

图6－3 创业者对环境制度维度的评价

三、技术环境

在数字化情境下，创业企业认为技术变化程度较低，较易预测；且技术开放程度高，便于获取。技术与数字化创业企业的生存和发展息息相关，在数字化情境下，技术动态性和技术开放性是创业企业关注的重要因素。技术动态性是指创业企业所处的环境中技术变化的频率和技术方向的可预测性，具体表现为创业企业所处的领域中技术变革的程度、技术突破出现的频率和技术发展趋势是否明确等方面。技术开放性是指创业企业所处的环境中技术资源的丰富程度和能否低成本地获取这些技术资源，例如创业企业所处的领域所依赖的技术是否为开源免费的技术、创业企业能否在创业过程中低成本地获取技术服务等。调查结果显示，创业者普遍感知数字化情境下技术环境具有较强的动态性和开放性（见图6－4）。

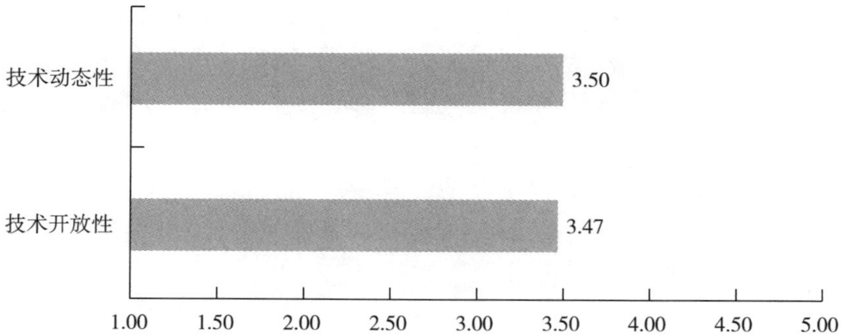

图6－4　创业者对环境技术维度的评价

四、竞争环境

在数字化情境下，创业企业较难辨别所在领域的竞争者，竞争情况复杂；且呈现出跨行业、跨地区进行竞争的特点。现今创业企业数量庞大、增速加快，使企业之间的竞争尤为激烈。竞争环境的复杂性、开放性和动态性都对创业企业有着重大的影响。竞争复杂性是指企业所处的环境中竞争情况的复杂情况，具体表现为创业企业是否能够清晰地辨别所在领域的竞争者以及所在领域出现竞合情况的多少。竞争开放性是指创业企业的竞争对手是否与创业企业所处领域相关、竞争是否受空间限制以及竞品的多样性程度，具体表现为创业企业与竞争企业之间是否为跨行业竞争、与对手之间的竞争是否受地理距离的影响、所处市场竞品数量等。竞争动态性是指创业企业所采取的竞争行动能否引起竞争企业做出适当的反应。调查结果显示（见图6－5），竞争环境中的复杂性、开放性和动态性表现都较为显著。其中，相对于竞争动态性来说，创业者对于竞争复杂性和开放性的感知更为明显。

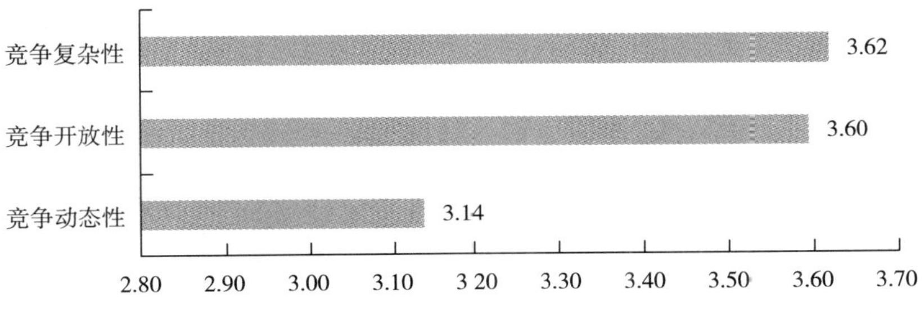

图6－5　创业者对环境竞争维度的评价

第七章　创业者与创业企业画像

一、创业者学历

第一，数字化情境下，创业者学历普遍较高，本科学历占绝大多数。创业者是创业企业的灵魂，分析创业者的特点对于研究数字化情境下的创业特点十分重要。调查显示（见图7－1），绝大多数数字化创业者拥有本科及以上学历，占到了总体的76%。其中，拥有本科学历的占51%，拥有硕士学历的占22%，拥有博士学历的占3%。本科以下学历的创业者仅占24%，包括22%的大专学历和2%的高中及以下学历。

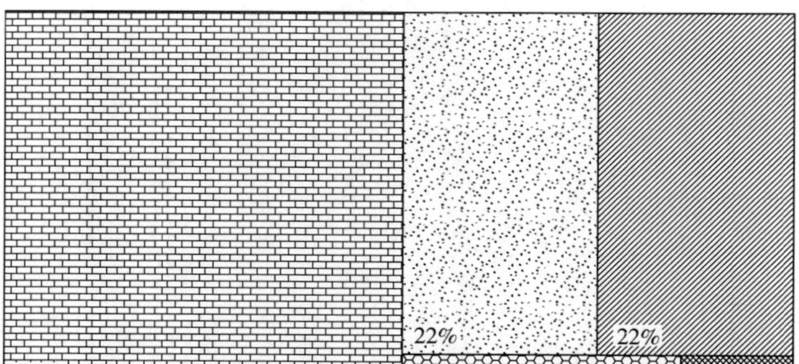

图7－1　创业者学历分布

第二，数字化情境下，创业者专业背景以经济管理和理工科为主。调查发现（见图 7-2），创业者的专业背景较为复杂，以经管与理工为主，约占受访总体的 82%。其中，经管专业占到 41.32%，理工专业占到 40.71%。其他专业还包括文史哲、教育、法学、医学、农学等。其中，农学专业的创业者所占比例最少，仅为 1.5%。

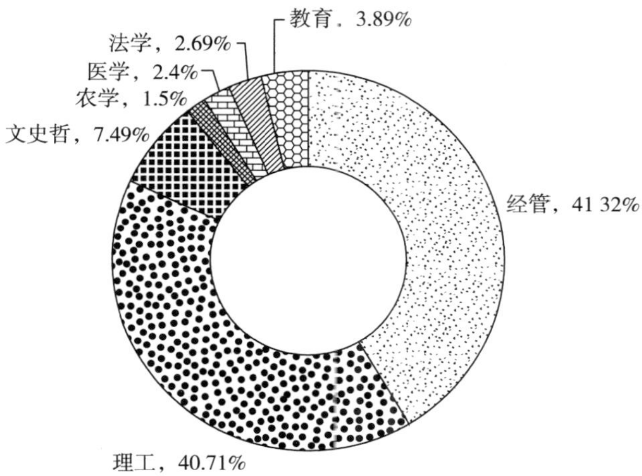

图 7-2　创业者专业分布

二、创业者特质

数字化情境下，创业者体现出不屈不挠、格局、工匠精神、激情、学习等不同的特质。不屈不挠是指创业者在遇到挫折时依然能保持行动和能量，为了目标不断奋斗，例如遇到反对意见仍会坚持、为了企业发展能够牺牲个人利益等。格局是指创业者目光是否长远、是否愿意与他人分享、是否能够遵守道德准则，例如创业者追求当下利益还是长期发展、是否愿意与合作伙伴共享资源、是否能够无条件地诚信经营等。工匠精神是指相对于赚钱，创业者更执着于商机、商品价值和客户价值，例如不懈追求产品价值的提升。激情是指创业者有自我驱动力使自己成为一名创业者并建立自己的企业，例如认为成为一名创业者是人生的一件大事并愿意全力以赴地工作。学习是指创业者主动学习、进行创造及适应的能力，例如认为良好的学习能力是其竞争优势之一。

第一，数字化创业者的不屈不挠、格局与学习的特质较为明显（见图7－3）。这三种特质也折射出数字化情境下创业者创业可能会遇到的情况：创业者可能会面对更多的困难与挫折，需要付出更多的努力；商业环境的不确定性增加，要求创业者将目光放得更加长远，注重与他人合作分享；日益多变的用户需求促使创业者不断更新知识、进行创新，适应复杂多变的商业环境。

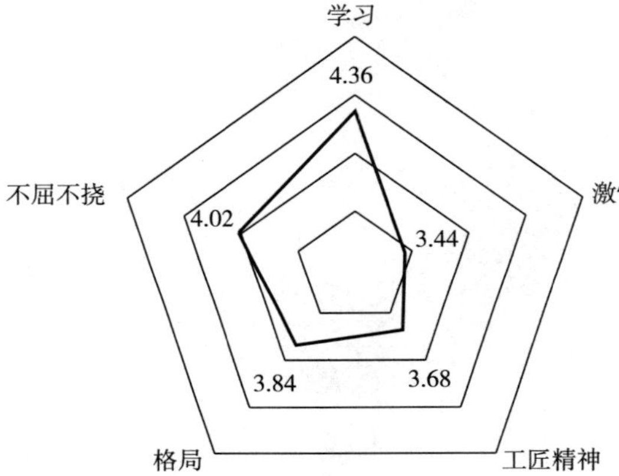

图7－3　创业者特质总体画像

第二，对于不同年龄段的创业者，年轻人最有激情，随着年龄增长，创业者更加重视学习，更加具有格局和工匠精神，更加不屈不挠。调查显示（见图7－4），20岁以下的创业者最具创业激情，而随着年龄的增长，创业者的学习、工匠精神、格局与不屈不挠的特质都有不同程度的增强。这也反映出，年龄越大的人越能认识到不断学习、专注产品、长期导向、坚持不懈对于创业企业的重要性。

第三，对于不同性别的创业者，男性更具激情和工匠精神，女性的格局意识更强。调查显示（见图7－5），从不同性别的创业者来看，男性和女性创业者特质在学习和不屈不挠两方面差别不大。但就激情和工匠精神的特质来说，男性创业者要比女性创业者更为明显；而女性创业者的格局意识相对于男性创业者则更为明显。这说明相对于女性创业者来说，男性创业者对于成为创业者并为自己的企业奋斗更有自我驱动力，更注重商机和产品价值。而对于女性创业者相对目光短浅、不愿与他人分享的刻板印象，调查结果也显示出了相反的结论。

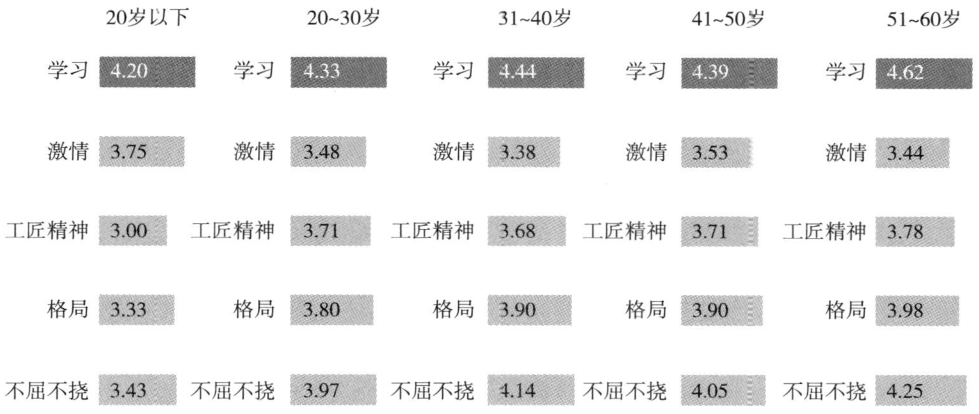

图7－4 不同年龄段创业者特质对比

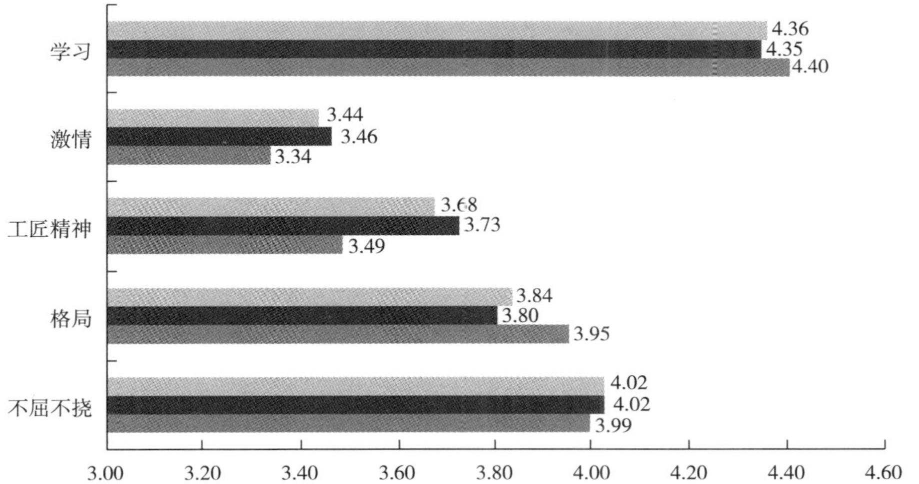

图7－5 不同性别创业者特质对比

更进一步的数据分析得出，女性创业者的创业公司的创业绩效甚至优于男性创业者的创业公司（见图7－6）。这说明女性创业者与男性创业者相比并没有落后，企业甚至发展得更好。因此，在考察创业者时，不能单纯以性别作为衡量依据。

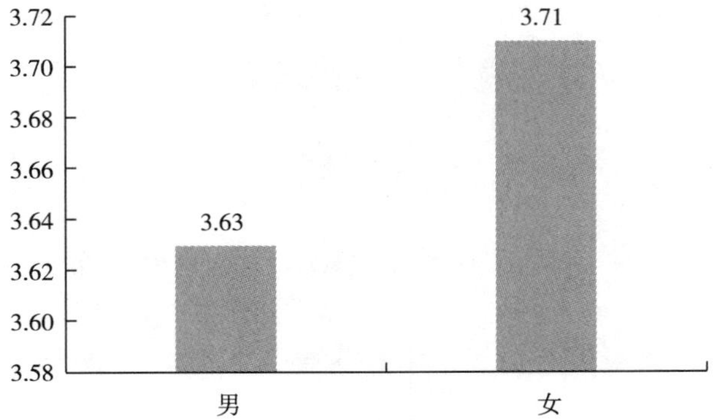

图 7-6　不同性别创业者绩效对比

三、创业领域

数字化情境下，创业企业经营领域广泛，以企业服务和电子商务为主。调查显示（见图 7-7），数字化创业企业涉及的领域非常广泛，主要集中在企业服务、电商、生活消费、软件及 AI 互联网、AR/VR 等硬件、营销传媒等领域。其中，电商、企业服务、软件及 AI 互联网所占比例最高，分别为 20%、18% 和 12%，加起来占到总体的 50%。其他领域还包括教育、金融地产、医疗健康、社交等。由此可得，数字化创业设计的领域范围较广，电商、企业服务、软件及 AI 互联网是数字化创业的热门领域。

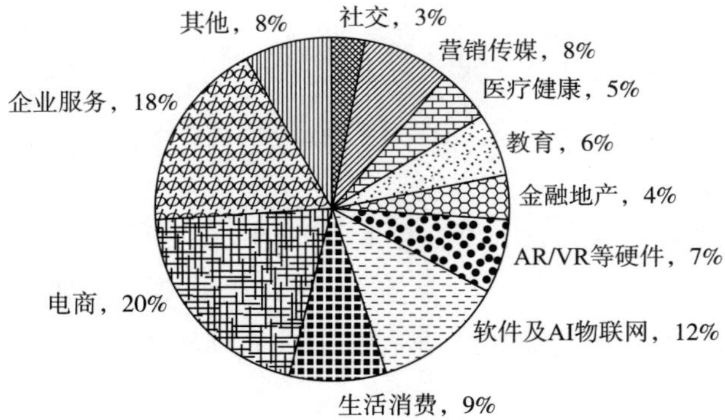

图 7-7　创业企业涉及领域

第八章　创业核心要素

一、创业机会

（一）创业机会识别方式

创业机会识别具有多种类型，分为利用或探索型机会识别、主动或被动型机会识别等。一方面，根据创业机会的需求、技术、市场方面的特点，可以将机会识别分为探索型机会识别与利用型机会识别。其中，探索型机会识别强调开发全新的技术与产品，满足全新的市场需求；利用型机会识别强调改进现有的技术与产品，更好地满足现有的市场需求。另一方面，根据制度机会识别过程，可以将机会识别分为主动型机会识别与被动型机会识别。其中，主动型机会识别强调的是对新制度或政策的积极响应；被动型机会识别强调的是依据政策对创业想法做出一定调整。

（1）数字化情境下，我国创业企业重视对技术的改进和利用，对于新技术的探索和开发较为缺乏。从探索型和利用型的机会识别分类来看，调查数据显示（见图 8－1），绝大多数企业的机会识别类型为利用型机会识别，占到了总受访企业的 91%，探索性机会识别仅占 9%。这说明我国数字化创业企业还是主要侧重于对现有技术的改进和利用，缺乏对新技术的探索。

（2）数字化情境下，绝大多数创业企业选择利用现有技术开发商业机会，并且被动地响应政府政策法规。结合机会识别的过程，调查显示（见图 8－2），绝大多数创业企业的机会识别类型为“利用型＋被动型”，占到了总受访企业的

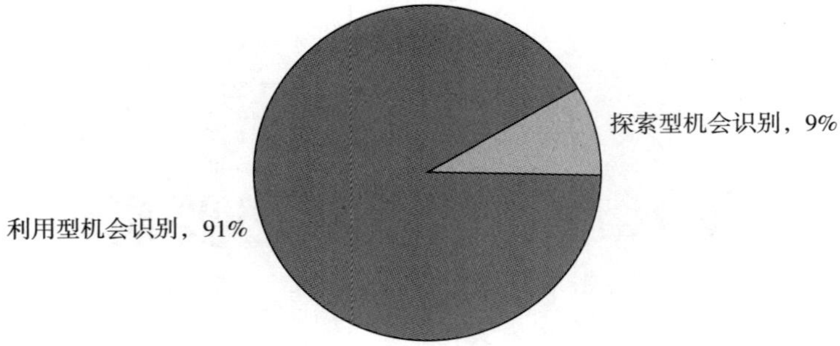

图8－1　机会识别类型1

80%；其次是“利用型＋主动型”与“探索型＋被动型”，分别占11%和5%；机会识别类型属于“探索型＋主动型”的创业企业最少，仅占4%。这说明我国数字化创业企业主要侧重于对现有技术与需求的利用以及被动地响应政府政策，在全新的技术、市场需求与制度等方面缺乏主动探索。

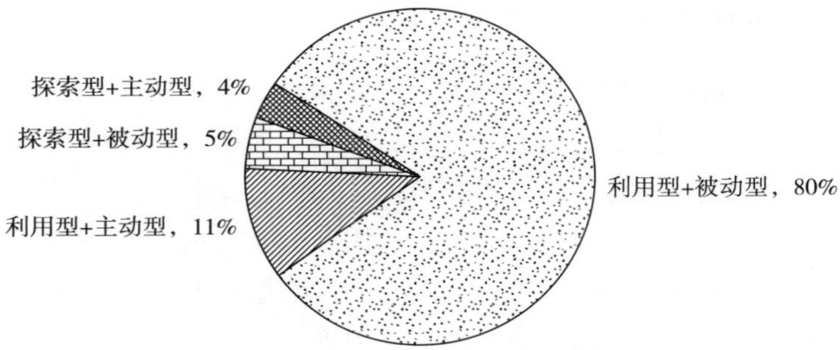

图8－2　机会识别类型2

（3）数字化情境下，重视新技术探索和自主研发的创业企业表现更好。将机会识别类型与创业企业绩效结合来看，调查结果显示（见图8－3），探索型机会识别创业企业的绩效明显高于利用型机会识别的创业企业。由此可得，探索型机会识别更有利于创业企业产生更高的绩效表现。因此，在数字化情境下，创业者应积极探索、不断开发全新的技术和产品，满足甚至创造全新的市场需求，以促进创业企业的发展。

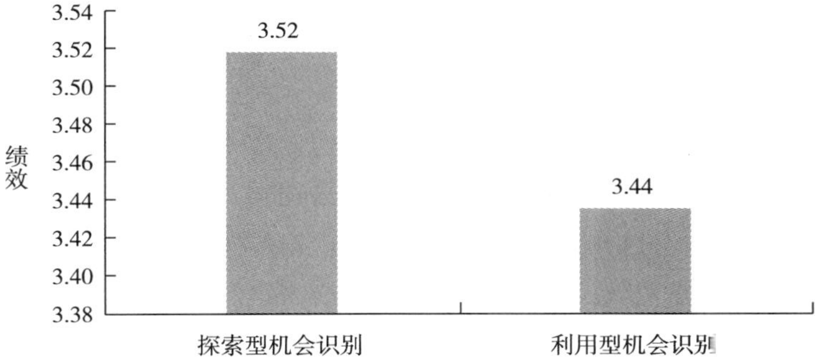

图 8－3　机会识别类型与绩效

（二）不同年龄创业者与机会识别能力

（1）不同年龄创业者的机会识别能力不同，而立之年机会识别能力最强。机会识别能力是指创业者在不断变化的环境中发现商业机会的能力。就识别机会能力来说，不同类型创业者的表现存在差异。调查结果显示，31～40 岁的创业者的机会识别能力最强，41～50 岁的创业者的机会识别能力最弱（见图 8－4）。

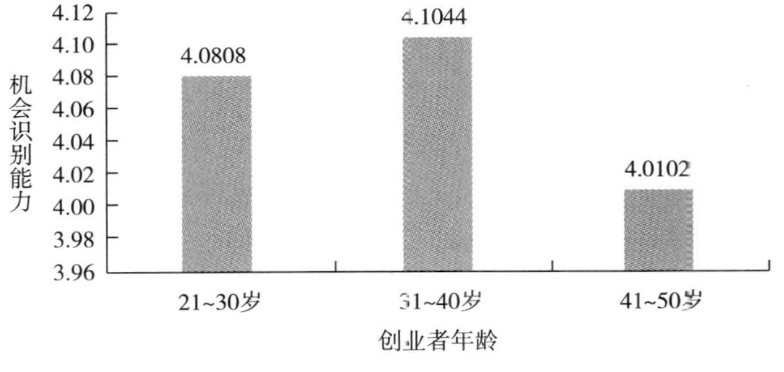

图 8－4　不同年龄创业者机会识别能力

惯性思维认为，越年轻的创业者越能追随时代的潮流、洞察市场的需求，但调查结果说明，31～40 岁的创业者相对 21～30 岁的年轻创业者来说更能发现商业机会。但随着年龄的不断增加，创业者发现商机的能力又会减弱。因此，41～50 岁的创业者更应追随市场、商业环境的变化动向，与相对年轻的人多进行沟通交流，以提高自身的机会识别能力。

（2）有工匠精神、有激情、善于学习的创业者，机会识别能力更强。调查结果显示，部分创业者特质与机会识别能力也存在相关关系。具有高工匠精神、高激情、高学习特质的创业者，其机会识别能力也更强（见图8－5、图8－6、图8－7）。其中，与低学习特质的创业者相比，高学习特质的创业者具有更强的机会识别能力。因此，在数字化情境下，创业者应专注于产品价值、客户价值，对于创业过程保持热情、自我驱动力，以提高自身的机会识别能力。同时，创业者更应该认识到学习的重要性，通过学习来帮助自己适应不断变化的数字化环境，不断接纳新知识、开拓新视野，从而能够更好地发现甚至创造用户的需求，识别出商机所在。

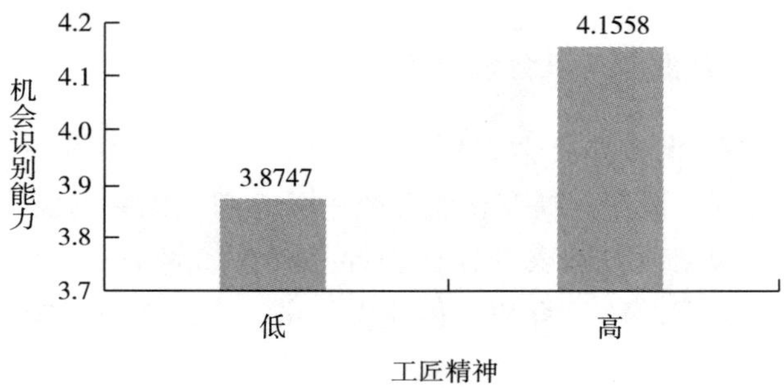

图8－5　工匠精神与机会识别能力

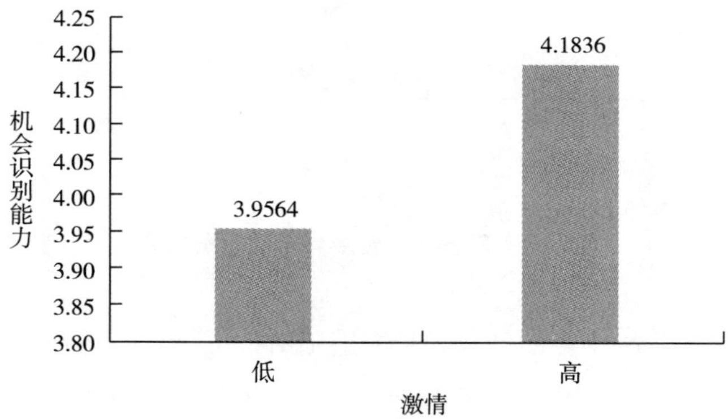

图8－6　激情与机会识别能力

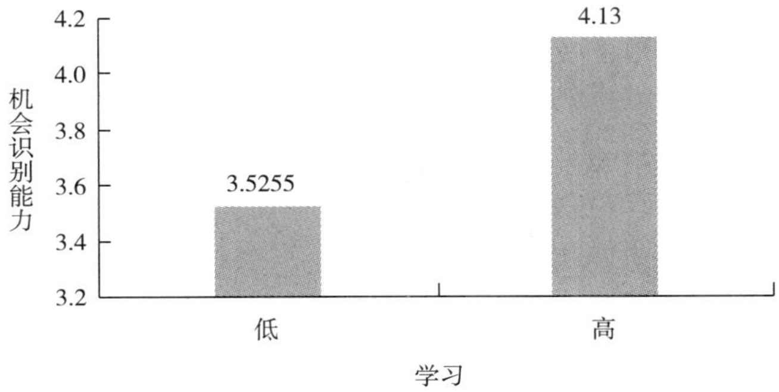

图 8－7　学习与机会识别能力

（三）企业不同阶段的机会识别能力

随着企业年限的增长，机会识别能力不断增强。对于处在不同成长阶段的创业企业来说，企业的机会识别能力也有所不同。调查结果表明（见图 8－8），越成熟的创业企业，其机会识别能力相对越强。这说明随着创业企业在数字化环境中的不断磨炼，创业企业对于市场的洞察也更加深入，对于用户的需求也更加了解，发现商机的能力也有所加强。因此，创业企业在创业初期对于不能充分了解市场、客户这一问题不必过于担忧，随着企业的不断成长、其资源和能力的不断积累、与用户的持续互动，企业识别机会的能力也会随之增加，从而引领企业更好地发展。

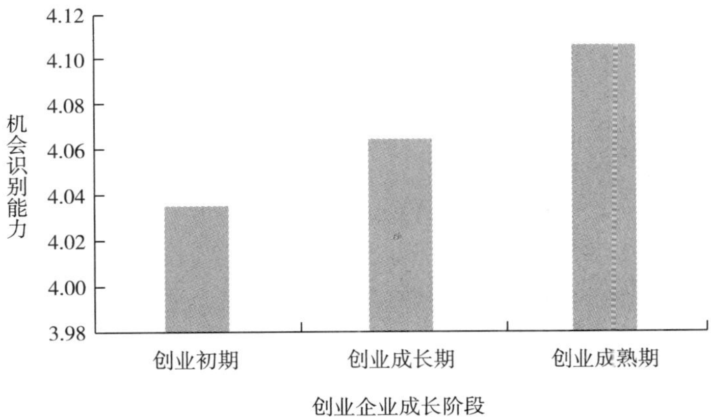

图 8－8　不同成长阶段机会识别能力

二、创业资源

（一）创业企业资源管理的方式

在数字化情境下，创业企业的资源管理方式主要包括资源拼凑、资源分享和资源吸引三种。创业企业的资源相对来说较为有限，因此资源管理能力对于创业企业来说至关重要。资源拼凑指的是创业企业利用手头现有、零散和看似没有什么价值的资源来开发新的创业机会和支持创业企业成长，具体表现为创业企业善于发现和利用身边所有可能的资源，而不是以获取新资源的方式来解决问题或把握机会。资源分享是创业企业为了降低成本、彼此分担成本，与合作伙伴共同推动资源的使用的过程，例如创业企业与合作伙伴之间共享营销渠道、硬件设施、用户数据等。资源吸引是指创业企业通过各种方式主动获取对于企业发展必需和重要的资源，例如创业企业向风投机构寻求资金支持、参加相关活动吸引人力资源等。

调查结果显示（见图 8 -9），现阶段我国创业企业获取资源的方式主要是资源拼凑，资源分享和资源吸引的方式相对较少。这说明随着竞争的不断加剧，相对来说创业企业想要通过主动向外界寻求资源较为困难。但在数字化情境下，随着产业边界不断被打破，创业企业相对更容易获取到更多的技术和资源。创业企业也应注重与合作伙伴之间的资源共享，使企业在发掘和利用现有及潜在资源的同时，能够进一步降低成本，实现资源利用率的最大化。

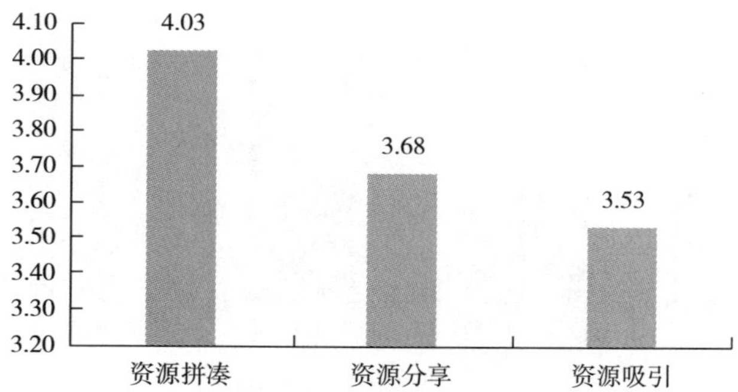

图 8 -9　创业企业资源管理方式

（二）不同年龄创业者与资源管理方式

不同年龄的创业者对于资源管理的方式不同，且年龄越大越重视资源管理。调查结果显示（见图 8－10），在进行资源管理时，20 岁以下的创业者使用的最多的是资源吸引，其次是资源分享和资源拼凑；20～50 岁创业者使用资源拼凑的程度最高，其次是资源分享，使用资源吸引的程度最低；51～60 岁创业者使用最多的是资源拼凑，其次是资源吸引，资源分享使用的最少。资源分享和资源吸引随着创业者年龄的增加呈下降趋势。总的来看，三种资源管理方式是各个年龄段的常用手段，但 20 岁以下的创业者的资源管理行为在三个种类上都少于 20 岁以上的创业者。该结果反映出，创业者年龄在一定程度上影响了其资源管理行为。

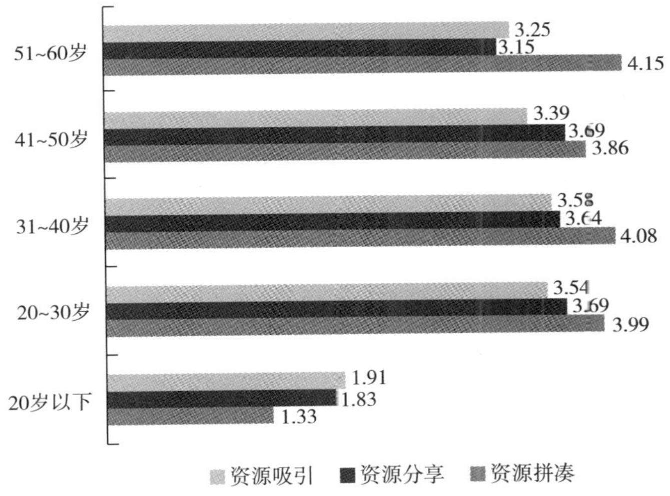

图 8－10　不同年龄创业者的资源管理行为

（三）企业不同阶段的资源管理方式

不同成长阶段的创业企业对于资源管理的方式不同，但总体上以资源拼凑为主。通过调查发现（见图 8－11），在不同的成长阶段，创业企业在资源管理的选择上大体较为相似，都是以资源拼凑为主。在具体的每个阶段中，在创业企业的初期阶段，由于此时企业规模小，较难从外界获取资源，因此以资源拼凑为主，资源分享次之，最少运用资源吸引。在企业的成长阶段，由于创业企业具有一定的规模，会开始更多地使用资源吸引的方式获取资源。到了企业的成熟期，企业本身具有一定的资源禀赋，因此会开始更多地使用资源分享的方式获取资源。

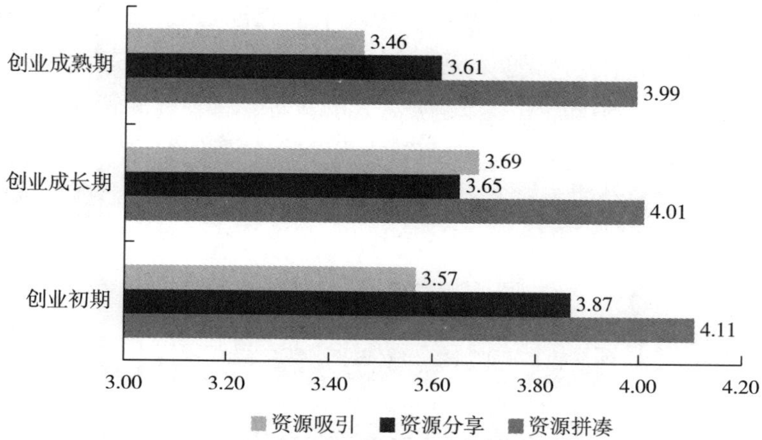

图 8-11　企业不同成长阶段资源管理方式对比

总体来说，随着创业企业的不断发展，创业企业所掌握的资源不断增加，使其能够相对容易地利用现有资源及潜在资源解决问题，同时由于企业拥有更加丰富的资源，也能吸引到更多的合作伙伴与其进行资源的分享。

三、创业合法化

（一）创业企业的合法化战略

企业要想正常经营，必须符合相应的合法性要求。合法性是社会对企业及其活动的正当性所进行的评价，包括是否满足法律法规的要求、是否与社会规范相一致、是否得到社会文化的支持等。合法化战略是企业为了寻求合法性而制定并执行相关战略的行为。

调查显示，本次受访的创业企业的合法化战略主要包括同构、身份宣称、讲故事、印象管理和网络构建的战略行为。同构是指创业企业在行业规范和法律规范的遵守和执行程度上与所处领域的企业趋同，例如创业企业的产品与行业标准是否存在明显差异、在实际运作中是否遵循行业与法律规范等。身份宣称是指创业企业在内部、外部不断对企业自身进行强调和调整，具体表现为是否经常在企业内部及对外宣传和不断调整企业是谁以及企业做什么的解释。讲故事是指创业企业在各种场合对利益相关者讲述有关企业的创建、成长等方面的故事。印象管理是指创业企业试图管理和控制他人对于企业所形成的印象的过程，例如对外强调企业具有的独特能力、避免可能会损害企业形象的事件等。网络构建是指创业企业为了自身的良好发展，与能对企业发展产生影响的对象积极建立关系的过程，例如创业企业积极与政府、投资人、媒体、用户、潜在合作伙伴等建立关系。

数字化情境中，为寻求合法性，创业企业更多地采用了与利益相关者构建网络关系和不断宣传自己的方式。调查结果显示（见图 8－12），创业企业为寻求合法性采用最多的是网络构建，身份宣称次之，采取同构和讲故事的合法性战略相对较少。这说明在现阶段的中国，即使是在数字化情境下，创业企业的关系构建对于企业实施合法化战略也是至关重要且十分有效的。

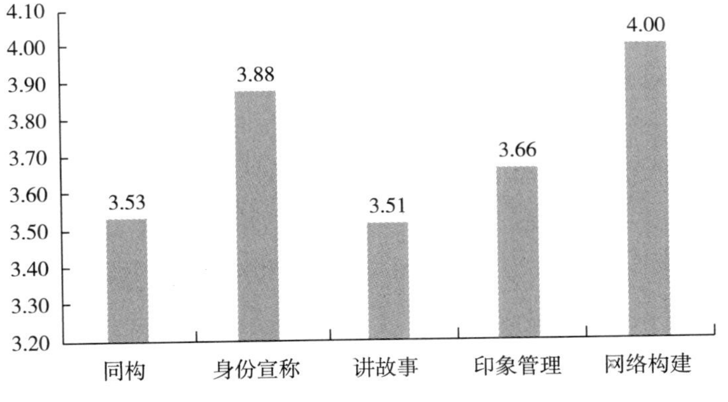

图 8－12　创业企业的合法性战略类型

（二）创业者与合法化战略

（1）数字化情境下，创业者总体十分重视企业的合法性，年龄较小的创业者更为重视。调查发现（见图 8 - 13、图 8 - 14），不同年龄的创业者寻求合法化的倾向都很强烈。相比之下，“80 后”“90 后”创业者整体比“60 后”“70 后”创业者更倾向于制定和实施合法化战略。

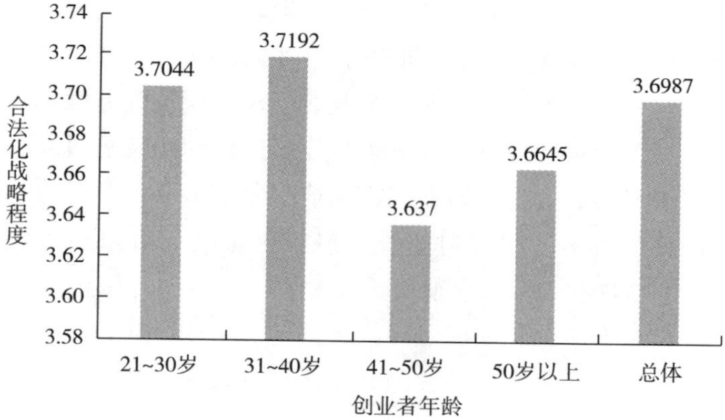

图 8 - 13　不同年龄创业者合法化战略对比 1

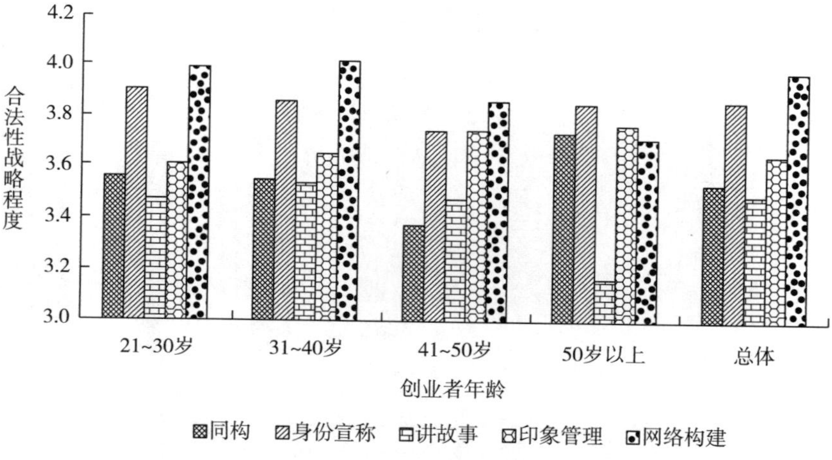

图 8 - 14　不同年龄创业者合法化战略对比 2

（2）创业者整体更倾向于采取身份宣称和网络构建方式提高企业的合法性，但具体到各个年龄段也有细微差异。比起低调内敛的“60 后”“70 后”，外向开朗的“80 后”“90 后”更善于同政府、投资人、媒体、用户之间建立积极的联系；而爱面子的“60 后”“70 后”也比“80 后”“90 后”更注重维护企业的良好形象。

各个年龄段在方式的选择方面也有各自的偏好，例如“80 后”“90 后”整体选择趋同，偏爱身份宣称和网络构建方式，对其他三种方式没有明显的抵触情绪。而“60 后”“70 后”的画风则大相径庭，童年接受过集体主义教育的“60 后”偏爱通过参照、制定行业规范提升企业合法性；而见证了改革开放这一波澜壮阔历史进程的“70 后”则更喜欢对外讲述自己的奋斗历程，描绘企业未来的发展前景。

（三）创业企业不同阶段的合法化战略

（1）数字化情境中，创业企业在各个阶段都十分重视自身的合法性，但在创业初期和成熟期更为重视。研究发现（见图 8 – 15），处于各个阶段的企业均十分重视自身合法性，努力提高合法化水平。但是，随着企业的发展，企业合法化绩效将会呈现一个先大幅下降后略有增加的 V 型曲线，说明我国很多数字化企业在创业之初为了扩大市场份额、提高企业竞争力会采取多种方式宣传企业，使企业为社会主流文化所接纳。在成长期，企业会将更多的注意力放在新产品的研发、新市场的开辟等方面，合法化绩效有所降低。而当企业进入成熟期后，企业又会重新采取多种方式提高合法性，维持自己的竞争优势。

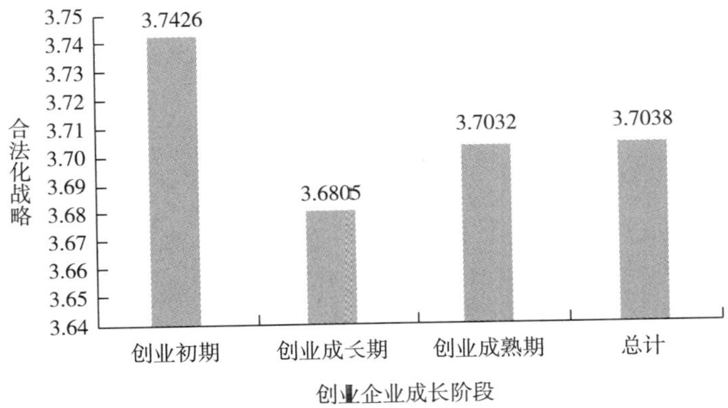

图 8 – 15　创业企业不同成长阶段合法化战略对比（一）

（2）不同阶段的创业企业选择的合法化战略有所不同。调查发现（见图 8 –

16)，不论处在初期、成长期还是成熟期的企业都更喜欢选择身份宣称、网络构建和印象管理方式，尤其偏好前两者。但就具体的某一种方式而言，在不同的发展阶段创业企业也有着不同的偏好程度。对于讲故事、网络构建等偏静态的方式，初期可以迅速通过情感打动利益相关者，而后期所传递的信息改动不大，为企业带来的效用会逐渐降低，使用频率也会逐步下降。而对于身份宣称、印象管理等偏动态的方式，所传递的信息随着行业环境的变化、企业发展阶段的不同可以随时变化，因而会在企业发展成熟后更多地使用。

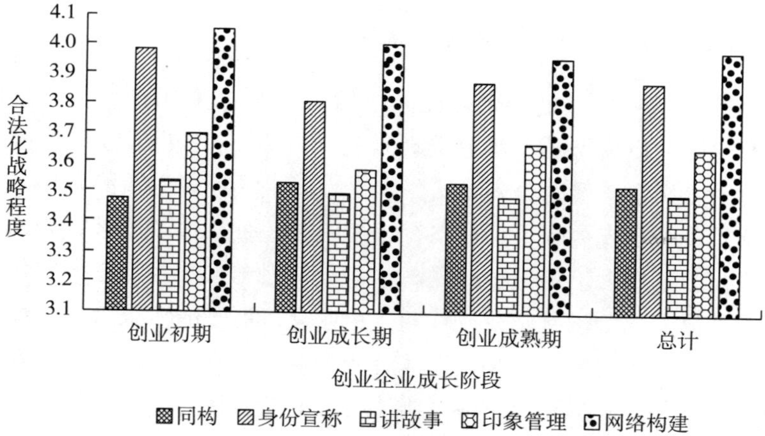

图 8-16　创业企业不同成长阶段合法化战略对比（二）

第九章　创业商业模式

商业模式对于创业企业的生存和发展至关重要。在数字化情境下，创业企业的创新很多来自于商业模式的创新，这也在调查结果中得到了验证。图 9－1 显示，在创业企业发展的不同阶段，其商业模式的创新程度都非常高。由此可见，商业模式创新是我国数字化创业企业的标志性特点之一。

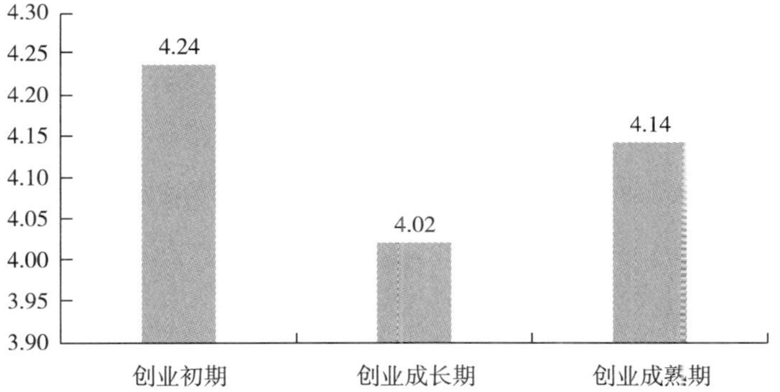

图 9－1　不同阶段商业模式创新程度

调查结果还显示，创业初期商业模式的创新程度最高，创业成熟期次之，创业成长期则相对较低。这说明，创业企业在建立初期是建立在商业模式的创新之上，吸引大批用户。随着企业的发展，需要更多地聚焦于教育和稳定现有用户，因此商业模式创新程度有所降低。而当创业企业进入成熟阶段，现有用户已经熟悉了当前的商业模式且不能再吸引更多的新用户，其关注点便逐渐向挖掘新的潜在用户转移，商业模式的创新程度也有所回升。但不论在什么阶段，创业企业都应注重商业模式的创新，利用其构建自身的竞争优势，促进企业的长足发展。

一、解构视角下的商业模式

第一，从解构视角下，数字化创业企业在各个维度都十分重视商业模式创新。从解构角度看，可以将商业模式创新划分为价值创造创新、价值主张创新和价值捕获创新三个阶段。价值创造创新强调创业企业通过自身能力和技术的不断完善和发展，增加其提供的产品或服务的价值来满足用户的需求。价值主张创新是指创业企业的商业模式在对于客户真实需求的深入描述方面进行创新。价值捕获创新强调在价值链中，创业企业通过正确的机制，获取更多价值的方式的创新。调查结果显示（见图9－2），受访创业企业在价值创造、价值主张和价值捕获三个维度的创新程度均较高。由此可见，商业模式创新是我国数字化创业企业的标志性特点之一。

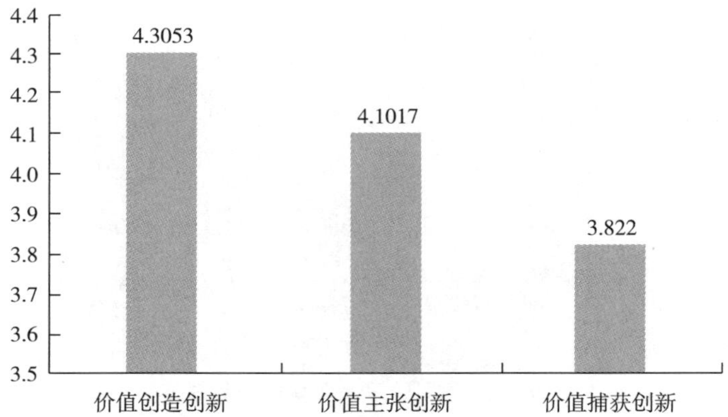

图9－2　解构视角的商业模式创新1

第二，在创业企业的不同阶段，价值创造、价值主张和价值捕获三个维度的创新程度表现既有相似之处，也存在一定的差异。调查发现（见图9－3），处于不同创业阶段的创业企业对于商业模式中的价值创造给予了最大的重视，对于价值捕获的创新重视程度最低。随着创业企业的发展，其对于价值创造、价值主张和价值捕获的创新程度呈现出先减后增的V型趋势。这说明我国的数字化创业企业强调为顾客创造更多的价值，但对于企业自身获利方式的创新的重视程度相对较弱。这也一定程度上体现出数字化企业对于用户的重视，强调为用户创造更多的价值。

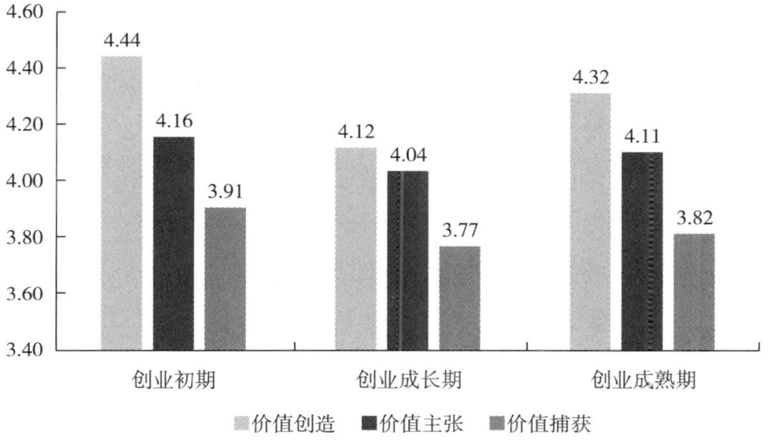

图 9－3　解构视角的商业模式创新 2

二、对比视角下的商业模式

第一，数字化情境下，创业企业更加倾向于技术导向的商业模式创新。从对比视角来看，可以将商业模式创新分为技术导向型与市场导向型。技术导向型的商业模式创新强调利用资源和能力不断提升创业企业的产品或服务以满足用户现有的需求；市场导向型的商业模式创新强调从顾客的需求出发，不断满足甚至为顾客创造需求。调查结果显示（见图 9－4），本次调查的数字化创业企业中，多数企业属于技术导向型的商业模式创新，只有 26% 的创业企业属于市场导向型的商业模式创新。这说明现阶段数字化创业企业更倾向于技术导向型的商业模式创新，注重利用技术满足用户的现有需求，但缺乏对用户需求的探索与开发。

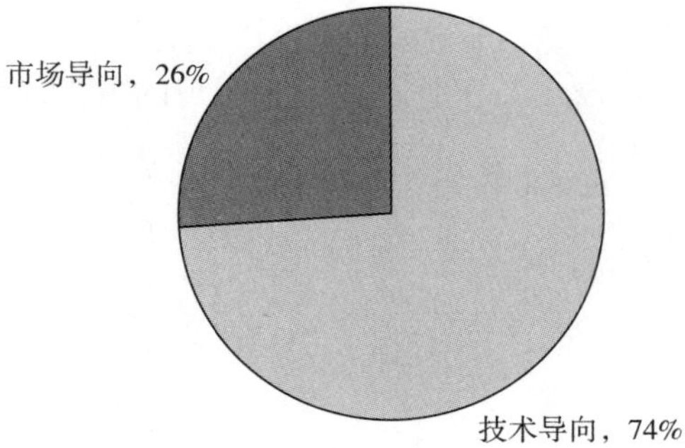

图 9－4　对比视角下商业模式创新 1

第二，从解构的视角看，创业企业仍旧更加重视技术驱动的创新。通过将两种类型的商业模式创新进行解构（见图 9－5），可以看出，创业企业在价值主张与价值捕获维度上同时具有技术导向与市场导向的特点，而在价值创造维度则侧重于技术导向型的创新。此调查结果表明，我国数字化创业企业主要是基于技术驱动进行商业模式创新，特别是在价值创造维度上，缺少市场驱动的商业模式创新。

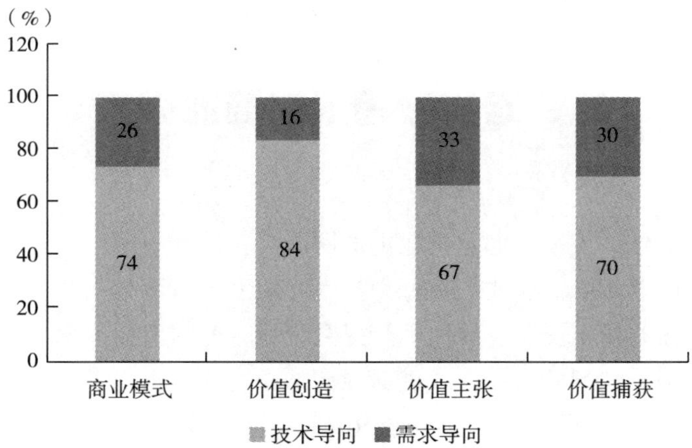

图 9－5　对比视角下商业模式创新 2

三、聚焦视角下的商业模式

从聚焦的视角来看，本次调查关注了平台型商业模式与免费型商业模式。

第一，数字化情境下，平台型商业模式成为主流，且电子商务平台、综合服务平台、垂直应用平台最受青睐。平台型商业模式是指为各方市场交易群体建立的联络机制，以实现各方参与者共赢的商业模式。调查显示（见图9－6），平台型商业模式正成为我国数字化创业的主流。在受访企业中，44%的企业选择开放的平台模式，通过互联网实现资源最高效率的整合，并满足用户多元化、个性化的需求。其中，电子商务平台、综合服务平台、垂直应用平台最受创业者青睐，占总体受访企业的40%，成为目前数字化创业的热门领域。

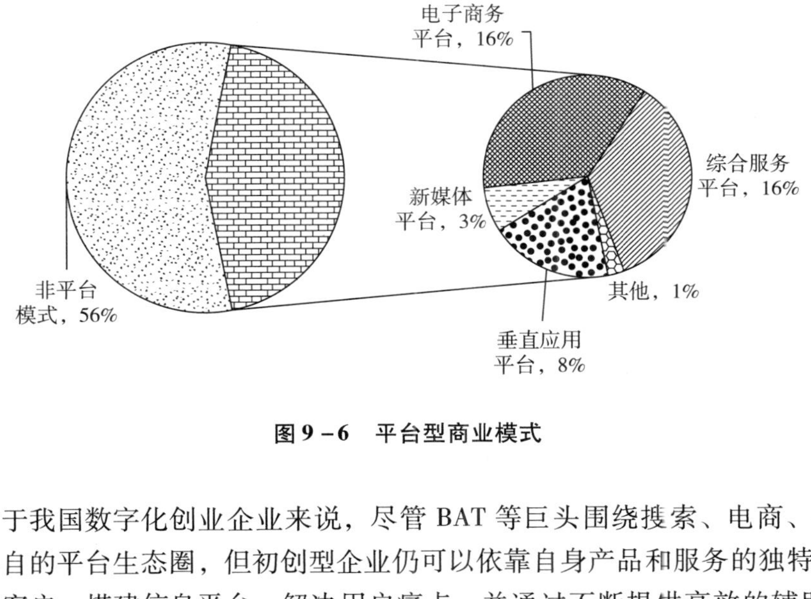

图9－6　平台型商业模式

对于我国数字化创业企业来说，尽管BAT等巨头围绕搜索、电商、社交构筑了各自的平台生态圈，但初创型企业仍可以依靠自身产品和服务的独特性，针对目标客户，搭建信息平台，解决用户痛点，并通过不断提供高效的辅助服务，增强平台黏性和竞争壁垒，最终打造平台生态圈。另外，随着新媒体影响力日益扩大，选择新媒体平台的企业达到总体的3%，新媒体平台逐渐成为当下数字化创业的新方向。

第二，数字化情境下，创业企业主要通过提供付费升级产品和向第三方收费来实行免费型商业模式，其是指创业企业选择为用户提供免费的服务。从盈利模式来看，调查结果显示（见图9-7），多数创业企业选择不提供免费服务，占比74%，而26%的企业为免费型商业模式。对于提供免费服务的创业企业来说，企业的盈利主要依靠向第三方收费、提供付费升级产品、日后付费、付费补贴免费、非货币性收益等。其中，向第三方收费和提供付费升级产品的比例相对较大，各占受访总体的7%。结果表明，我国数字化创业企业绝大多数的盈利依靠向用户收费。因此，创业企业应不断开发和完善其提供的产品或服务以吸引和留住更多用户，通过创造更高的产品价值来提升用户的付费意愿。

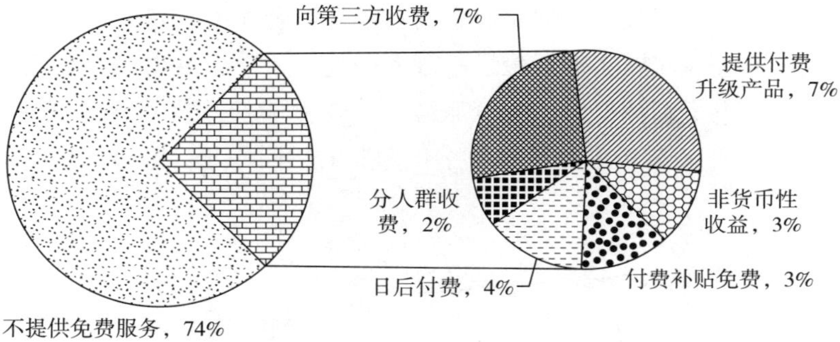

图9-7　免费型商业模式

四、商业模式与绩效

第一，数字化情境下，商业模式创新程度越高，创业企业表现越好。商业模式的创新程度对创业企业的绩效有着重要的影响。调查结果显示（见图9-8），商业模式创新程度高的企业的绩效表现更好。这说明，商业模式创新对于我国数字化创业企业至关重要。在数字化情境下，产业边界不断消失，企业之间的竞争不断加剧，产品或服务的同质化趋势加重，因此，数字化创业企业需要坚持进行商业模式的创新，以帮助企业获得竞争优势。

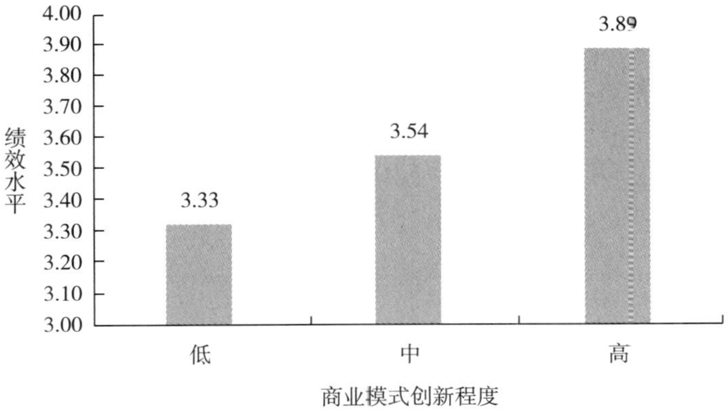

图 9-8 商业模式与绩效

第二，技术导向型和市场导向型的商业模式创新都会提升数字化创业企业的表现。除了商业模式创新程度会对创业企业的绩效表现产生影响外，不同类型的商业模式创新也会对企业的绩效产生影响。调查结果表明（见图 9-9），技术导向型与市场导向型的商业模式创新均会促进创业企业绩效，市场导向型的商业模式创新对于创业企业绩效的促进作用相对更高。这表明，在我国目前的数字化商业环境下，技术导向型与市场导向型的商业模式创新均可以帮助创业企业获利，其中市场导向型的商业模式创新对于企业获利的帮助相对更为明显。创业企业在进行商业模式创新时，可以根据自身条件及用户需求，选取一种导向型的商业模式创新，为企业的发展确立方向。

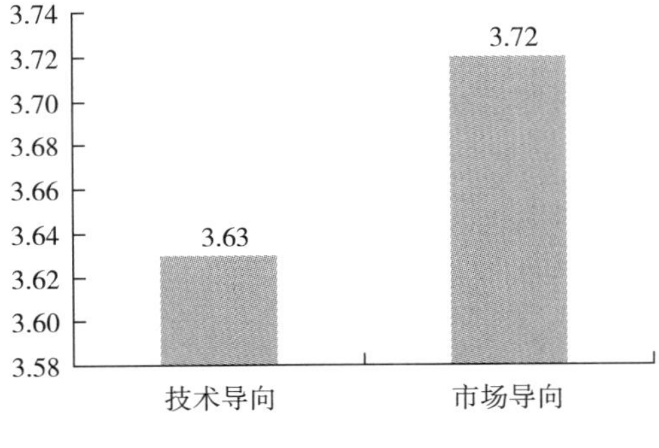

图 9-9 不同类型商业模式与企业绩效

第十章　调查发现

一、环境瞬变，抓住风口

相比传统经济，互联网连接了更多主体、更多资源，同时也使商业环境的复杂程度上升到了前所未有的程度。与此同时，依托于互联网的新技术、新模式层出不穷，形成了风起云涌、日新月异的态势。数字化环境的瞬变对创业者提出了更高的要求，不仅要求创业企业有更强的适应能力和环境应变能力，而且要求其擦亮眼睛，识别出具有发展潜力的机会，站在风口，使企业迎风腾飞。

调查显示，创业者对于环境技术的评价中，技术动态性和技术开放性都为3.5分左右，而环境制度评价中制度包容性更是到了3.67分。创业者对于环境需求维度的评价中，需求动态性和需求互动性非常高，分别为3.7分和3.86分。对于环境竞争的评价中，竞争复杂性和竞争开放性位列第一、第二，竞争动态性相对较低。

创业者已经意识到环境因素的重要性，而企业对于环境状态的感知要求上升了，可见识别数字化环境中的风口、找到未来的发展方向已经成为众多企业的共识。相应地，在学术研究上需要在数字化环境的视角下对数字化情境的特征进行解构分析，进一步探究其对于创业企业发展的意义。

二、需求逻辑，顾客为王

数字化时代最大的特点是突出了“顾客”的存在，B2C、C2C等强调“C”的模式比以往任何时候更引人注目。在顾客满意的基础上，企业更加关注顾客需求和顾客数据，并且在对顾客的认知上制定内外战略，构建商业模式。同时，促使创业者创业的动机和逻辑更多地立足于满足顾客的需求，不管是技术导向还是市场导向，最终都可以归结到解决顾客的问题、满足顾客的期待。

“顾客为王”的理念对数字化创业企业尤其重要，它们在互联网和数字技术的影响下，离顾客更近了，与顾客的联系更加频繁了，更能直观地体会到顾客的脉搏与企业的心脏相联系，即所谓“拥有了顾客，就拥有了未来”。

在受访者对数字化创业环境的感知程度调查中，需求互动性、需求动态性是得分最高的两大特征，分别为3.8591分、3.6991分（总分为5）。数字化企业的用户需求主要有个性化、品质化、服务化和情感化四个特征。其中，受访者对需求品质化这一特征感知程度最高，超过4.1分，其次是服务化和个性化，对情感化感知程度最低。对于企业的用户参与方面而言，获取用户信息方面的得分最高，超过4分。而在商业模式调查中，有很大一部分企业都是以需求为导向的。

由此可以佐证，目前大多数企业已经意识到顾客的需求并且以自己的商业模式去满足顾客的需求，在此基础上，企业应当更上一层，引导顾客发现需求，不仅告诉顾客“我能满足你的需要”，还应该告诉顾客“你应该需要什么”。从被动的顾客导向转变为主动的引导顾客，是数字化时代需求逻辑最具潜力的发展方向，尤其对于数字化创业企业而言，其业务往往是小而精、小而新的，引导顾客需求有助于其更广泛、更深入地开拓市场。

因而在这些现象的基础上，学术研究应当更多关注需求特征对创业的影响，进一步剖析需求的特征，从侧面切入研究商业模式的需求逻辑。

三、商业模式创新，驱动竞争优势

数字化时代的商业模式更加重要，它成为驱动竞争优势的重要来源。这是由于需求变得更加重要，商业模式由于对需求的满足而形成良性的运作系统，这与传统的资本驱动商业模式不同。数字化创业企业主要有两种商业模式的开发方式：创新和模仿。模仿国外或者国内成功企业的商业模式，对于创业来说更加简单且看似风险很低，因为已经有了成功企业的经验作为背书。但是，本书研究得出，数字化创业企业仍然要坚持商业模式创新，从而在激烈的市场竞争中获取竞争优势。调查结果显示，不同创业阶段的企业的商业模式创新程度都很高。而较高的商业模式创新程度对应的是较高的绩效，较低的商业模式创新程度对应的是较低的绩效。

从学术上来说，商业模式是一个新话题，是研究创业企业成功的一个关键因素。就数字化创业企业而言，其商业模式的创新呈现出不同的特点，值得就其差异性和应用性进行进一步研究。

四、不同阶段，各型各态

数字化创业企业根据其发展的不同阶段，可以大致分为种子期、创建期、成长期、成熟期。在种子期，创业公司尚停留在概念阶段，只有明确这个创业概念的思路和发展，才能度过这一时期，进入创建流程。因此，在种子期，创业者关注的重点在于分析、调整已有的创业概念，比如进行商业模式分析，找到核心和优势，发现漏洞和劣势，挖掘出真正具有创业潜力的概念，淘汰不具有持续性的概念，修正走偏的思路。在创建期，创业公司开始构建核心业务，这是非常关键的一个时期，因为这是创业企业未来发展的基础。因此，在创建期，创业者主要聚焦于核心业务的开发创建。在成长期，创业企业需要推广产品，迅速成长，抢占市场。在成熟期，创业企业需要进一步完善自身，巩固发展。

调查结果显示，创业企业所处的不同成长阶段影响了其机会识别能力的高低。创业成熟期的企业机会识别能力最高，其次是创业成长期的企业，创业初期的企业机会识别能力最低。可见，随着企业的不断发展成熟，企业的机会识别能力也在不断提升。

研究发现，我国创业企业的成长阶段与合法化战略的执行程度总体关系不大，处于各个阶段的企业均需要提高合法化水平。但随着企业的发展，企业合法化绩效将会呈现一个先大幅下降后略有增加的 V 型曲线，说明我国很多数字化企业在创业之初为了扩大市场份额、提高企业竞争力会采取多种方式宣传企业，使企业为社会主流文化所接纳。在成长期，企业会将更多的注意力放在新产品的研发、新市场的开辟等方面，合法化绩效有所降低。而当进入成熟期后，企业又会重新采取多种方式提高合法性，维持自己的竞争优势。

针对企业在不同发展阶段的合法化方式选择，调查发现，不论处在初期、成长期还是成熟期的企业都更喜欢选择身份宣称、网络构建和印象管理方式，尤其偏好前两者。但就具体的某一种方式而言，不同的发展阶段会有不同的偏好程度。对于讲故事、网络构建等偏静态的方式，初期可以迅速通过情感打动利益相关者，而后期所传递的信息改动不大，为企业带来的效用会逐渐降低，使用频率也会逐步下降。而对于身份宣称、印象管理等偏动态的方式，所传递的信息随着行业环境的变化、企业发展阶段的不同可以随时变化，因而会在企业发展成熟后更多地使用。

创业企业需要识别自己所处的阶段，对于企业的位置有一个较为合理而深刻的认识。分清不同阶段可以使创业者调整关注重点，聚焦于该阶段的关键任务，在对的时间做对的事。学术上也应当分阶段研究创业企业特征，正确认识企业的发展阶段，不能一概而论。

五、创业者，学无止境

数字化创业者创业特质表现比较明显的为学习和不屈不挠。本书的研究结果显示，我国现阶段的数字化情境表现为开放性、互动性和不确定性三大特征。技术的共享、平台的开放和环境的不确定性，都为数字化创业带来了新的挑战和机遇。在此种特性的数字化情境下，创业者需要更加积极地学习不断迭代的数字化技术、开发更加新颖的商业模式以及了解日益多变的消费者需求。在用户生活方式和消费场景不断变革的数字化环境下，消费者的价值主张日益觉醒，促进了多种新型商业模式的大量涌现。此结果表明，多数的数字化创业者能够积极主动适应不断变化的数字化环境，不断接纳新知识，开拓新视野。除此之外，数字化创业公司员工的流动性较高，面临的外部环境对于组织的挑战很强，因此现阶段要求数字化创业者表现出较强的不屈不挠的特性，而这一发现也在本书中得以印证。

商学院进修与创业企业成长性具有相关性，创业者参加商学院进修的企业的绩效优于没有参加的创业者的企业。学习能力、激情对于资源管理、制度和机会识别都很重要，学习是创业者的重要能力。以往的观点比较重视创业实践、创业能力提升的重要性。但在调研过程中，通过与创业企业创始人交流，我们发现很多创业企业的创始人在企业成长到一定规模，会出现企业升级和企业转型方面的问题。在商学院的进修经历有利于企业创始人更好地转变思路，强化理论知识。因此，参加过商学院进修的创业者的企业可能绩效表现更优。

创业者的年龄并没有限制数字化创业者进行创业机会识别的能力。研究表明，我国利用型和被动型的创业机会识别方式以压倒性的优势击败了探索型和主动型的机会识别方式，但是，随着年龄的增长此种机会识别方式有所增强。惯性思维认为，“80 后”和“90 后”创业者可能对于市场机会的洞察力更高，因此“80 后”和“90 后”创业者可能更了解消费者的需求，从而创业企业有良好的绩效表现。但调查结果显示，年龄越大其创业机会识别的能力越强，从而创业者绩效表现越好。可能的解释为：随着创业者的经历和市场经验的增加，创业者的眼光更加长远，格局更加广阔，因此创业识别的方式更偏向于探索型和主动型。

女性创业者不弱于男性创业者，甚至在某些特质上表现出更高的潜力。近些年来，女性创业者遭受了一些争议。有些投资人对于女性创业者保持比较谨慎的态度，不敢对女性创业者创立的企业进行投资。本书得到比较惊喜的发现：颇有争议的女性创业者与男性创业者表现出了近乎同样的创业特质。她们各种特质所占比重，例如不屈不挠的特质并没有远低于男性创业者，说明女性创业者抗压能力较强，可以适应高度紧张的创业环境。并且本书通过相关性分析，得出性别与公司年限具有相关性，且女性创业者创立企业的创业年限比男性长。由此可以看出，女性创业者的某些特质会增加其创业年限，并且成长性可能更高。因此，投资人在考察创业者、评估其市场潜力时，不能单纯以性别作为衡量依据。

六、技术还是市场？技术为王

本书比较新颖的一个发现是：现阶段的数字化创业的商业模式更加偏向于技术导向而不是市场导向。从商业模式的导向上来看，商业模式、价值创造、价值主张、价值捕获四个维度均是技术导向占绝对性优势，其中价值创造中技术导向甚至占比达 84%。

随着互联网和人工智能技术的不断发展，用户的需求会在一定程度上影响数字化创业的商业模式，但技术的实现对于商业模式和企业竞争地位的提升发挥着越来越重要的作用。一些新兴的领域，如物联网、AR、VR 等可能仍处于成长期，以新技术驱动的人工智能领域也正在成为未来数字化创业发展的一个重要的领域和方向。

七、探索型机会，破坏式创新

数字化创业企业往往选择一些小而新、小而精的领域，这些领域往往代表着前沿的科技，满足顾客新的需求，比如 VR、AR、AI 等炙手可热的前沿科技行业。这些创业企业依托互联网的优势，没有从大型企业的主营业务进入市场，而是选择避开与支配型竞争者的直面交锋，反而在新的领域开辟一番天地。这些创业企业被探索型机会所导向，在具体开拓业务中有破坏式创新的特点，往往从边缘化的业务领域或者全新的领域开始探索，识别到机会后开始蓬勃发展。

调查显示，探索型机会的比例不小，且有很大的潜力和上升空间。而探索型机会识别比利用型机会识别的绩效更高，足以佐证探索型机会对于数字化创业企业的重要意义。机会可遇而不可求，遇上风口能够事半功倍地推动企业发展。风口不能强求，但是每一个创新企业尤其是数字化创新企业都要有寻找风口的意识，识别出机会后抓住机会，在激烈的竞争环境中以较小的成本开辟出初创企业的领地。

八、资源整合，协同发展

数字化环境对于创业企业来说，很重要的一方面在于资源来源更加丰富，使创业企业在寻求关键资源时的渠道更加多元，这在一定程度上提高了企业的存活率。与丰富的资源相对应的是资源的碎片化，需要创业企业进行拼接整合，尽量高效地利用资源。同时，数字化创业对于资源的利用有其特殊之处，其对于资源整合也呼唤着管理方式的创新。

就调查数据而言，创业者使用各种资源管理方式有资源拼凑、资源分享、资源吸引三种，三者的程度都很高，而且在创业企业发展的不同阶段呈现出不同的相对程度。资源拼凑在创业初期的程度较高，资源吸引在创业成长期的程度较高，这符合创业不同阶段的特征。同时，不管在哪个阶段，各种资源整合方式都进行了配合使用，这符合资源整合的趋势。

如何对丰富的资源进行整合，促进协同发展是数字化创业企业需要在实践中不断思考、不断创新的重要命题。就学术而言，如何将创业企业的资源整合方式和管理方式创新进行系统化的概括是值得进一步探讨的方面。

九、监管空地，提升合法性

数字化时代的剧烈变化和高速革新带来了丰富的模式和商业行为，与之形成鲜明对比的是监管系统的滞后。监管的自身特点使其在传统经济中也是普遍滞后的，但是这种滞后的程度很小，不会产生太大的问题，然而在数字化时代的剧变中，这种滞后的相对程度一下子拉大了。该现象的结果是，产生了许多监管的空地和认知的空地，对于数字化创业企业而言，接触到监管空地和认知空地的可能性是较大的，也正因如此，提升合法性势在必行。

调查显示，企业比较重视合法化战略，在合法化战略方式的评价中，所有方式的评分都很高，其中网络构建和身份宣称分列第一、第二。另外，我国创业企业的成长阶段与合法化战略的执行程度总体关系不大，处于各个阶段的企业均需要提高合法化水平。此外，我国数字化创业者年龄和企业合法化战略的执行程度总体关系不大，平均得分为 3.7 分，说明目前我国数字化企业仍需要采取多种方式使企业的所作所为与社会文化更好地相互兼容。同时研究发现，“80 后”“90 后”创业者整体比“60 后”“70 后”创业者更倾向于制定合法化战略，其中“80 后”采取合法化战略程度最高，“70 后”最低，“90 后”接近平均值，而“60 后”略低于平均水准。

数字化创业企业要做的可以概括为两方面：一方面，尽量做到合法，即使在法律监控的空白地带，也要做到不违背公序良俗、商业伦理；另一方面，提高公众认知，使公众留下对于企业合法的印象，经营维持较好的公共关系。

十、数字化创业，小荷才露尖尖角

近年来，数字化创业的竞争日益加剧，似乎数字化创业已经成为了一片“红海”，数字化创业企业可能大部分都已经进入了成熟期。但本书研究显示，数字化创业企业表现出了较高的成长性。人工智能、模拟现实和 5G 网络的普及，为数字化创业增添了新的活力和基因。数字化创业企业通过技术与消费者需求的结合，不断地突破商业模式，为消费者创造新的价值。

中国数字经济发展迅速，成就举世瞩目。在政策、科技和人口的多重利好下，我国数字化企业的创新能力和优势在国际上的影响也不断提升，创新创业能力逐渐得到世界的广泛认可。在世界经济论坛发布的以创新能力为重要评价指标的《2016 年全球竞争力报告》中，中国在 140 个参与评估的经济体中位于前 20%，中国的数字化经济和数字化创业总体呈现出欣欣向荣的景象，现阶段过半的数字化创业企业也表现出了良好的成长性。但是没有任何发展是一帆风顺的，在繁荣之中也隐藏着许多隐患。所谓“生于忧患，死于安乐”，直面当前数字化创业领域中潜伏的问题有利于数字化经济的健康发展和可持续增长。创业门槛低、马太效应明显、生命周期短、融资困难、创业成功率低、众创空间利用率低等问题依然存在，尽管中国的数字化创业仍面临许多问题，但是前景是向好的。我们应当直面问题，推动数字化经济的健康发展和可持续增长。